牟瑞芳　黄振晖◎编著

现代有轨电车概论

XIANDAI YOUGUI DIANCHE GAILUN

西南交通大学出版社
·成都·

图书在版编目（CIP）数据

现代有轨电车概论 / 牟瑞芳，黄振晖编著. —成都：西南交通大学出版社，2015.12（2023.1 重印）
ISBN 978-7-5643-4075-9

Ⅰ. ①现… Ⅱ. ①牟… ②黄… Ⅲ. ①有轨电车－概论 Ⅳ. ①U482.1

中国版本图书馆 CIP 数据核字（2015）第 170063 号

现代有轨电车概论

牟瑞芳　黄振晖　编著

责任编辑　宋彦博
封面设计　墨创文化

出版发行　西南交通大学出版社
（四川省成都市二环路北一段 111 号
西南交通大学创新大厦 21 楼）
发行部电话　028-87600564　028-87600533
邮政编码　610031
网　　址　http://www.xnjdcbs.com

印　　刷　成都蓉军广告印务有限责任公司
成品尺寸　185 mm × 260 mm
印　　张　13.75
字　　数　343 千
版　　次　2015 年 12 月第 1 版
印　　次　2023 年 1 月第 2 次
书　　号　ISBN 978-7-5643-4075-9
定　　价　49.00 元

前　言

随着城市化进程的加快，城市交通问题日益突出，如能源危机、环境污染、土地紧缺、交通拥堵等，已经严重影响到城市功能的有效发挥以及人们的生活质量。

首条用于客运的路面有轨车辆于1807年在英国启用，是以马匹拉动的，被称为公共马车，随后于19世纪上半叶出现在美国。1873年旧金山修建了缆车线路，以钢缆牵引轨道车辆。同一时期，在一些城市出现了用小型窄轨蒸汽机车牵引的市内有轨交通。1879年，德国工程师西门子在柏林的博览会上首先尝试使用电力带动轨道车辆。此后俄国的圣彼得堡、加拿大的多伦多都进行过开通有轨电车的商业尝试。匈牙利的布达佩斯在1887年创立了首个电动电车系统。在此期间实用的有轨电车被称为旧式有轨电车。其特点是噪声大、性能差、耗电多，而且在速度、舒适度和灵活性等方面与汽车比起来相形见绌。20世纪30年代至50年代中期，旧式有轨电车逐渐衰落，许多国家纷纷拆除旧式有轨电车轨道。随着20世纪80年代车辆制造技术的发展，现代有轨电车应运而生。现代有轨电车与旧式有轨电车的不同之处在于它不但具有现代化的外貌、色彩，而且车辆轻、速度快，车厢内设有空调，采用接触网或接触轨供电。现代有轨电车系统一般包括普通电车、铰接电车、双铰接电车。现代有轨电车的车辆宽度通常受城市道路可容纳性的限制。

现代有轨电车已开始在我国一线和二线城市中得到快速发展。现代有轨电车是一种城市公共交通工具，属轨道交通的一种。其列车编组有单节，也有多节车厢的设计，但是总长度一般不大于100 m，以避免造成路口交通不畅。有轨电车是一种无污染的环保交通工具，其运量介于城市公共汽车和地铁之间。有轨电车每小时可载客约7 000人，与地铁每小时的载客量12 000人相比虽小很多，但其投资规模相对于地铁而言也大大降低。据估算，1 km路面有轨电车线路所需的投资只是1 km地铁线路的1/3。对于中型城市来说，路面有轨电车是既实用又经济的城市公交形式。另外，相对于其他路面交通工具，有轨电车能更有效地减少发生交通意外的概率。因此，有轨电车在城市公交系统中的性价比最高。

目前尚没有一本比较系统地介绍有轨电车的书籍。本书从有轨电车的发展过程入手，分别对有轨电车线路和车站布设及相应条件、车辆技术、供电方式、列车运行控制技术以及运营管理等方面进行比较系统的阐述。本书尽量做到以由浅入深的方式进行介绍，适合从事有轨电车设计、管理、维护工作的设计人员、研究人员参考，也可作为轨道交通专业的大学生教材。

在本书的编写过程中，研究生王列妮、杨锐、于秀珍、孙守平、马秋菊等在资料收集和整理过程中付出了辛勤劳动。本书参考了国内外轨道交通领域的研究成果，谨向原作者和出版社致以崇高的敬意和诚挚的感谢。同时本书在编写过程中得到了唐山客车轨道有限责任公司的大力支持，在此表示感谢。由于编者学术水平有限，加之时间仓促，书中难免存在疏漏之处，恳请专家学者和广大读者批评指正。

编 者

2015 年 11 月

目　录

1 概　述

1.1 有轨电车的发展历程

有轨电车在世界范围内的发展大致经历了兴起（19 世纪 40 年代至 20 世纪 30 年代）、衰落（20 世纪 40 至 60 年代）、复兴（20 世纪 70 年代至今）三个阶段。

1.1.1 有轨电车的兴起

1. 有轨电车的起源

最早的有轨电车是由在轨道上运营的马车发展而来的。1807 年，在英国威尔士出现了世界上第一条客运轨道公交车，由马匹牵引。后来在美国也出现了类似的交通工具，使用马匹、骡子等畜力进行牵引，在紧急时甚至可以使用人力。

2. 有轨电车的出现

世界上最早的有轨电车出现在德国。1881 年，在德国柏林市举办的世界贸易博览会上，西门子公司展出了采用电力牵引的列车。该列车为一列 3 辆编组的小功率有轨电车，只能乘坐 6 人，在 400 m 长的轨道上往返运行。这是世界上第一列有轨电车，它给世人提供了富有创意的启示。1881 年 5 月，德国西门子公司在柏林附近开通了世界上第一条有轨电车线路，同年，柏林市附近的里希特菲尔德（Lichterfelde）建设的有轨电车线路开通运营，这标志着有轨电车作为客运交通工具投入使用。

与此同时，西方工业国也在积极发展有轨电车：1883 年，英国人福柯修建了英国第一条有轨电车线路，长 2 km，轨距为 2 英尺（1 英尺≈0.304 8 m），后来调整至 2 英尺 9 英寸（约 83.82 cm）。这条线路至今仍在运营，是世界上仍在运营的最古老的有轨电车线路。1885 年 9 月，英国黑泽市开通了英国第一条在街面上运营的有轨电车线路，这条线路至今仍在运营。美国的第一条有轨电车线路于 1886 年在亚拉巴马州蒙哥马利市开通。澳大利亚的第一条有轨电车线路于 1889 年在墨尔本开通。巴西在 1883 年就出现了由电池驱动的有轨电车，但直到

1892 年才在里约热内卢开通了第一条由架空线供电的有轨电车线路。我国最早的有轨电车出现于 1899 年的北京，由德国西门子公司修建，线路连接郊区的马家堡火车站与永定门。

当时，世界上主要的“机动化”交通方式是马车交通——马车铁路和马车道路交通。与马车交通相比，有轨电车具有较高的运行速度和可接受的投资，因而很快在世界范围内取代马车交通并迅速发展起来。

图 1-1 所示为国外最早的有轨电车。

图 1-1　国外最早的有轨电车

3. 有轨电车的发展高潮

20 世纪 20～30 年代，全世界掀起有轨电车发展高潮，城市交通由马车时代真正进入有轨电车时代。19 世纪末，美国的有轨马车线路被快速地改造成有轨电车线路。到 1895 年，美国的有轨电车运营线路已达 12 100 km，同时还有大量的有轨电车线路在建设当中。至 1920 年，美国运营有轨电车的城市共 370 座，线路总长达到 25 000 km，有轨电车拥有量近万辆，年客运量达到 137 亿人次，占美国全部城市客运总量的 88%。1923 年，美国有轨电车的发展达到鼎盛时期，线路总长达 75 600 km，几万人口的小城市也建设了有轨电车线路。这一时期的有轨电车成为现代化城市的象征。

在欧洲，有轨电车也以惊人的速度发展，自 1895 年至 1990 年，约一半的欧洲大城市在兴建或改造有轨电车网络。其中，英国在 1920 年的有轨电车线路总长达到 5 000 km，有轨电车拥有量达到 1.44 万辆，到 1927 年共有 173 条有轨电车线路，线路总长达 4 100 km。法国有轨电车的发展在 1930 年达到高峰期，共有 70 个城市开通 3 400 km 的运营线路。第二次世界大战以前，德国共有 80 个城市建设了有轨电车系统，线路总长近 5 000 km。有轨电车成为当时欧洲各国城市的主要公共交通工具。

1.1.2　有轨电车的衰落

第二次世界大战后，随着汽车工业的发展，家用轿车得到快速发展，同时公共汽车也开始发展，使得道路条件不得不与之相适应，而有轨电车的存在占用了机动车道，进而阻碍了汽车工业的发展，因此有轨电车不再适合作为汽车工业快速发展大环境下的交通工具。在美国，从 20 世纪 20 年代开始，私人小汽车的发展对有轨电车的客流量形成强烈冲击。越来越多的汽车还造成了道路日益拥挤，阻碍了有轨电车的正常运行。老式的有轨电车由于加速能力低，很难适应在拥挤的混合交通流中运行。另外，轨道养护也需要额外的费用。在这些因素的作用下，越来越多的公交公司开始放弃有轨电车转而运营公共汽车。

在这样的背景下，有轨电车业内也在寻求途径来提升有轨电车的竞争力。一种在当时更加现代化的车型 PCC 被研发出来。这种车型拥有更加良好的加速和制动性能，可以更好地适应拥堵的混合交通流。最早的商业化 PCC 有轨电车应用出现在 1936 年的纽约布鲁克林。到 1952 年，美国和加拿大已经生产了 6 000 辆 PCC 有轨电车。但也就从那时起，美国停止了有轨电车的生产，欧洲则继续生产改进的 PCC 有轨电车。

PCC 车辆的出现减缓了公共汽车取代有轨电车的步伐。但有轨电车系统在车辆技术以外的其他方面却根本没有改进。特别是政府不支持有轨电车获得分离的路权，这就导致 PCC 车辆也不能够保证有轨电车成为一种长期稳定的模式。到 1960 年，美国只有大约 12 个城市还保留有轨电车系统。甚至在一些客流量很大的、有轨电车拥有分离路权的走廊，公共汽车也取代了有轨电车。而拥有分离路权的有轨电车降级为与其他交通工具混行的公共汽车后，走廊上的客流量随之下降。这些现象的出现都是因为公共交通缺乏足够的外部资源支持，公交公司因此不得不为短期利益降低运营成本，而不管远期成本和对客流量的影响。在英国和法国，公交公司也面临着和美国类似的问题：政府在政策上不支持公共交通，拥有分离路权的有轨电车被降级到与其他交通工具混行。逐渐地，英国和法国城市的有轨电车系统也消失了。

我国的上海、北京、天津、沈阳、长春、哈尔滨等多座城市的有轨电车线路也经历了建设和拆除的过程，其中长春、大连始终保存了几条有轨电车线路。

总体而言，旧型有轨电车主要有以下几个缺点：

① 有轨电车占用了部分道路空间，阻碍了汽车的通行与发展。

② 因当时缺乏对轮轨关系及线路基础方面的研究，因而其行驶噪声大，且转弯处尤为明显。

③ 因旧时道路狭窄，加之汽车大量发展后的路权共用，导致有轨电车行驶速度低。

1.1.3 有轨电车的复兴

与发生在美国、英国和法国的拆除有轨电车系统和取消有轨电车的分离路权所对应的是，在德国、荷兰、瑞士、奥地利等欧洲国家，有轨电车的分离路权形式得以保留，甚至在形式上还获得了提升，并且线路长度被延伸。这些国家的很多城市坚持把有轨电车和其他交通方式的分离作为目标。在这样的目标下，有轨电车系统获得了全面提升：使用现代化、大容量的铰接式车辆，修建分离的有轨电车线路，使用特殊信号控制，修建与地铁、公共汽车的换乘枢纽等。这种提升后的模式在速度、可靠性、舒适度和安全性等方面更加类似于快速轨道交通，而不是传统的有轨电车，因此人们赋予这种系统一个新的名字——现代有轨电车。

而美国、法国、英国的那些要么拆除了有轨电车系统，要么取消了有轨电车原有的分离路权形式的城市，在交通日益拥挤的情况下，为此付出的代价是公交客流量的持续下降。这些城市逐渐意识到，对公交车辆提供分离的路权形式是提升服务水平的最根本前提，而轨道交通在容量、速度、可靠性方面的优势使其比公共汽车更适合分离的路权形式。这种在路权、容量等各方面提升了的系统模式在20世纪70年代发展成熟并获得了认可，开始在北美约20个城市，以及法国、英国、西班牙、爱尔兰、以色列、澳大利亚和许多发展中国家，包括土耳其、埃及、突尼斯、菲律宾和墨西哥等国的城市中得到广泛应用。

在车辆技术方面，自20世纪70年代出现现代化大容量铰接式车辆后，在20世纪80年代中期又出现了更具现代化气息的低地板车型。进入20世纪90年代，国际上有轨电车发展的一种新趋势是将现代有轨电车引入经济活动密集的城市中心区域，如CBD。在法国的一些城市，现代有轨电车使用高度现代化的车型，在中心城区的街面运行，提供一种类似于传统有轨电车的服务。美国旧金山开辟了一条全新的贯穿整个城市CBD的线路。美国波特兰在市中心开通了一条使用现代化车型的街面有轨电车线路，用于补充已有的非常成功的轻轨线路。这条街面现代有轨电车线路已成为中心城区发展和时尚生活的象征。

1.2 现代有轨电车的定义及分类

1.2.1 现代有轨电车的定义

根据《城市公共交通分类标准》，有轨电车属于城市轨道交通系统。英国轨道电车导则给出的有轨电车的定义为：有轨电车是一种中等运量的城市公共交通系统，轨道铺设在城市道路路面上，车辆依靠司机瞭望运行；路权分为混合路权、半封闭路权和路外；运量等级通常为0.6～1.2万人次/h，运营速度为15～25 km/h。

国际公共交通联合会（UITP）没有给出现代有轨电车的明确定义，但在对轻轨的定义中提及了“有轨电车”。其对轻轨的定义为：一种电气化的轨道交通运输模式，其形式可以从有轨电车到部分享有专用路权的快速公共交通系统。

美国公共交通协会（APTA）在其 *Glossary of Transit Terms* 中也没有对现代有轨电车进行明确定义，但指出轻轨也可以叫作有轨电车。APTA对轻轨的定义是：一种相对于重轨而言运能较低的电气化轨道交通模式，可以使用独立的路权或与其他交通方式共享路权，使用高站台或低站台上下客，使用多节车辆组成的列车或单节车辆。可见，UITP和APTA都认为有轨电车只是轻轨的一种形式而已，APTA甚至认为轻轨就可以叫作有轨电车。实际上，虽然轻轨系统是从旧式有轨电车的基础上发展而来的，二者在车辆技术方面存在继承关系，但轻轨系统在系统的运能、路权等级以及旅行速度等方面都远远超出了有轨电车的范畴。

欧洲交通运输部长会议（ECMT）在其1994年出版的报告《轻轨公共交通》中讨论了很多按照传统观点来看属于“有轨电车”的系统，而且其对“轻轨”的定义实际上也并不将有轨电车从轻轨中排斥出去。然而在工程实践中，有轨电车与轻轨、地铁采用的建设标准又有显著不同，是按不同的轨道交通项目来处理的。

世界著名的公共交通系统专家，美国宾夕法尼亚大学教授 Vuchic 认为：有轨电车首先是一种轨道运输模式，包含 1 ~ 3 节车厢，大多数情况下在街面与其他交通模式混行，但有时也通过专用路权或优先通行等措施与其他交通方式分离。

我国颁布的《城市轨道交通工程基本术语标准》(GB/T 50833—2012)中指出，有轨电车（tram）是与道路上其他交通方式共享路权的低运量城市轨道交通方式，线路通常设在地面。这依然是对传统有轨电车的一种解释和定义。目前还没有权威机构对“现代有轨电车”或者“轻轨”提出明确的定义。曾有学者对有轨电车、轻轨和地铁从断面运量角度进行了比较笼统的划分，将轨道交通系统划分为三类：小运量系统（4 000 ~ 8 000 人/h），即有轨电车系统；中运量系统（10 000 ~ 30 000 人/h），即轻轨系统；大运量系统（30 000 ~ 60 000 人/h），即地铁系统。但严格从有轨电车的发展来看，该学者提及的“有轨电车”应当是指老式的不拥有分离路权形式的小运量街面有轨电车，因此并不十分契合“现代有轨电车”的概念。

从上述情况不难看出，目前学界对现代有轨电车的定义还存在模糊的边界。因此，综合有轨电车的发展沿革和国内外的定义两方面来看，本书将现代有轨电车定义为：采用模块化的现代有轨电车车辆，具有多种路权方式，与地面交通方式以平交为主的中低运量的城市轨道交通系统。

1.2.2 现代有轨电车的分类

1. 按地板高度分

地板高度是指车厢地板面相对于轨面的高度，主要分为高地板和低地板两大类。高地板有轨电车的地板距离轨面 850 ~ 1 000 mm，乘客通过配置在车门处可收放的踏板上下车，不是很方便。随着技术的创新，产生了低地板结构的有轨电车，它将地板高度降至 300 ~ 350 mm，使乘客可很方便地上下车，同时也解决了婴儿推车、残疾人轮椅的上下车问题。

现代有轨电车系统（tram system）中最常见的就是低地板车辆系统，属低运量系统，流行于西欧，具有经济、快捷等优点。因受传动系统和电气设备布置的限制，其又有 50% ~ 70%低地板、100%低地板和超低地板（Ultra Low Floor，ULF）之分，其直观的区别在于地板面距轨面的高度。通常地板面高度处于 350 ~ 450 mm 的称为部分低地板，处于 200 ~ 350 mm 的称为 100%低地板，处于 200 mm 以下的称为超低地板。然而，其严格的划分是根据低地板部分的面积和客室面积之比进行的：如果小于 1.0，称为部分低地板（partial low floor），范围宽至 9% ~ 100%，而常见的是 50% ~ 70%这个比例；如果等于 1.0，则称为 100%低地板。图 1-2 所示是名古屋铁道美浓町线 70%低地板有轨电车示意图，图 1-3 所示为法国斯特拉斯堡 100%低地板有轨电车，图 1-4 所示为澳大利亚的超低地板有轨电车。部分国家采用的低地板车辆的主要技术参数如表 1-1 所示。

图 1-2　名古屋铁道美浓町线 70%低地板有轨电车示意图

1-3　法国斯特拉斯堡 100%低地板有轨电车

1-4　澳大利亚的超低地板有轨电车

表 1-1　部分国家采用的低地板车辆主要技术参数

城市	制造商	类型	轴式	车辆数	比例/%	车长/m	车宽/m	地板最大高度/mm	地板最小高度/mm	质量/t	最大速度/($km\cdot h^{-1}$)	最小曲线半径/m	动车	拖车	交付年度
曼海姆	Duewag	N/A	B′2′2′B′	23	9	25.7	2.2	889	353	26	60	25	M1	T1	1991
阿姆斯特丹	庞巴迪	11G & 12G	$B'_0B'_0B'_0B'_0$	45	9	25.6	2.4	870	280	36.9	70	25	M2		1989
巴塞尔	schindler	Be 4/4	B′2′2′B′	19	15	25.4	2.2	855	325	31	65	12	M1	T1	1987
南特	阿尔斯通	N/A	B′2′2′B′	12	18	39.2	2.3	850	350	51.6	70	N/A	M1		1992

续表 1-1

城市	制造商	类型	轴式	车辆数	比例/%	车长/m	车宽/m	地板最大高度/mm	地板最小高度/mm	质量/t	最大速度（km·h^{-1}）	最小曲线半径/m	动车	拖车	交付年度
谢菲尔德	Duewag	GT8	B'B'B'B'	25	34	34.8	2.7	880	480	46	80	25	M1		1993
苏格兰	Schindler	Abe4/8	$B'_02'2'B'_0$	23	50	39.3	2.7	830	390	51	90	N/A	M2	T1	1992
德雷斯顿	Duewag	6MGT	$B'_022B'_0$	20	64	40.5	2.4	600	350	42	70	15	M2	T3	N/A
曼海姆	亨舍尔	6NGT/Vanotram	N/A	2	70	N/A	N/A	N/A	290	N/A	N/A	N/A	M2	T3	1996
里尔	布雷达	VLC	B'111B'	24	80	29.9	2.4	950	350	40	70	25	M4	T4	1993
布鲁塞尔	庞巴迪	TRAM2000	$A'1'B_01'A'$	51	100	22.8	2.3	350	350	31.9	70	17.5	M6		1994
乌兹堡	LHB	GTW	$B'^0B'^0B'^0$	20	100	29.1	2.4	350	300	35	80	N/A	M7		N/A
维也纳	SGP	ULF197-4	1A'A'A'1	100	100	23.6	2.4	197	197	23	70	18	M9	T7	1995
维也纳	SGP	ULF197-6	1A'A'A'A'1	1	100	34.9	2.4	197	197	32.5	70	18	M9	T7	1994

由于 ULF 车辆地板超低，如图 1-5 所示，给车辆传动系统、悬挂系统、电气设备布置的设计带来很多困难，在形式上也完全区别于 50%～70%低地板车辆，使制造成本将会有较大增加，因此应该谨慎选择。

从国产化的角度评判，目前成熟的只有 70%低地板车辆，而 100%低地板车辆仍在试验阶段。100%低地板现代有轨电车的国产化能力不足，是影响当前现代有轨电车在国内发展的重要因素。

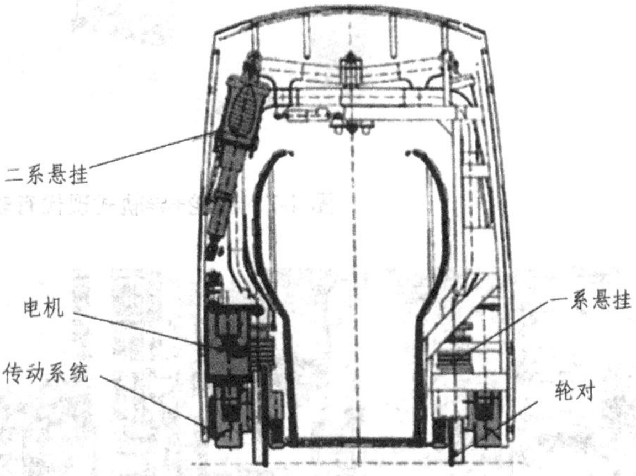

图 1-5　ULF 车辆横断面示意图

2. 按制式分

根据运行系统的不同，现代有轨电车主要分为钢轮钢轨式和胶轮+导轨式两种制式，例如阿尔斯通公司的 Citadis 系列属于前者，而劳尔公司的 Translohr 系列属于后者。钢轮钢轨式现代有轨电车由地面的两条 U 型钢轨承担钢轮的重量，同时钢轨对钢轮起导向限制作用。这是从传统有轨电车系统发展并延续下来的，技术较为成熟和可靠。一般情况下钢轨顶面与城市道路路面平齐（见图 1-6）。胶轮+导轨式现代有轨电车轨道由类似道路的行车道和一条引导车辆运行的特殊导轨组成，车辆走行系统与汽车一样为橡胶轮胎，导向轮在导轨的限制下引导车辆运行。这是为减轻道路改建工程量而改进出来的一种折中的系统（见图 1-7）。图 1-8 所示为钢轮钢轨系统与胶轮+导轨系统的对比。

目前，国外主要应用的是钢轮钢轨系统，而国内已经投入运营的则均采用胶轮+导轨系统。

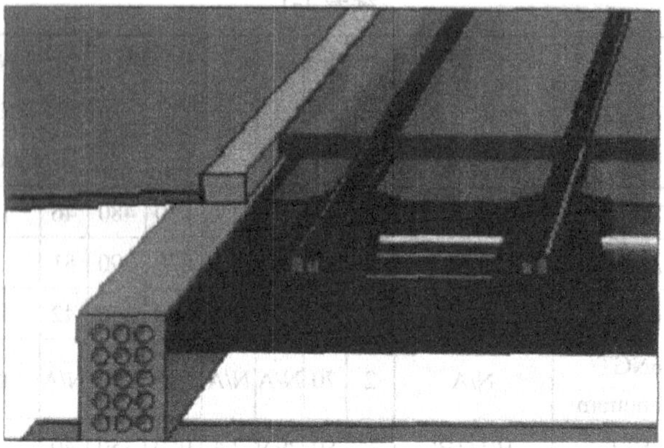

图 1-6　钢轮钢轨式现代有轨电车路面结构

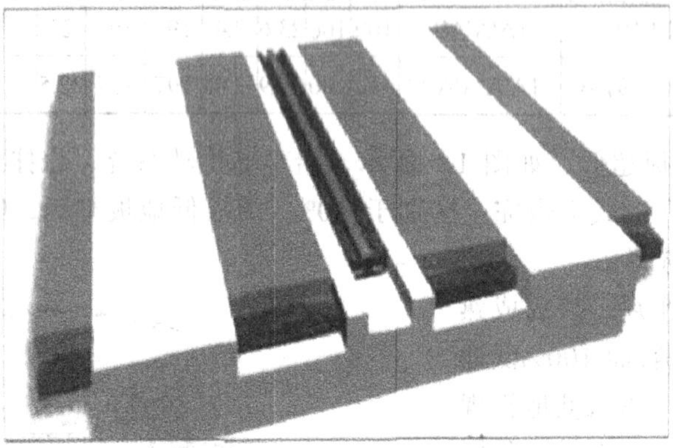

图 1-7　胶轮+导轨式现代有轨电车路面结构

图 1-8　钢轮钢轨系统（左）和胶轮+导轨系统（右）的对比图

表 1-2 列出了两种制式有轨电车的技术性能对比。通过对比，可以看出：① 钢轮钢轨式有轨电车的车内空间、载客量比胶轮+导轨式有轨电车大；② 钢轮钢轨式有轨电车受转向架、钢轮-钢轨摩擦性能限制，在爬坡、转弯、加速、减速等方面的性能不如胶轮+导轨式有轨电

车；③ 两种制式的有轨电车的车内外噪声比较接近，差距在检测误差范围内（±2 dB）。另外，目前钢轮钢轨式有轨电车的技术比较成熟，单列列车成本比胶轮+导轨式有轨电车低。

表 1-2　两种制式有轨电车的主要指标对比

主要指标		钢轮钢轨式有轨电车（以 Citadis 系列为例）	胶轮+导轨式有轨电车（以 Translohr 系列为例）
尺寸/m	车辆长度	22～50	25～46
	车辆宽度	2.3～2.65	2.2
运能/（人次·h^{-1}）	32 m 列车，4 人/m^2	200～220	160～170
技术性能	最大速度/（km·h^{-1}）	70	70
	最大坡度/%	8	13
	最小转弯半径/m	20	11
	供电电压/V	750	750
	最大加速度/（m·s^{-2}）	1.1	1.3
	紧急减速度/（m·s^{-2}）	3	5
	供电方式选择/种	3	2
噪声/dB	车辆停靠时车位处	62	62
	40 km/h 运行，车内	71	69
	40 km/h 运行，车外 7.5 m 处	76	78

3. 按供电方式分

供电方式是指牵引电流馈送到电动车辆上的方式，一般分为接触轨（又称第三轨）方式和架空接触网方式（见图 1-9）。目前，有轨电车常采用这两种方式供电。但由于有轨电车属于地面公共交通系统，第三轨供电存在安全性及稳定性隐患，因而架空接触网供电得到更多的应用，第三轨供电则应用到对城市景观要求比较高的地段。为了弥补第三轨供电的缺陷，蓄电池、超级电容技术也得到了大力发展。

图 1-9　地面供电和吊挂电力网系统的现代有轨电车

架空接触网是当前最为成熟和应用最广泛的供电方式。但架空线对于景观的影响，也是在城市发展中非常值得关注的问题。

图 1-10　良好的架空接触网设计实景图

对于这个问题，一方面从架空接触网来看，对立柱和线网进行有效的工业设计后，将大大美化接触网的视觉效果，与周边环境形成良好的结合（见图 1-10）。另一方面，为彻底解决接触网与景观之间的协调问题，多种无架空接触网均已有相应的解决方案，包括 APS 系统（地面第三轨）、感应系统和超级电容系统等。其中，APS 系统已有正式运营线路，后两者均在建设试验线。但无架空接触网系统由于专利技术等原因，供应厂商相对单一，供电系统的造价较高。

1.3　建设现代有轨电车的意义及其功能定位

1.3.1　建设现代有轨电车的意义

现代有轨电车在国外大中城市应用广泛，发展迅速，但在我国尚处于起步阶段。当前，我国城市快速发展，对完善城市综合交通体系、加快发展公共交通、实现绿色出行提出了新的要求。由于现代有轨电车系统具有低碳减排、少污染、保护城市环境的优势，因此推动现代有轨电车发展，构建多层次的城市轨道交通体系，具有重要的现实意义和战略意义。

1. 扩大城市轨道交通系统使用范围，推动城市轨道交通产业发展

现代有轨电车系统与地铁、轻轨、BRT 一样，均为城市公共交通工具，其技术特征、运营特征与地铁、轻轨、BRT 既有类似之处，也有较大的不同。表 1-3 和表 1-4 所示分别为现代有轨电车与地铁、轻轨及 BRT 的技术特征对比。

表 1-3　现代有轨电车系统与地铁、轻轨系统的技术特征对比

项目	现代有轨电车	轻轨	地铁
运输能力/(万人·h^{-1})	0.6～1.2	1.2～3	>3
线路敷设方式	以地面为主，平交道口、混合道	高架为主，全隔离专用道	地下线为主，全隔离专用道
最小曲线半径/m	一般为 100，困难时为 60	一般为 300，困难时为 250	
最大坡度/%	13	一般为 3，困难时为 3.5	
轨距/mm	单轨，1 435/100	1 435	
轨道敷设	与道路路面平齐	轨道外露	轨道外露
车站型式	地面	高架	地下
站间距/m	300～800	500～2 000	800～1 500
站台长度/m	20～30	60～100	100～150
站台设施	低站台，开放式雨棚及护栏	高站台，全封闭建筑，通过出入口进出车站	
最高行车速度/(km·h^{-1})	80	70～100	
旅行速度/(km·h^{-1})	15～30	30～50	
车辆	电动车	电动车组	
车辆长度/m	20～45	60～150	
供电制式	架空接触网、接触轨		
通信信号	城市交通信号，同时配备道口优先信号	设置专用通信信号装置	

表 1-4　现代有轨电车与 BRT 的技术特征对比

指标	现代有轨电车			BRT		
路权模式	独立	优先	混合	独立	优先	混合
车道最小宽度/m	3			3.75		
车辆长度/m	一般 25/32/45			单车 12；单铰链车 18～24		
单向最大运能/(万人次·h^{-1})	1.5	1.2	0.5～1.0	1.2	1	0.6～0.8
最高速度/(km·h^{-1})	80	60～80	60	100	60～80	50～60
旅行速度/(km·h^{-1})	25～30	20～25	15～20	25～30	20～25	15～20
最大纵坡/%	8～13			6		
车辆寿命/年	30			10		
灵活性	轨道敷设范围内运行，灵活性差			灵活性好		
系统延展	较好			一般		
环保性	好			良好		
舒适度	好			良好		

分析表 1-3 可知，轻轨、地铁等轨道交通更适用于大运量客运走廊，难以满足所有通道的公交需求。现代有轨电车可以在客运量达不到地铁和轻轨标准的城市和线路上作为轨道交通线网的补充和延伸，填补轨道交通的服务空白，并与轨道交通有效衔接，既为轨道交通集散客流，也可以在片区内自成系统，进一步完善轨道交通系统，扩大轨道交通系统的应用范围，改善片区内部和对外公交服务水平。现代有轨电车的发展，可以使轨道交通在各类城市中建设，推动城市轨道交通产业的发展。

从表 1-4 可以看出，在独立和优先路权模式下，现代有轨电车的运能略大于 BRT 系统；在混合路权模式下，略小于 BRT 系统。因此，现代有轨电车与 BRT 系统在运能方面比较接近，不存在明显差异。国内外很多学者对比研究了现代有轨电车和 BRT 在运送每名乘客每千米直接和间接排放的 NHMC（非甲烷碳氢化合物）、NO_x和 CO_2值，结果表明，现代有轨电车的直接排放几乎为零，而间接排放也远低于 BRT 系统，总的温室气体和大气污染物排放相对于 BRT 系统很少。因此，从环保角度来看，现代有轨电车具有 BRT 不可比拟的优势。

2. 降低工程造价，减少巨额投资，提高投资效益

现代有轨电车结合了地铁、轻轨运量大、快捷、环保的特点和 BRT 造价低、建设快的特点。表 1-5 所示为现代有轨电车与地铁、轻轨等主要交通方式的对比。在速度相近的情况下，如果我们用“运量/造价”来衡量经济性，现代有轨电车要优于地铁、轻轨；而 BRT 虽然表面上是最经济的选择，但它占用了大量既有路权资源，“与民争道”是无法回避的问题。

表 1-5　主要公共交通方式的比较

交通方式	平均运行速度/（$km \cdot h^{-1}$）	单辆最大载客量/人	单位造价/（元 · km^{-1}）	施工周期
现代有轨电车	15～25	200	1 亿	1～2 年
地铁	≥35	310	4 亿～7 亿	4～5 年
轻轨	25～35	320	3 亿～5 亿	2～3 年
BRT	25～40	80	4 500 万	<18 个月

综合来看，现代有轨电车主要采用地面线路，工程造价低、投资少，具有较为合理的运量投资比，是投资最省的一种轨道交通系统，具有较好的社会经济效益。

3. 优化城市交通结构，适应我国城市交通需求

受国家经济和科学技术水平的影响，世界各国城市公共交通事业的发展进程差异较大，而且由于城市所在的地理环境和政治经济地位不同，城市公共交通结构也各具特色。我国的城市主要公共交通方式如表 1-6 所示。

表 1-6　我国的城市主要公共交通方式

公共交通方式	主要指标		备注
	客运能力/（人次 · h^{-1}）	平均运行速度/（$km \cdot h^{-1}$）	
常规公共汽车	≤5400	15～25	覆盖城市范围
快速公共汽车	≤2.0 万	25～40	适用于主干路及主干路以上等级道路或公交专用道
无轨电车	≤5100	15～25	适用于支路及支路以上等级道路
出租汽车	定员：≤5		随时租用或预订，按计价器收费或按日包车
地铁	2.5～7.0 万	≥35	大运量，适用于地下、地面或高架
轻轨	1.0～3.0 万	25～35	中运量，适用于地下、地面或高架
单轨	0.8～3.0 万	20～35	中运量，适用于高架
有轨电车	0.6～1.0 万	15～25	低运量，适用于地面（独立路权）、街面混行或高架

有轨电车属于城市公共交通的重要组成部分，建设现代有轨电车系统，在运量、投资和运营等方面可以与地铁、轻轨和常规公共交通组成相互协调、功能明确、层次分明、结构匹配合理的综合客运交通体系，使城市单一的客运交通结构得到改善，促进城市公共交通系统的发展，提高公共交通的服务竞争力，达到提高城市生活质量的目的。

4. 提升城市形象，促进城市发展

现代有轨电车具有流线型的车身、漂亮的涂装以及独特的造型，同时由于其采用地面轨道模式，可以在地面实施草坪轨道，创造出独有的、直观的“绿色空间”感觉，成为穿梭于城市内部的一条靓丽的动态风景线，是城市环境与交通相互融合的典范，这是其他公交方式所不具备的。现代有轨电车景观如图 1-11 所示。

除此之外，现代有轨电车的车站也可采用具有独特风格的设计，整体上营造干净、整洁、令人耳目一新的公共交通出行环境。而且，有轨电车系统作为一种便捷的交通方式必然会加快城市发展的节奏，促进整个城市经济的发展，为招商引资创造良好的条件。因此，建设有轨电车是实现城市可持续发展战略的必然选择。

（a）　　（b）

图 1-11　现代有轨电车景观

1.3.2　现代有轨电车在城市交通网络中的功能定位

一般来讲，现代有轨电车主要发挥以下四种作用：

① 承担大运量轨道交通系统的补充、加密及接驳功能。在有些大城市，地铁、轻轨等快速轨道交通比较发达，但有的区域尚未被这些快速轨道交通服务所覆盖：有的是在城市中心区域，快速轨道交通无法深入；有的是在城市外围区域，快速轨道交通没有延伸到。在这些情况下，现代有轨电车可以起到对快速轨道交通线网进行加密、延伸和接驳的作用，具体可以分为三种：

- 作为其他轨道交通网络在城市中心区域的补充，代表城市为美国波特兰。
- 作为其他轨道交通网络在城市外围的接驳线路和加密线路，代表城市为法国巴黎。

• 作为其他轨道交通网络在大城市周边卫星城或新开发区域的延伸线路，代表城市为英国伦敦卫星城克洛伊顿。

在我国，其典型城市有天津。它通过发展“有轨电车+常规公交”的公共交通模式，强调有轨电车的接驳集散功能，发挥津滨轻轨的作用，强化开发区的东区与塘沽城区的联络。

② 成为城市客运系统的主体或骨干。现代有轨电车在城市公共交通中扮演重要角色，承担大量客流，辅以常规道路公交，形成现代有轨电车的运输网络，支撑起整个城市的公共交通体系。一般布局在中小城市，典型城市如美国的圣迭戈，法国的南特、波尔多等。有的甚至作为城市公共交通的主体，比如澳大利亚的墨尔本和法国的斯特拉斯堡。墨尔本城市总人口达 350 万，有轨电车线网规模达 230 km。其功能是提供市区的服务，为铁路车站提供驳运，连接郊区与核心区，成为整个城市公交体系的主体。

③ 成为城市特定功能区或特定走廊客运系统的骨干。典型城市和地区为伦敦克罗伊登区（Croydon）、美国圣迭戈、天津泰达开发区、上海张江开发区等。

④ 成为城市特殊功能的有轨电车系统。例如北京市规划建设的具有旅游观光功能的西郊线。

1.4 国内外现代有轨电车运营现状

如今许多地方已开始在城市中改建或新增现代有轨电车线路，如法国斯特拉斯堡、瑞士日内瓦、西班牙巴塞罗那以及我国的大连、天津、上海等城市。现代有轨电车作为城市新兴的一种先进的交通方式，已完成了从传统到现代化的转变，在世界范围被普遍推广。

1.4.1 国外运营现状

20 世纪 70 年代以来，以汽车为主导的交通模式所带来的问题日益严重，能源危机、环境污染、土地紧缺、交通拥堵等问题迫使西方发达国家重新将大容量的轨道交通作为发展城市公共交通的重点。西方发达国家认为城市轨道交通的发展应根据城市特征和运量，采取具有不同运能、不同成本的轨道交通模式。

1. 欧洲国家现代有轨电车运营现状

欧洲是有轨电车的发源地，也是有轨电车“现代化”的主战场。欧洲的城市历史悠久、人口密集，同时经济和资源的约束明显，有着适宜有轨电车发展的良好条件。目前，在德国、意大利、荷兰、法国、波兰等国的大中城市，现代有轨电车的运营里程合计已超过 9000 km，并且还在不断增加。欧洲的城市类型较多，其发展面临的资源瓶颈跟我国有一定相似性，并且从经济发展水平来看，中东欧与我国东部沿海也较为接近，因此其现代有轨电车的发展最值得参考。欧洲部分城市的现代有轨电车发展情况如表 1-7 所示。

表 1-7　欧洲部分城市现代有轨电车发展情况

国家	城市	人口/万人	面积/km²	有轨电车线路数量/条	有轨电车营业里程/km	有轨电车日客流量/人次
德国	柏林	347	892	22	192	约 47 万
	科隆	101	405	15	190	>80 万
意大利	米兰	135	181	17	115	
	罗马	278	1285	6	39	
	都灵	90	130	10	220	
荷兰	鹿特丹	61	319	9+4	93	
克罗地亚	萨格勒布	77	1291	15+4	142	56 万
法国	大巴黎地区	1100	12012	5	64	
	里昂	155	954	6	62	
	斯特拉斯堡	65	222	6	62	
	波尔多	83	1057	3	44	17 万
	南特	28（城区）	65（城区）	3	44	27 万
	蒙彼利埃	25（城区）	57（城区）	4	63	28 万

案例 1：作为大中城市公共交通的骨干网络。

在欧洲一些 50～200 万人口的大中城市，现代有轨电车在城市公共交通体系中的地位突出。例如，克罗地亚的首都萨格勒布，人口约为 77 万人，包括周边村镇在内的总面积约为 1 291 km²，目前共运行着 15 条有轨电车日线、4 条夜线，总里程达到 142 km，日客流量达 56 万人次。作为城市公共交通骨干网络，其有轨电车线路的典型特点是一个站点普遍有 3 条或以上线路停靠，换乘方便。目前，萨克勒布的有轨电车保有量在 240 辆左右，其中，日常投用数量超过 190 辆，主要车型为 MTK2200，约有 140 辆。MTK2200 是 Crotram 公司制造的一种 100%低地板有轨电车，3 节编组，总长 32 m，车体宽 2.3 m，最高时速为 70 km，持续运行功率为 390 kW，总座位有 46 个，站位有 156 个（按 4 位/m² 计算）。图 1-12 所示为萨格勒布的有轨电车运行图。图 1-13 所示为萨格勒布的有轨电车主要车型 TMK2200。

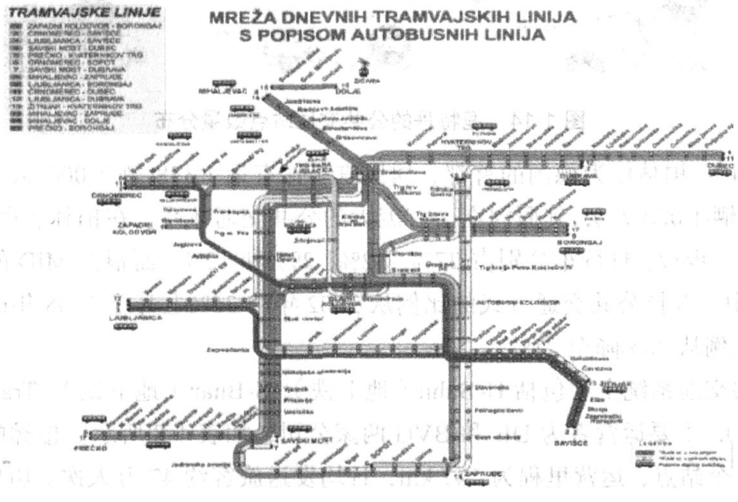

图 1-12　萨格勒布的有轨电车运行图

图 1-13　萨格勒布的有轨电车主要车型 TMK2200

案例 2：在大城市与地铁、公共汽车相互补充。

鹿特丹（荷兰）：在欧洲的部分大中城市，地铁、有轨电车、公共汽车形成有层次的立体公共交通网络，基本涵盖了城市居民的主要出行需求。例如，在荷兰的鹿特丹，RET 公司是主要的公共交通服务公司，运行着 5 条地铁线路、11 条有轨电车线路和 35 条公共汽车线路，日发送旅客超过 60 万人。图 1-14 所示为鹿特丹的公共交通站点数量分布图。

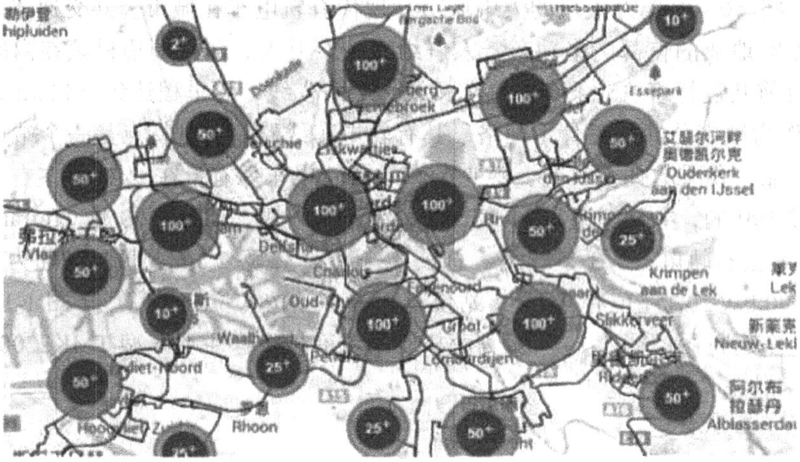

图 1-14　鹿特丹的公共交通站点数量分布

柏林（德国）：柏林作为德国的首都，居民汽车保有量（358 辆/1 000 人）却远低于全国平均水平（570 辆/1 000 人），其原因在于有庞大的公共交通体系。在柏林居民的出行方式中，公共交通、汽车、步行、自行车分别占 27%、32%、29%和 12%。而根据 MiD 的调查，在 18～24 岁的年轻人中，选择公共交通方式的比例从 2002 年的 35%上升至 2008 年的 42%，同期，采用小汽车的比例从 38%降至 21%。

柏林的公共交通系统主要包括 U-Bahn（地上铁）、S-Bhan（地下铁）、Tram（有轨电车）、Bus（公共汽车），主要运营者为 DB 和 BVG 两家公司，如表 1-8 所示。柏林的有轨电车共有 22 条线路、173 个站点，运营里程为 147 km，日均发送旅客约 47 万人次。历史上，柏林有轨电车数量一度达到 1 024 辆，而随着新型低地板车辆的引进，单车载客量得到大幅提升，目前保有量在 600 辆左右。2008 年以来，庞巴迪公司陆续为柏林提供了新型有轨电车 GT6-08 和 GT8-08，长度为 30 ~ 40 m，车体宽度为 2.4 m，核定载客量最大为 75（坐席）+116（站位）。2009 年，BVG 公司的董事会决定购买 99 辆新车，总价为 3.05 亿欧元，并从 2011 年开始陆续接收新车。

表 1-8　柏林的主要公共交通方式

交通系统	站点数量	线路数量	线路长度/km	日客运量/万人次	运营商	特点
地上铁	166	15	331	103	DB	地面运行轨交
地下铁	173	10	147	125	BVG	地下运行铁路
有轨电车	398	22	192	47	BVG	东部有轨电车
公共汽车	2 627	147	1 626	112	BVG	覆盖全市范围
渡船	—	6	—	—	BVG	通用车票

案例 3：作为新兴中小城市的快速线路。

在欧洲，一些中小城市在 20 世纪初开始建设有轨电车线路，其动向同样值得重视。例如，在法国的蒙彼利埃，首条有轨电车线路 L1 在 2000 年建成通车，L2 于 2006 年投入运营，L3 和 L4 于 2012 年同时开始运营。蒙彼利埃的 4 条有轨电车线路，总计投资 13.3 亿欧元，每千米造价约 2 100 万欧元，如表 1-9 所示。作为一个港口城市，蒙彼利埃的城区人口约为 25 万人，总面积约为 57 km^2，而有轨电车的日客运量高达 28 万人次，现代有轨电车对于政府和居民来说都是一种“经济适用”的选择。图 1-15 所示为蒙彼利埃的有轨电车。

表 1-9　蒙彼利埃的有轨电车线路

线路	开通时间	运营里程/km	造价	站点数量	车辆数量	线路走向
L1	2010 年 6 月	15.7	3.5 亿欧元	27	30+3	从西北穿越城区中心至东部
L2	2006 年 12 月	17.5	4.5 亿欧元	28	24	从东北穿越城区中心至西南
L3	2012 年 04 月	19.8	5.3 亿欧元	29	19	从西部穿越城区中心至东南
L4	2012 年 04 月	8.4	—	17	12	环线运行，与其他线路交叉

图 1-15　蒙彼利埃的有轨电车

纵观欧洲的现代有轨电车系统，多数城市采用了旧线改造与新建线路相结合的方式。这种方式一方面可充分利用现有资源，降低建设成本；另一方面又可按需供给，在适当的地区布设新线，提高线路或整个网络的服务水平。同时，大量欧洲城市在规划线路时就考虑到现代有轨电车与其他轨道交通（包括干线铁路与城市地铁）的兼容，为今后的灵活运营打下基础。

2. 有轨电车在欧洲以外国家运营现状

1）澳大利亚

早在 19 世纪末，有轨电车就开始在澳大利亚兴起，但正如在其他地区一样，随着汽车工业发展，有轨电车声势渐弱，不少线路陆续被拆除。20 世纪末和 21 世纪初，经过现代技术的改造，有轨电车在澳大利亚重新得到重视。目前，墨尔本是澳大利亚唯一拥有成网的有轨电车线路的城市，其中包括 28 条线路、1 773 个站点，运营里程达到 250 km，年发送旅客约 1.83 亿人次。

墨尔本的有轨电车保有量为 487 辆，其中包括 W 型（老式单节电车，历史产量为 752 辆，现存约 230 辆，大部分已停用），Z 型（20 世纪 70 年代开始推出的单节电车，历史产量为 230 辆，现存约 147 辆），A 型（20 世纪 80 年代开始推出的单节电车，历史产量为 70 辆，均仍在服役），B 型（20 世纪 80 年代推出的双节电车，历史产量为 132 辆，均仍在服役），C 型（2000 年推出的 3 节低地板电车，服役数量为 41 辆），D 型（2000 年推出的 3 节/5 节 100%低板电车，服务数量为 59 辆）。墨尔本的电车保有量情况显示了有轨电车随着技术发展的几个关键节点，包括编组化、低地板化等。

2）日本

有轨电车在日本同样历史悠久。早在 1932 年，日本就有 82 家有轨电车公司在 65 个城市开展经营，总里程超过 1 479 km。但后来由于战争的破坏和其他交通方式的冲击，日本有轨电车线路逐渐从大都市“撤退”。例如，东京在 1962 年曾有 41 条有轨电车线路，而目前仅剩 2 条还在运转。在日本的一些县域地区，有轨电车相对保留较多。以广岛县为例，面积约为 8 500 km^2，总人口约为 287 万，目前运行着 8 条有轨电车线路，总长度为 19.0 km，车辆保有量达到 271 辆。图 1-16 所示为日本广岛县的有轨电车路线图。目前，日本的有轨电车多为单节的老式车辆，运力相对有限，其作用更接近普通的公交汽车。

3）北美

目前，多伦多和新奥尔良是北美仅有的两个仍保留着有轨电车网络的城市。多伦多拥有 11 条有轨电车线路，总里程为 75 km，日发送旅客约 29 万人次。目前，多伦多的有轨电车保有量为 248 辆，以老式单节车辆 ALRV、CLRV 型为主。从 2007 年开始，多伦多宣布将逐步更换其有轨电车，引进庞巴迪公司生产的 LRT 的车型，采用 3 节编组的 100%低地板技术，2014 年以后陆续到位。图 1-17 所示为多伦多升级换代中的有轨电车。

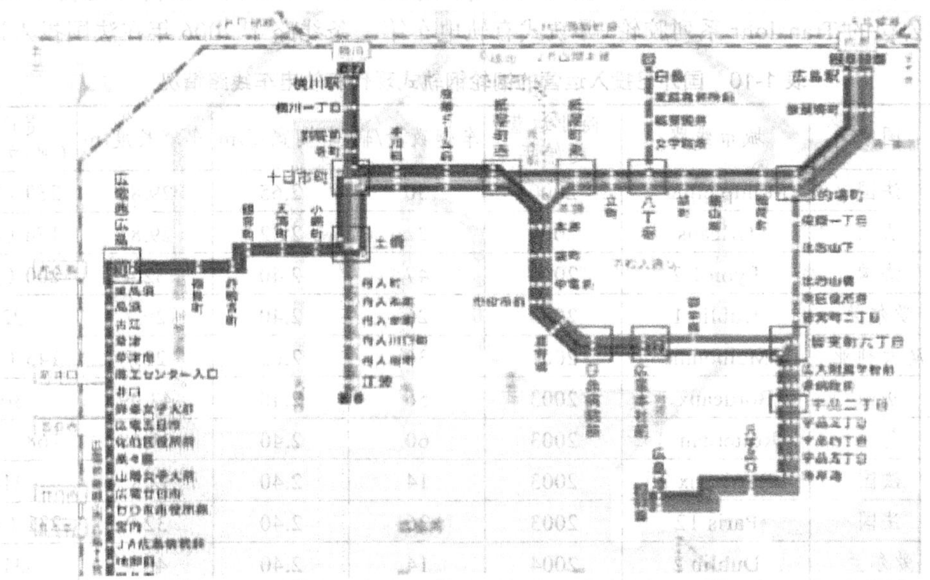

图 1-16　日本广岛县的有轨电车路线图

图 1-17　多伦多的有轨电车正在升级换代

3. 国外有轨电车车辆发展现状

按照车辆低地板区域能够达到客室面积的百分比，低地板车主要分为 70%低地板和 100%低地板。这类车技术难度大，必须全部采用独立旋转车轮转向架，取消车轴或采用曲梁车轴才可实现 100%低地板。100%低地板一直是国外追求的目标，现在欧洲已得到广泛应用。

此外，根据运行系统的不同，现代有轨电车主要分为钢轮钢轨和胶轮+导轨两种制式。目前，世界上钢轮钢轨式现代有轨电车的制造厂家主要有法国阿尔斯通、德国西门子（Siemens）、加拿大庞巴迪（Bombardier）等公司；胶轮+导轨式现代有轨电车的主要生产厂家是劳尔公司，庞巴迪公司也曾设计、生产胶轮+导轨式现代有轨电车。

目前，从两种制式的现代有轨电车在市场上的表现来看，钢轮钢轨式现代有轨电车因其推出时间更早、性能更稳定等原因，占据了主要市场，但两种制式的现代有轨电车均发展较快。

阿尔斯通公司的 Citadis 系列钢轮钢轨式有轨电车自 1998 年推向市场，截至 2008 年，已经在法国、西班牙、德国、意大利、澳大利亚等国家的 28 个城市投入运营（见表 1-10）。另外，劳尔公司的 Translohr 系列胶轮+导轨式有轨电车第一条线路于 2006 年在法国投入运营。

表 1-10　国外已投入运营的钢轮钢轨式现代有轨电车线路情况

序号	国家	城市线路	商业运营起始年	车辆数量/辆	车辆宽度/m	车辆长度/m	定员/人（座位/个）
1	法国	Montp ellier 1	2000	30	2.65	29.83	289（76）
2	法国	Orleans	2000	22	2.32	29.87	176（40）
3	法国	Lyon 1,2	2000	47	2.40	32.4	200（58）
4	爱尔兰	Dublin 1	2004	26	2.40	29.7	221
5	澳大利亚	Melboume	2001	36	2.65	22.7	145（40）
6	法国	Bordeaux 1	2003	56	2.40	43.99	300
7	荷兰	Rotterdam 1	2003	60	2.40	31.58	168（63）
8	法国	Bordeaux 2	2003	14	2.40	32.85	218
9	法国	Paris T2	2003	26	2.40	32.2	231（48）
10	爱尔兰	Dublin 2	2004	14	2.40	40.8	310
11	西班牙	Barcelona 1	2004	19	2.65	32.50	218（64）
12	西班牙	Tenerife	2004	20	2.40	32	200
13	法国	Valenciennes	2006	21	2.40	29.5	184（48）
14	德国	Kassel	2004	28	2.65	37	220（90）
15	西班牙	Barcelona 2	2004	18	2.65	32.50	218（64）
16	法国	Paris T3	2006	21	2.65	43	304（78）
17	法国	Mulhouse	2006	27	2.65	32.5	231（64）
18	法国	Strasbourg	2006	35	2.40	45	288（64）
19	法国	Grenoble	2006	35	2.40	43.73	274（76）
20	法国	Montpellier 2	2006	24	2.65	32.5	210（64）
21	荷兰	The Hague	2006	50	2.65	37	220
22	法国	Le Mans	2007	23	2.40	32	209（64）
23	西班牙	Madrid	2007	70	2.40	32	186
24	突尼斯	Tunis 1	2007	30	2.40	32	266（58）
25	法国	Nice	2007	20	2. 65	33	216（54）
26	法国	Lyon Lea	2007	10	2. 40	32.4	201（56）
27	以色列	Jerusalem	2008	23			
28	阿根廷	Buenos Aires	2007	2	2.65	32.5	231（64）

1.4.2　国内运营现状

1. 发展概况

现代有轨电车在国外大中城市应用广泛，已有 30 ~ 40 年的历史，但在我国公共交通系统中的应用尚处于起步阶段。截止到 2015 年上半年，我国共有 16 条有轨电车线路投入运营，其中沈阳、大连、长春、天津、上海是全国较早运营有轨电车的城市。我国城市现代有轨电车发展情况如表 1-11 所示。

表 1-11　我国城市现代有轨电车发展情况

城市	线路数量/条	营业里程/km	车辆类型	供电方式
沈阳	4	60	70%和 100%低地板车辆	架空接触网供电
大连	2	23.5	日式 3000 型的单节车与 70%低地板车辆	架空接触网供电
长春	2	19.94	70%低地板钢轮钢轨式车辆	架空接触网供电
天津	1	7.86	法国劳尔 100%低地板胶轮+导轨式车辆	架空接触网与电池包供电
上海	1	10	法国劳尔 100%低地板胶轮+导轨式车辆	架空接触网供电
南京	1	7.76	南车浦镇 100%低地板钢轮钢轨式车辆	车载储能装置供电
广州	1	7.7	南车株机 100%低地板钢轮钢轨式车辆	车载储能装置供电
苏州	1	18.19	南车浦镇 100%低地板钢轮钢轨式车辆	车载储能装置供电
成都安仁	1	1.8	仿古有轨电车	架空接触网供电
青岛城阳区	1	8.77	南车四方 100%低地板式车辆	车载储能装置供电
威海文登卓达	1	2	仿古有轨电车	架空接触网供电

案例 1：我国首个现代有轨电车网。

2013 年 8 月 6 日，沈阳浑南新区现代有轨电车网开始运行，这也是我国首个现代有轨电车网，运行区间涵盖全运村、桃仙国际机场、沈阳高新区等城市节点。浑南新区现代有轨电车网由 4 条线路组成，总长约 60 km，共设车站 73 个，运行车辆为原中国北车研制的 100% 和 70%低地板现代有轨电车，采用“无承力索柔性牵引网+超级电容”技术。现代有轨电车线路采用专用路权，以草坪绿化带作为隔离物，将轨道敷设在草坪带上，既保证了有轨电车与其他交通的完全隔离，又绿化了城市。

浑南新区现代有轨电车网的成功运行也标志我国进入了现代有轨电车快速发展的新时代。图 1-18 所示为沈阳现代有轨电车。

图 1-18　沈阳现代有轨电车

案例 2：采取三个国内“首次”，破解了老式有轨电车弊端。

南京河西现代有轨电车 1 号线全长 7. 5 km，共 13 个车站，最高速度为 80 km/h。该条线路采取三个国内“首次”，破解了老式有轨电车弊端（见图 1-19）：一是首次采用无接触网有轨电车供电模式，具体来说是采取“进站充电”方式，电车进入站台方将“辫子”升起充电，不破坏城市景观；二是首次采用中国电子科技集团公司研制的新一代现代有轨电车信号调度系统，采取半封闭式管理形成“专车专道”，最大限度减少与机动车行驶路线的重叠，提高了系统安全性；三是在车辆基地停车库首次采用吸气式感烟探测器，有效监控火灾发生，保障安全运营。

图 1-19　南京河西现代有轨电车

案例 3：世界首列超级电容 100%低地板有轨电车。

广州海珠有轨电车示范段采用的纯超级电容 100%低地板有轨电车在世界上属首创（见图 1-20），具有开创性和试验性，代表了当今世界轨道交通技术的发展趋势。车辆运行时采用全世界最新的车载超级电容供电技术，其站内最大充电时间为 30 s，一次充电后能连续行驶 4 km，每个站之间无架空接触网，具有节省架空接触网投资、无视觉污染、契合城市道路布局等优势。

图 1-20　世界首列超级电容 100%低地板有轨电车

2. 规划现状

现代有轨电车有别于传统有轨电车，在控制、牵引供电和车辆技术等方面都进行了更新，使得其载客量大、安全舒适、快速便捷、节能降噪的特点更加凸显。20 世纪末以来，随着城市交通拥堵、环境污染、能源短缺等问题的日益突出，现代有轨电车在国内外都受到了广泛的青睐。

2012 年以来正在建设和规划中的有轨电车线路规模非常庞大，据 2014 年最新市场调研统计，我国目前有近百座城市提出了建设现代有轨电车线路的意向或规划，超过 40 座城市已经有了实际行动。其中既有北京、上海、广州、深圳、珠海、苏州等经济发达城市，也有泉州、合肥、六盘水等新兴城市。这将形成巨大的市场需求，城市轨道交通将继地铁、轻轨后，形成新一轮的发展热潮。根据统计预测，2012 年至 2020 年，我国现代有轨电车规划已超过 2 500 km，工程总投资预计达 3 000 亿元，车辆市场规模达 600 亿元，年均需求 75 亿元。

据了解，我国规划中的有轨电车的主要应用方向是满足一线城市新老城之间和外围区域与主城之间的交通运输要求，以及在二、三线城市作为城区的主要交通枢纽，承担骨干运输的重要作用。其中北京率先规划的西郊线已经在 2011 年 6 月底全面开工。西郊线全长约 9.4 km，全线设 7 站，预计 2016 年底将实现全线开通运营。西郊线是北京首条使用现代有轨电车的线路，采用与珠海有轨电车 1 号线首期相同的地面供电系统。该供电系统由北车（大连）有轨电车系统有限公司引进意大利 ASTS 的供电系统，集安全性、稳定性、科学性于一体。此外，北京市未来科技城现代有轨电车项目也已经进入投标期。

上海计划在郊区新城建设 1 000 km 左右大容量捷运系统，以便更好地满足市郊新城和大型居住区居民的出行需求。其中，初步规划 200 ~ 300 km BRT 快速公交系统和 700 ~ 800 km 有轨电车系统。目前，首条有轨电车示范线已选定在松江新城和国际旅游区建设，示范线将以接触网供电，采用钢轮钢轨制式，线路可封闭也可混行，可依据路况进行灵活变动。此外，有别于城市核心交通工具的轨道交通，有轨电车将主要在新城地区运营，日后，轨道交通将主要连接市区至郊区交通，有轨电车则衔接轨道交通和郊区公交站点。

广东规划的现代有轨电车使用面积则更大，对目前各方公布的规划进行加总，总长度也在 500 km 以上。其中，《珠海市现代有轨电车线网规划方案》指出，珠海在 2020 年规划建设有轨电车线路 7 条，总长度为 156 km，基本覆盖东、西两大板块主要交通走廊。而原中国北车参与建设的国内首条“无辫”现代有轨电车示范线已经于 2013 年 9 月在珠海正式动工，有望于 2015 年年内开通。除了珠海，佛山南海区、佛山顺德区、惠州等地都有规划。而作为另一个大市，深圳龙华新区、深圳湾、龙岗中心城、坪山、罗湖区笋岗—清水河区域、机场连接线等区域也都有规划。

3. 车辆国产化进程

由于刚刚起步，现代有轨电车的发展同样面临着地铁发展初期的问题，即交通需求与产业发展之间的矛盾。因此，要健康、有序、经济合理地推动现代有轨电车的发展，必须解决车辆及机电设备的国产化问题。

近几年来，我国现代有轨电车市场不断升温，作为现代有轨电车系统核心部分的低地板车辆得到了市场及行业的极大关注。在我国相关国产化政策的背景下，世界上主要的有轨电车供应商如庞巴迪、阿尔斯通、西门子、CAF、福斯罗、安萨尔多、斯塔德勒、Inekon 等公司很难直接获得中国市场订单。原中国北车、原中国南车和成都新筑等国内公司则分别通过自主研发、买断知识产权、合作研发等方式制造出了中国本土的现代有轨电车，并积极开拓中国乃至全球的现代有轨电车市场。

2012 年，北车集团、南车集团及各车辆厂商相继通过合作、技术引进、自主研发等不同的形式开展了低地板有轨电车的研发设计工作，车辆的国产化进程正在进入加速通道，现代有轨电车行业发展已初具规模。

国内主要车辆厂家的现代有轨电车技术及市场开拓情况下：

1）大连机车：地面供电，“无辫”运行

2012 年 10 月，中国北车集团大连机车车辆有限公司（简称“大连机车”）与意大利安萨尔多百瑞达公司签订技术引进合作协议，首次将风靡欧洲的“无辫”现代有轨电车及 TramWave 地面供电系统技术引入我国。该车为 SIRIO 系列 100%低地板现代有轨电车，列车全长 32 m，宽 2.65 m，由 5 节模块组成，设计时速为 70 km，最大载客量可达 350 人。从 2012 年开始大连机车相继与珠海市、北京市等签订了有轨电车车辆采购合同。

2）长客股份：自主研发，浑南运营

中国北车长春轨道客车股份有限公司（简称“长客股份”）是国内研制现代有轨电车比较早的车辆厂，其自主研发的低地板现代有轨电车已经于 2013 年 8 月在沈阳浑南新区成功运营，包括 70%低地板车辆和 100%低地板车辆。2013 年 5 月 10 日，首列下线的 100%低地板现代有轨电车，全长 34.8 m，由 5 个模块组成，设计时速 80 km，最大载客量可达 368 人。该车采用传统有轴转向架，对电机纵向布置以及降低车轮直径等方面进行技术攻关，在车厢地板从无转向架区域到有转向架区域之间采用不超过 6%的缓坡过渡的设计。

3）北车唐车：国际设计，出口海外

中国北车唐山轨道客车有限责任公司（简称“北车唐车”）的现代有轨电车是与 LogoMotive 公司联合设计，北车唐车在包括转向架在内的技术上拥有完全自主知识产权。该车全长 40 m，由 4 节模块组成，最大载客量可达 453 人。2010 年，北车唐车在福建泉州投资并控股设立北车泉州公司，制造现代有轨电车，并与泉州市约定以 BT 方式建设泉州市现代有轨电车线路。目前北车唐车正在大力推进南平市武夷新区有轨电车旅游专线项目的建设。北车唐车在国外也有订单，在 2012 年 12 月签订了土耳其萨姆松市的 100%低地板有轨电车采购合同，首列车已于 2013 年 11 月 29 日空运至土耳其。

4）南车四方：永磁电机，国内首次

南车青岛四方机车车辆股份有限公司（简称“南车四方”）已通过完全技术转让方式，引入捷克斯柯达低地板有轨电车产品技术，完全掌握了二次改进和深度开发的主导权，生产型号为 15TForCity 的现代有轨电车。该车由 3 节模块组成，采用永磁电机驱动，铰接转向架最大载客量为 300 人。2013 年 11 月，南车四方与佛山铁投、高明高建正式签约出资组建佛山南车，并建设佛山南车修造基地。2014 年 2 月 17 日，南车四方生产的 100%有轨电车样车在青岛下线，车辆在国内首次采用永磁电机驱动。

5）南车浦镇：本土改造，多样供电

南车南京浦镇车辆有限公司（简称“南车浦镇”）引进庞巴迪最新一代的 flexity2 平台，并根据中国实际的使用环境进行适应性改造，实现了 100%和 70%低地板有轨电车技术本土化生产。该车全长 32 m，车宽 2.65 m，由 5 节模块组成，入口地板高 33 cm，最大载客量为 382 人。2012 年，南车浦镇中标苏州高新区有轨电车 1 号线项目（18.19km），2014 年 4 月 9 日，为苏州高新区生产的首列车下线。

6）南车株机：储能电车，全球首创

2012 年 6 月，南车株洲电力机车有限公司（简称“南车株机”）与西门子公司签署 100%低地板有轨电车技术合作协议，西门子将向南车株机转让 Combino 车辆的全套技术。该车设计独立轮对，无轴转向架，电机侧式悬挂控制同侧车轮；每个模块都有转向架，车体重心始终保持在转向架上方，不存在悬浮模块，列车任意编组；采用架空网供电，也可采用超级电容和蓄电池供电。2012 年 11 月，南车株机与广州市签署新型轨道交通装备项目协议书，共同建设储能式现代城市有轨电车交通系统项目。此后，南车株机相继中标宁波市、淮安市等的有轨电车采购项目。

7）长客新筑：新生力量，横空出世

成都新筑路桥机械股份有限公司（简称“新筑股份”）控股子公司成都长客新筑轨道交通装备有限公司（简称“长客新筑”）于 2012 年从长客股份引进了现代有轨电车相关技术，公司具备了制造现代有轨电车的能力。该车实现“成都造”，全长 20 m，由 3 节模块组成，最大载客量为 300 人。2013 年 5 月，新筑股份与新津交投签订《新津现代有轨电车示范线项目投资合作合同》，新筑股份以 PPP 的方式参与新津有轨电车示范项目的整体投资建设。目前，新津现代有轨电车示范线已经开工建设。

8）湘电集团：联合研发，欧洲定制

2011 年 3 月，湘电集团有限公司（简称“湘电集团”）与捷克 INEKON 公司在香港合资成立中国城轨交通设备有限公司（XEGKON），共同研制开发 100%低地板现代有轨电车。该车全长 33.5 m，车宽 2.4 m，由 3 节模块组成，$B_0B_0B_0B_0$，8 × 75 kW，DC 600 V，单向驾驶。2014 年 3 月 10 日，首列 100%低地板样车首次调试完成。首列样车实为俄罗斯供货，年底实现为国内用户提供样车。首批列车将出口欧洲国家，并在捷克的首都布拉格投入运营。

9）中辆科技：自主研发，宿迁制造

江苏中辆科技有限公司（简称“中辆科技”）的新能源现代有轨电车，于 2014 年 3 月底通过了江苏省交通运输协会组织的专家评审组技术审查。该车为自行设计研发制造，拥有完全自主知识产权，为新能源现代有轨电车，3 模块，载客 269 人，最高时速 70 km。该车取消了供电系统接触网，采用镍氢动力电容电池或超级电容为车载动力电源，与地面光伏/市电双模智能供电系统相结合，运行时 100% 采用绿色新能源，其中 1/3 为太阳能，1/3 为制动再生能，1/3 为城市电网在夜间低谷时输出的“富余”能。

现代有轨电车产业的技术进步是以市场为依托的，只有在现代有轨电车的建设发展中使车辆、机电设备逐步国产化，才能带动我国现代有轨电车工业的发展，并且对相关产业的发展起到促进作用。因此，实现现代有轨电车车辆及机电设备的国产化，不仅可以降低工程造价，解决备品、备件的后顾之忧，降低运营和维护费用，同时可带动国内机电工业的技术进步和产业发展。

1.5 现代有轨电车的发展趋势

近年来，现代有轨电车以其单位能耗少、环境污染低、运输能力大的特点受到青睐，国外许多城市掀起了有轨电车的复兴热潮。它是在传统有轨电车的基础上改进和发展起来的先进交通方式。一般认为，与传统有轨电车相比，现代有轨电车的技术特征主要体现在以下方面：

① 走行部制式：传统的有轨电车采用钢制车轮走行在钢制轨道上，现代有轨电车不仅继承了钢轮钢轨的制式，同时引入了橡胶轮与导向轨的技术，增加了胶轮+导轨的制式。

② 低地板程度：传统的有轨电车与公交车类似，采用高地板，乘客上下车需要通过车门的踏步，影响了乘客的上车速度且不利于对残疾人乘客进行服务。现代有轨电车经过改进，将车辆中部非动力转向架的传统轮对改为独立旋转车轮，取消了传统轮对的车轴，并将车门处的踏步转移至车厢内部，从而使车辆中部入口处的地板面降低。虽然车辆前后端部仍为高地板面，但整个车辆内部可以达到 70% 低地板，改善了乘客上下车条件。

最新的现代有轨电车通过完全采用独立旋转车轮转向架、合理设置车厢内部纵坡、减小车轮尺寸等方法，形成了 100% 低地板有轨电车，极大地方便了乘客使用。

100%低地板车辆一般可由 2～8 个模块组成，所有模块均采用独立旋转车轮或改变车厢内部纵坡方式，降低了车辆地板面高度。车厢内部纵向贯通，无踏步（见图 1-21）。

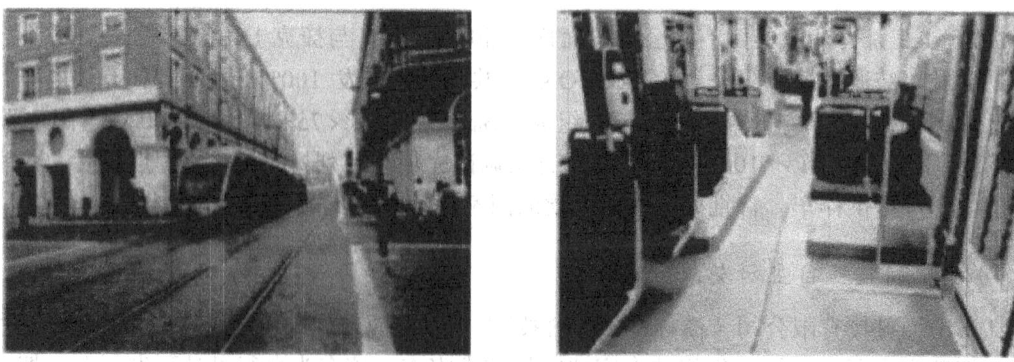

图 1-21　100%低地板有轨电车车厢内部

③ 系统振动和噪声：现代有轨电车车辆采用新的制造工艺，车辆减振性能好，并且使用弹性车轮，降低了轮轨之间的噪声；车体使用隔音材料，大大降低了整个系统的噪声水平。根据 IEC 标准测试，以 40 km/h 的速度行驶时，有轨电车车厢内噪声为 70 dB、车厢外 7.5 m 为 75 ~ 78 dB。

④ 车辆外观：现代有轨电车车辆无论是从外形上还是从涂装上都进行了改善，并根据线路的特点进行个性化设计。国外一些城市采购车辆时还对车辆外观造型进行了专门设计。除此之外，现代有轨电车还配以一体化接触网、支柱、照明与网格状草坪设计，能够与城市风貌完美融合，成为一道流动的风景线，有利于城市形象的提升。

⑤ 动力性能：现代有轨电车的电力传动系统采用 VVVF 控制技术，制动方面采用电气制动、机械制动、磁轨制动等多种形式，故牵引、制动、控制水平都有了大幅度的提升。

⑥ 载客能力：现代有轨电车车辆实现了模块化组装，不仅可以根据客流需求增减车辆模块，必要时还可以两车联挂运行，提高系统的运输能力。

⑦ 速度：传统有轨电车设计的最高速度一般在 30 km/h 左右，实际运行速度在 10 km/h 左右。现代有轨电车的设计速度可达 70 ~ 80 km/h，在城市中心地区运行速度一般都在 20 km/h 左右，在城市郊区运行速度达 30 km/h。

⑧ 供电方式：现代有轨电车除了采用传统架空线供电外，在部分景观、空间限制区段，还可以采用蓄电池供电（仅局部困难路段）或地面第三轨供电（目前仅限钢轮钢轨），供电电压可以在 500 ~ 900 V 范围内波动。除此之外，还发展了电磁感应、超级电容等多种供电方式，能更好地实现与周边环境的协调。

现代有轨电车与传统有轨电车的综合比较如表 1-12 所示。

表 1-12　有轨电车综合比较表

项目	传统有轨电车	70%低地板现代有轨电车	100%低地板现代有轨电车
驱动特征	旋转电机	旋转电机	旋转电机
走行方式	钢轮钢轨	钢轮钢轨	钢轮钢轨、胶轮+导轨
轴重/t	≤10	≤11	≤12.5
车辆长度/m	22.2	28.5	18 ~ 72
车辆宽度/m	2.6	2.65	2.2 ~ 2.65
转向架	传统轮对转向架	传统轮对转向架、非动力独立车轮转向架	独立车轮转向架
低地板程度	高地板	70%低地板	100%低地板
最高速度/（$km \cdot h^{-1}$）	60	70	70 ~ 80
车外噪声/dB（A）	>80	80	75
正线曲线通过能力/m	50	50	25
爬坡能力/%	6	6	9
动力性能/（$m \cdot s^{-2}$）	牵引加速度：0.5 制动减速度：2.0	牵引加速度：0.6 制动减速度：2.0	牵引加速度：0.7 制动减速度：2.8
编组	固定编组	可联挂	模块化编组、可联挂
载客能力/（人·辆$^{-1}$）	202	250	300

续表 1-12

项目	传统有轨电车	70%低地板现代有轨电车	100%低地板现代有轨电车
运量/（万人·h^{-1}）	0.4～0.6	0.5～1.5	0.3～1.8
供电方式	接触网供电	接触网供电	接触网供电、地面第三轨供电、蓄电池供电、电磁感应供电
外观及内饰	老旧	普通	新颖、时尚
车辆单价/万元	<800	800～1 000	1 500～2 500
应用情况	已拆除	长春、大连	上海、天津、欧洲多个城市
国内生产情况	湘潭电机厂	长春客车厂	进口：阿尔斯通、西门子、庞巴迪、劳尔等公司

传统有轨电车在车辆性能参数、车辆外观和装饰、走行方式、地板高度、供电方式等方面与现代有轨电车都有一定的差距。现代有轨电车中 70% 低地板车辆在国内具有成熟的运用经验，在供货周期和价格因素方面更具有优势，但在车辆性能、车辆外观和装饰方面有待进一步改进。100%低地板车辆在国外运用已较为成熟，在国内也已研制成功并处于样车试运行阶段。100%低地板现代有轨电车更符合未来的发展方向。

图 1-22 所示为传统有轨电车与现代有轨电车对比图。

（a）传统有轨电车

（b）现代有轨电车

图 1-22 传统有轨电车与现代有轨电车对比

从上述对比分析结果来看，现代有轨电车在关键技术、自主化等方面的发展趋势如下：

1. 关键技术

1）轻量化

轻量化设计是轨道车辆行业永远的主题，体现在通过新材料、新工艺的运用以及通过车辆集成设计等达到减重目的。

① 复合车体技术。通过不锈钢、铝合金、碳钢和复合材料的大量运用，在保证车辆性能的前提下，减少车体自重。

② 复合新型材料车辆设备件的运用。车辆设计过程中，各种安装支架、骨架、扶手现在

通常采用不锈钢材料和铝合金材料。新型材料的运用，如碳纤维、7 系铝合金等材料的运用，将有效减少车辆设备件的重量。

③ 车辆设备的集成设计。车辆设计过程中，容易产生各个专业设备安装各自为政、各顾各的情况。通过模块化设计、集成设计，可减少单独使用的设备件。

④ 车辆其他设备优化减重。车辆设计过程中，除车体、转向架等关键部件外，应从大部件开始，逐步展开车辆部件的有限元分析工作，尽可能地减少设计重量。

2）无接触网技术

对于现代有轨电车而言，架空接触网供电是一种经济、可靠的运行方式，且现代技术可以使架空接触网设备简洁美观，并能达到较长的使用寿命。但是，从整个现代有轨电车系统所产生的社会效益上看，无架空接触网现代有轨电车系统是发展趋势。储能式牵引供电系统是实现无架空接触网的重要技术之一，能够满足现代城市对节能环保及改善城市景观的需求。

对于全线设置于城市中心城区的线路而言，为满足城市景观要求，其牵引供电系统选择储能式牵引供电方式较为适合。对于部分位于城郊的线路，其牵引供电方案在城区可选择储能式牵引供电系统，在郊区可选择架空接触网供电。现代有轨电车系统主流供货商如西门子、阿尔斯通、庞巴迪、卡佛、中国中车也都在进行储能式牵引供电的技术研究和工程实践，在既有系统的基础上通过技术革新都能够实现储能式牵引供电，但是储能装置的生命周期成本问题一直是用户关注的焦点。因此，延长车载储能装置的使用寿命，是现代储能式有轨电车进一步研究的重点和难点。

3）永磁电机技术

永磁电机具有效率高、启动转矩大、启动电流小、体积小、重量轻的特点。随着新材料的开发，尤其是永磁技术的突破性发展，直流电机无刷化这一前沿技术得到应用。直流电动机采用永磁励磁后，既保留了电励磁直流电动机良好的调速特性和机械特性，还避免了励磁绕组和励磁损耗的问题。斯柯达公司已率先开始了小功率永磁电机在有轨电车上的运用。在国内，永磁电机在公交车上的运用也已逐步展开。虽然永磁电机技术在轨道车辆上的运用进展还较慢，但这是一个趋势。

4）综合监控技术

目前有轨电车综合监控系统正朝着高清化与智能化的方向发展。一方面，无线通信技术的发展，使得高清视频监控信号从有轨电车到监控中心的同步传输变为了可能。另一方面，有轨电车内车载总线技术的发展，使得可获得的车辆状态及车载信号越来越多。通过车载总线可以直接获得车载状态信息，将车载信息发送到监控中心之后，通过相应的数据分析，可以对车辆的潜在危险信息进行预测报警。

2. 自主化

不管是采用何种方式开发的有轨电车，现有的 100%低地板车辆的关键部件一般均为进口部件。自主化部件的设计、装车试验和验收工作应一并展开，当然这也需要国家的政策扶持和用户的支持。

除此之外，车内设施和装饰应按照司机及乘客舒适性要求优化，车内设施布局和装饰设计应体现“以人为本”的理念，以“安全、舒适、方便、和谐、服务”为原则。主要应从以下方面考虑：

① 坐席与定员的比例应保持在 0.3 左右，乘客坐椅以纵向布置为主。

② 客室侧窗应保持足够的数量、长宽比，并设安全性防护设施，保证客室的采光需要。

③ 客室应有通风或空调装置。

④ 车内噪声小。

⑤ 车内装饰应有良好的视觉效果，车内空间宽敞、明亮，装饰材料阻燃、低烟、无毒、吸音、易于清洗。

⑥ 坐椅、扶手、把手等设施的外形、安装位置和尺寸运用人体工程学原理进行设计。

⑦ 采用大开度的侧门，增加侧门数量，方便乘客就近乘降，减少车辆站停时间。

2 线路和车站

优先发展公共交通是解决当前我国城市交通问题的必由之路，也是世界各国的成功经验。现代有轨电车是一种融合轨道交通和市政道路两种特质的承担公交主要职能的中低运量轨道交通系统，具有安全可靠、舒适环保、快捷经济等优点。其系统采用电力牵引，是绿色交通方式（相对于地铁、轻轨等其他城市轨道交通而言）。其运量小，但相应的基础设施建设工程量小，能大大节省投资，还可节省大量运营维护成本。

现代有轨电车是行走于地面道路的一种公共交通工具，它除了具有轻轨交通的运行特性外，还要与市政道路交通相结合。其交通要素主要包括现代有轨电车路权类型、车道布设方式、路权隔离方式以及车站形式。这些交通要素对市政道路交通的整体通行会产生直接的影响。

2.1 线 路

线路是现代有轨电车系统的重要组成部分。其内涵是保证有轨电车安全、快速运行。

2.1.1 轨 道

有轨电车轨道是城市景观的组成部分，因此轨道形式的选择除了应考虑必要功能外，还应考虑与城市景观相结合。有轨电车轨道要综合考虑路权形式、区域特性、景观生态、经济效益等因素，并有足够强度以承载列车行驶。

1. 轨道构成

轨道是作为一个整体结构敷设在路基之上，直接承受车辆及其荷载的巨大压力，对车辆运行起着导向作用的一组设备。轨道一般由钢轨、扣件、道床、路基以及其他附属设备构成。

1）钢轨

钢轨是轨道的主要组成部件，供车辆车轮滚动行驶其上。其主要的功用有：承受车轮重压以及磨损，将车轮重压分散至钢轨下的轨枕，承受不断反复的重压。

2）轨枕

轨枕垫于钢轨之下，是用来支撑钢轨的铁路配件。它的主要功用有：将钢轨所传下的载重平均分布于道砟上；维持钢轨的线性以及两轨之间的轨距；确保轨道具有均匀的弹力，作用如同建筑物的梁。

3）扣件

扣件是连接钢轨和轨枕的中间连接零件，除了可以抵抗车轮垂直滚压以及侧向的推力外，也可以防止钢轨纵向爬行。

4）道床

道床是轨道结构的重要组成部分，是指路基、桥梁或隧道等下部结构之上，钢轨、轨枕之下的碎石、卵石层或者混凝土层。

有轨电车的道床结构可以分为有砟（有碎石道床）和无砟（无碎石道床）两种。有砟道床同土路基上的道床一样，施工简单，防噪声性能好，但是维修工作量较大，在城市轨道交通中一般不采用。无砟道床最为普遍的是混凝土整体式道床，这种道床不用碎石做道床，而是用预制或者现场浇筑的轨道板做道床。这种结构非常平整，精度很高，能使车辆高速运行，建设完成后形位稳定，维护费用低廉，但是这种轨道的造价比较高，列车同等速度通过时的噪声大于有砟轨道。它的结构是利用扣件把钢轨和混凝土基础直接连接在一起。

5）路基

路基是承受轨道和列车荷载的重要构筑物，应具有足够的强度、稳定性和耐久性，以保证列车的运营安全。有轨电车的无砟轨道路基通常由路基面、基床、路基排水设施组成。

2. 道岔

道岔是轨道中的关键部件，是一种使车辆从一股道转入另一股道的线路连接设备。道岔主要分为曲线道岔与直线道岔两种。

有轨电车在轨道上行驶，道岔选型尤为重要。在路口的交通工程设计过程中，除保证有轨电车顺利变轨外，还要考虑诸多常规交通元素与有轨电车和谐共存的问题。例如，车辆停止线要画在道岔区域以外，保证机动车停车不会妨碍道岔的扳动；但又不能停得太远，使司机看不到路口对面的信号灯。再如，斑马线要画在道岔区域以外，使得上下站台的旅客与过街的行人通过斑马线的同时，不会妨碍道岔的扳动；但应尽量靠近路口，以避免行人过街时无谓地绕行。

应通过多种功能的协调设计，使不同子系统在其适应范围内发挥特有的优势，从而实现资源的最有效利用和交通系统整体服务水平的提高。因此，可从交叉口范围的大小和乘客组织两方面分析交叉口处道岔的选型。

由于有轨电车车身长度通常在 60 m 左右，在交叉口转向处最小半径为 50 m，道岔形式决定了交叉口站台的位置、人行横道的位置，以及进出站乘客的步行路径。直线道岔与曲线道岔最为明显的区别是，使用直线道岔的交叉口比使用曲线道岔的交叉口路口范围要大得多，从社会车辆司机的角度出发，观察路口对面的信号灯会更困难；从行人的角度出发，将造成斑马线位置距交叉口过远，过街不便，容易出现行人违章。为避免上述问题，采用曲线道岔布设，可以有效地缩小转向长度和交叉口范围，站台位置可适当前移，从而缩短了乘客步行的距离。

基于上述分析，为了保证乘客和行人过街的便捷性，建议在技术成熟的情况下，有轨电车在交叉口采用曲线道岔的形式，实现过街设施和道岔布设的有效融合。交叉口组织形式对比如图 2-1、2-2 所示。

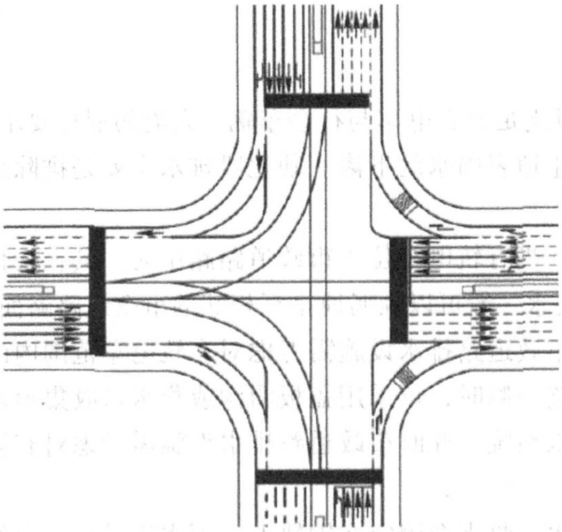

图 2-1　交叉口直线道岔平面

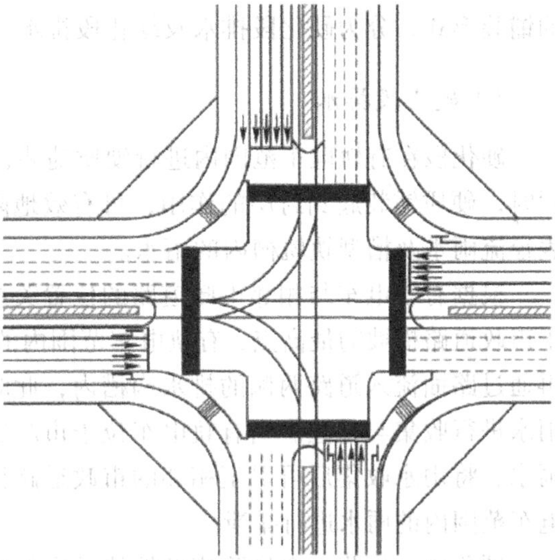

图 2-2　交叉口曲线道岔平面

3. 轨道分类

有轨电车轨道包括有砟轨道、无砟轨道、埋入式轨道、植草式轨道等形式。

有砟轨道由于有砟道床的存在而不能与其他道路交通方式共享路权，因此是有轨电车的专用线路。其道砟对城市环境和交通的影响，限制了这种轨道形式在市区内的应用。

植草式轨道主要是为配合景观生态及绿化而设计的，主要是无砟轨道配以隔框以及种植草种于轨道区，对草种有特殊要求。

埋入式轨道是为配合有轨电车与其他路面交通工具共享路权而设计的，其轨道平面与道路路面同高，可使其他交通工具顺利通过。埋入式轨道作为有轨电车比较特殊的轨道结构，其轨道断面形式、轨道的固定方式等都与常规的轨道交通有所区别，并由于其敷设于路面的原因，需要更高的技术要求，如轨道结构强度高、耐久性好、维护周期长，以减少大范围的拆除轨道等养护作业。同时，还要对噪声、振动进行更加严格的控制，对轨道排水设施、迷流控制和道岔进行特殊处理。此外，还要特别注意防止杂物堵塞轮缘槽的现象。

无砟轨道能够比较好地满足城市环境的要求，但由于轨道的上部结构凸出于道路平面，使得机动车仍然不能运行于轨道之上，因此对城市交通的影响较大。

4. 轨道排水

根据现代有轨电车的安全行车要求，轨行区的积水不能淹没轨面，且有轨电车范围内的绿色植物在长时间的积水浸泡下不易存活，长时间的积水会对供电、通信的耐久性产生很大的影响，这就要求现代有轨电车工程的排水设施必须设计合理、安全有效。

目前，国内的现代有轨电车一般采用无砟轨道结构形式，钢轨一般采用槽型轨，结合沿线景观需求或交通需求，在有轨电车范围内的轨行区两侧一般进行硬化（沥青铺面、混凝土铺面、砖板铺面）或绿化（植草、种树）铺装，铺装的顶面与轨面基本平齐。排水根据不同的铺装形式，分为硬化段排水及绿化段排水。

1）硬化段排水

硬化段在有轨电车范围内进行硬质铺装，以满足有轨电车与社会车辆、人流的混行要求。同时，硬质铺装起到封层的作用，可有效地防止地表雨水的下渗。硬化段排水主要是排除地表径流雨水及槽型轨轨槽内的雨水。

根据有轨电车与相邻市政道路的位置关系，当有轨电车位于市政道路路中时，其一般位于市政道路横坡的最高点，有轨电车范围内的雨水一般可以顺畅地排至相邻的市政道路路面，再通过路面流入道路两侧的排水沟槽内，此时市政道路排水设施需考虑对有轨电车范围内的雨水进行收集与排泄。当有轨电车位于市政道路一侧时，可采用盖板明沟或集水口收集地表雨水，将雨水收集后再引至相邻的市政道路排水系统，此时市政道路排水设施需考虑对有轨电车范围内的雨水进行排泄。

硬化段采用收水盒排除槽型轨轨槽内的雨水。收水盒固定在钢轨上，雨水通过轨槽内的打孔流入收水盒（见图 2-3）。轨槽开孔一般为长圆孔，尺寸为 10 cm×1 cm（长×宽）。局部线路纵坡较大，在线路纵坡的低点，为避免地表雨水形成汇流，可垂直于线路设置横截沟，以加快排除地表雨水的速度（见图 2-4）。

图 2-3 收水盒

图 2-4 横截沟

2）绿化段排水

（1）排水系统组成

绿化段在有轨电车的车道范围内，用以协调有轨电车与周围的景观。绿化段内雨水地表径流速度相对较慢，径流系数为 0.1 ~ 0.2，使部分雨水产生下渗。有轨电车绿化段排水设计需同时考虑地表雨水及下渗雨水的排除。排水设施主要有地下排水沟管、收水盒、横截沟等。

地下排水沟管可采用碎石盲沟或盲沟管，兼作下渗雨水的收集及地表雨水排除的纵向通道。排水沟管的布置数量由雨水量大小及轨道道床对横断面的分隔决定，当轨道道床将横断面分隔为几个相对封闭的区域时，不同区域的下渗雨水不能统一收集，每个区域需单独设置地下排水沟管，或通过排水设施将相对封闭的区域连通后统一收集。

有轨电车绿化段同样采用收水盒排除轨槽内的雨水。横截沟布置在路口处、线路纵坡较大的地段及纵坡的最低点，以及时排除地表雨水，防止雨水汇集。横截沟垂直于线路布置，其顶面与绿化种植土的顶面基本平齐。受钢轨的影响，横截沟可分段设置，采用轨下埋管连通（见图 2-5）。

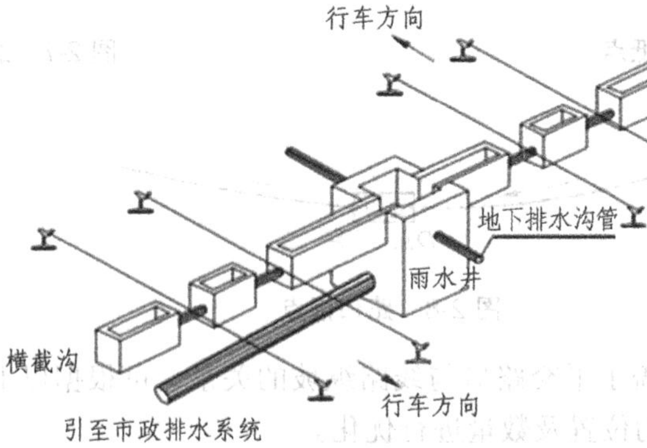

图 2-5　地下排水沟管、横截沟及雨水井的连接

（2）横截沟的设置位置

有轨电车范围内的绿化段被与其平交的路口分隔成相对独立的地段，这些地段在进行排水设计时被看作独立的排水单元。根据平交路口在线路纵坡所处的位置，横截沟的设置位置分为三种情况。

情况 1：处于区间低点，平交路口位于线路纵坡的高点，线路纵坡的最低点（A 点）位于两路口之间，如图 2-6 所示。此时 A 点一般容易形成雨水汇集，地下纵向沟管也将收集后的雨水引至 A 点，这时在 A 点需设置横截沟，将横截沟、地下排水沟管同时与雨水井连通，通过雨水井与市政排水系统相接。

情况 2：处于纵坡路口，平交路口位于线路纵坡的半山腰或最高点，如图 2-7 所示。当平交路口位于线路纵坡的半山腰时，在有轨电车硬化段与绿化段分界的 B 点，平交路口铺装表面的径流雨水容易汇向绿化段；在分界点 C，绿化段的雨水向此处汇集，且绿化段的地表径流雨水容易流向平交路口，此时可在 B 点和 C 点设置横截沟，在汇集雨水的同时可截断地表径流。

受平交路口的阻隔，需在 C 点将有轨电车排水系统与相邻市政排水系统连通。当 C 点与市政排水系统连通相对困难时，可将 B 点和 C 点通过平交路口的地下埋管连通，将 C 点的汇水引至 B 点所在的排水单元，在 B 点的排水单元内完成与市政排水系统的连通。

当平交路口位于线路纵坡的最高点时，即路口两侧均为 B 点的情况，此时可在路口两边分别设置横截沟，以阻断平交路口汇向绿化段的地表径流雨水。

情况 3：处于路口低点，平交路口位于线路纵坡的最低点，如图 2-8 所示。在有轨电车硬化段与绿化段分界的 D 点、E 点，绿化段的雨水向此处汇集，且绿化段的地表径流雨水容易流向平交路口，可在 D 点、E 点设置横截沟，在汇集雨水的同时截断地表径流。

同样受平交路口的阻隔，需在 D 点、E 点将有轨电车排水系统与相邻市政排水系统连通。当与市政排水系统连通相对困难时，为减少连通次数，可将 D 点、E 点通过平交路口的地下埋管连通，根据实际情况在 D 点或 E 点与市政排水系统连通。

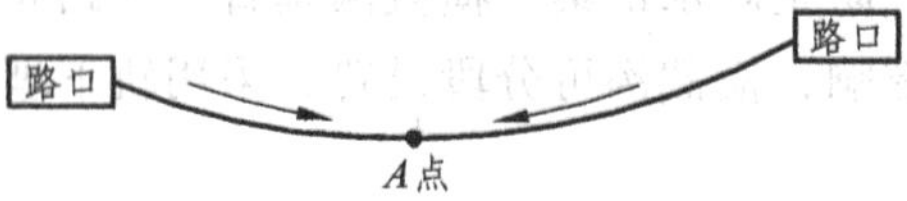

图 2-6　区间低点

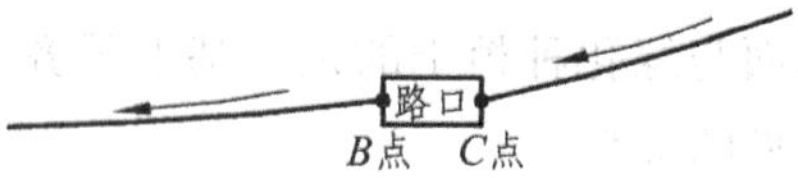

图 2-7　纵坡路口

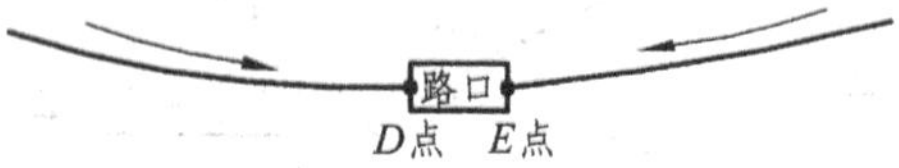

图 2-8　路口低点

以上三种情况，基本涵盖了平交路口与线路纵坡的关系，可根据以上情况，同时结合实际线路纵坡坡度，对横截沟的位置及数量进行优化。

2.1.2　路权选择

有轨电车路权，即有轨电车在一定空间和时间内在道路上进行道路交通活动的权利。现代有轨电车的路权形式根据不同的需要和条件可以是多样的。对于同一条线路的不同地点，路权形式也可以发生变化。现代有轨电车作为城市公共交通的替代形式，路权形式的选择要综合考虑城市交通需求、城市道路布局及与其他交通方式的融合。

狭义的（公共交通）路权是指从交通规则上与物理形态上都独立的仅供公共交通车辆使用的土地带，但允许交叉口的存在。广义的路权是指任何有公共交通车辆通行的通道。在广义路权定义的基础上，参照美国交通运输研究委员会（Transportation Research Board，TRB）对北美轻轨（Light Rail Transit，LRT）路权的分类（见表 2-1），可以将有轨电车的路权分为三个级别：

① 完全独立路权（A 型）：不与任何地面交通方式或行人共享交叉口。

② 半独立路权（B 型）：线路以实体隔离方式（路缘石、栅栏、高低差）与其他交通方式隔离，在交叉口处与其他交通方式混行。

③ 混合路权（C 型）：与行人及地面交通方式混行。

但实际情况是，一条有轨电车线路往往可划分为多个路权形式，其中有的区间路权等级较低，与多种交通方式混行，而有的区间路权等级较高，甚至达到独立路权的标准。在大多数情况下，现代有轨电车使用 B 级路权和 C 级路权，间或也会使用 A 级路权。很多线路在不同路段会使用不同的路权形式。C 级路权仅适用于市中心和社会经济活动密集的区域。

有轨电车的三类路权各具特点，适用范围也不同，如表 2-2 所示。由于半独立路权采用地面敷设方式，基础设施简单、经济、便捷，对城市其他交通干扰较小，同时能够充分发挥低地板现代有轨电车的优势，与城市道路布局结合好，车门处低地板正好与站台等高，乘客上下车便捷；在穿越平交道口时，采取现代有轨电车信号优先措施，能够保证现代有轨电车较好的服务质量（旅行速度和准点率）。因此，现代有轨电车线路一般以半独立路权为主，为了保障行车安全，在道路平面交叉口处应采取必要的信号优先和限速措施。同时，对于第三种和第四种功能定位的有轨电车线路可以结合公交专用车道、步行街及其他特殊地区使用混合路权（这里主要指与行人或公共汽车混合路权）。完全独立路权要慎重使用，除特殊情况外有轨电车线路不采用高架和地下方式。

表 2-1　北美轻轨路权形式分类

类型	分类编号	路权及隔离方式
完全独立路权	Type A	完全隔离路权
半独立路权	Type B-1	隔离起来的路权
	Type B-2	混合路权［有 6 英寸（约 15.24 cm）高的路缘石或栅栏保护］
	Type B-3	混合路权（有 6 英寸高的路缘石保护）
	Type B-4	混合路权（可越过的路缘石、标线）
	Type B-5	轻轨与道路平行，与人行道相邻
混合路权	Type C-1	混合交通
	Type C-2	公交专用路，与公共汽车混合路权
	Type C-3	行人专用路，与行人混合路权

表 2-2　有轨电车路权的适用范围

路权分类	应用条件	适用范围
完全独立路权	与道路立体交叉； 一般不应与其他交通方式与线路并行	适用于前三种功能定位的线路； 仅在特殊情况下的特殊路段使用，路权所占比例很低
半独立路权	路段较为严格的隔离措施； 道路交叉口信号优先措施	适用于四种功能定位的线路； 适用于大多数城市干路
混合路权	线路上的其他交通方式流量较小； 沿线有公共汽车运营，且车站能力富裕	适用于后两种功能定位的线路； 适用于城市次干路及支路； 适用于商业步行街、休闲区以及公交专用车道

2.1.3 车道布设

除了采用独立路权形式的现代有轨电车外，其他路权形式的现代有轨电车都要与机动车（或非机动车）平行运行于城市道路之上。通常情况下，有轨电车线路敷设于地面。为了确保系统的运能和服务质量，有必要采取措施使其达到运营速度、行车间隔方面的要求。主要措施是在地面敷设与其他道路交通方式相对隔离的专用基础设施（路基），在道路交叉口、车站两端、行人过街设施和其他特别需要之处允许车辆、行人和自行车通过。

有轨电车的运行效率受机动车、非机动车和行人等常规城市交通元素的制约。因此，应当合理利用路面资源，协调有轨电车车道与社会车辆车道之间的关系，尽量减少有轨电车与其他车辆的冲突，保证乘客和过街行人通过的便捷性和安全性，从而实现道路车辆的有序和顺畅运行。

有轨电车车道和站台在现有道路上的布置方式是现代有轨电车系统设计工作首先要考虑的问题，其布设方式受技术标准、项目用地、改造工程量和投资等因素的制约，同时也会直接影响到有轨电车的运营效果。

1. 车道布设分类

现代有轨电车车道与机动车道在道路横断面的空间布置方式主要分为三种：路中式、双向同侧式（路侧式）和主路路侧式。布设方式直接影响到有轨电车的运营速度，不同的布置方式适用于不同的情况，具体设计时要根据实际情况灵活选用。

1）路中式

路中式指有轨电车车道设置于道路中央，如图 2-9 所示。

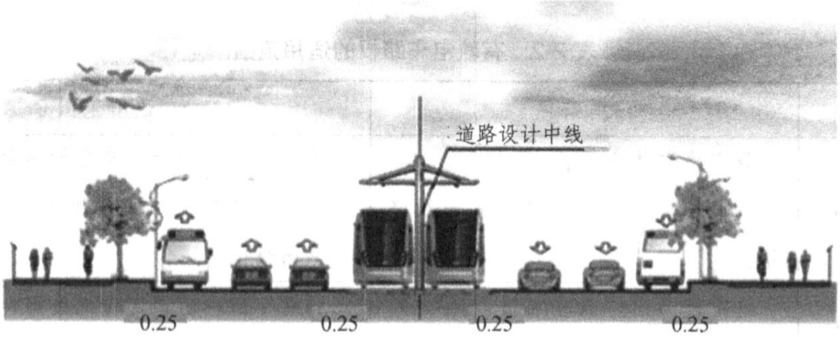

图 2-9　路中式

2）双向同侧式

双向同侧式指上下行的现代有轨电车置于道路同一侧，俗称“路侧式”，如图 2-10 所示。需特别注意的是：当单侧车道布设于单行线上时，要将与机动车单行方向一致的有轨电车线路靠近机动车道布置，以避免机动车与有轨电车对向行驶的冲突。

图 2-10　双向同侧式

3）主路路侧式

主路路侧式指有轨电车车道设置于道路主路最外侧的两条车道上，如图 2-11 所示。

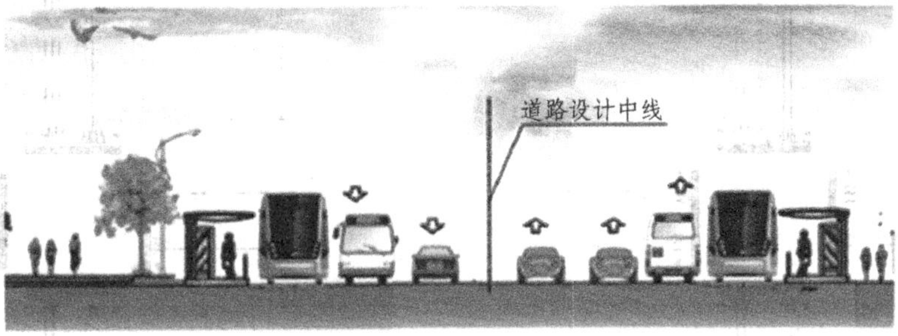

图 2-11　主路路侧式

上述三种方式中，路中式适用范围广，尤其适用于快速路，不仅可以利用现有道路的中央绿化带布设车道，还可以对电车车道两侧的绿化带进行适当加宽，以实现有轨电车和机动车的有效隔离以及临时设站的功能，对道路的改造影响较小；路侧式适用于沿线道路是单行道或道路一侧是空地或山丘等情况；主路路侧式适用于城市快速路三块板形式，在隔离带较宽的条件下，可以考虑将电车车道置于主路外侧。

2. 车道布设方式比较

1）转换方式比较

有轨电车车道在路口的转换方式是制约现代有轨电车系统运营能力的重要因素。路中式在交叉口转向是由路中转至相交道路路中，较为便捷。路侧式在交叉口转向是由路侧转至相交道路路侧，与部分右转和左转流向车辆冲突，因此路侧式布设方式在交叉口需要专用相位。而采用路中式时，有轨电车可与同向社会车辆共用相位通过。

基于上述分析，建议有轨电车车道布设以路中式为主，车辆行驶在道路中央，在条件允许时保证其独立路权。各布设方式对道路环境的影响对比如表 2-3 所示。针对道路是单行道或道路一侧是空地或山脉等情况，可酌情考虑路侧式方案，但全线应尽量减少交叉口转换造成的曲线行驶路径。交叉口处路中式转换至其他方式的轨迹如图 2-12 ~ 2-14 所示。

表 2-3　不同布置方式对道路环境影响的对比

项目	路中式	主路路侧式	双向同侧式
道路交通影响	便于交通组织，受路侧或沿街单位的车辆出入影响小	受沿街单位车辆进出干扰，相互影响大	路口处与同向右转车交织，相互影响大
乘客交通组织	路中的站台可以作为行人过街的安全岛，帮助行人二次过街	站台设置于主路两侧，与电车同向的客流进出站台方便，但异向客流很不方便	由于电车专用车道置于无交通产生的一侧，乘客进出站台不方便
未来道路改造	不影响	影响较大	影响较小

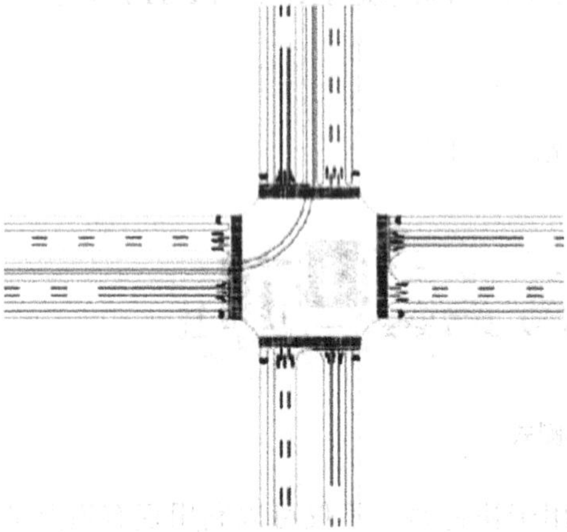

图 2-12　路中式-路中式转换方式

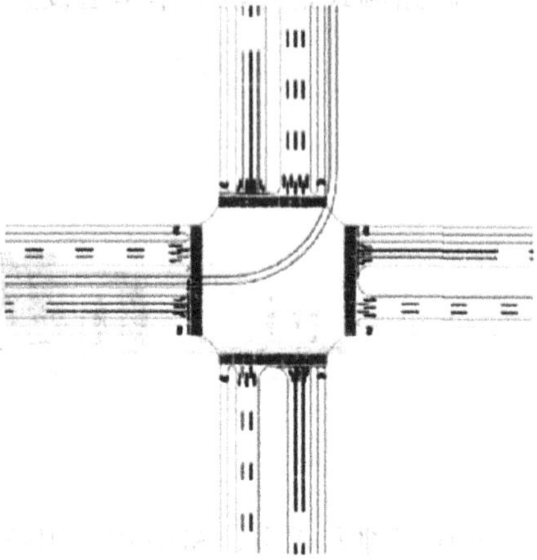

图 2-13　路中式-路侧式转换方式

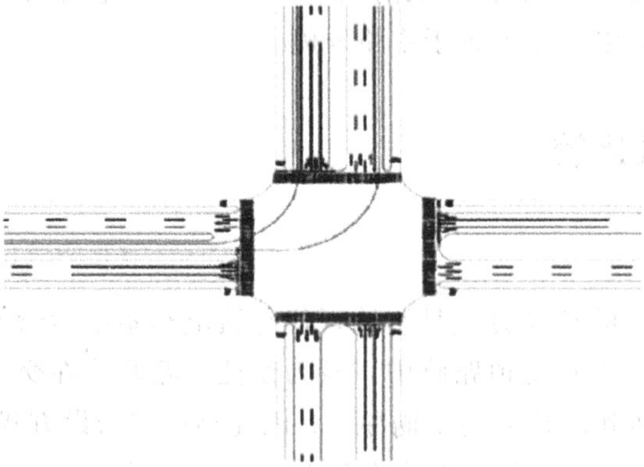

图 2-14　路中式-主路路侧式转换方式

2）各类车道布设形式的优缺点

各类车道布设形式的优缺点如表 2-4 所示。

表 2-4 有轨电车各类车道布设形式的优缺点

布设形式	优点	缺点
路中式	有利于车辆路边临时停车、上下车及货物装卸； 不影响沿街单位的车辆出入及右转车流； 道路交叉口处与其他车辆冲突点较少，车流组织较易处理	对左转车流的干扰较大，须配合采取特殊措施； 乘客须穿越车道，安全及便利性较差
主路路侧式	可利用人行道作为乘客乘降处，对乘客较为便利、安全； 站台可设置于人行道，不占用道路空间； 符合居民使用道路的习惯，可减少路边违章停车	严重影响道路的左右转车流及横向车流进出交叉口； 影响车辆路边临时停车、上下车及货物装卸； 对行驶于路侧的车辆及自行车的安全性影响较大
双向同侧式	站台可设置于人行道，不占用道路空间； 可减少路边违章停车	同布设于路侧（两侧）的情形； 轨道车道与道路车道行驶方向相反，安全性降低； 有一方向乘客须穿越慢车道，安全性及便利性较差

由表 2-4 可以看出，路中式较优，双向同侧式次之，主路路侧式最劣。虽然布设于道路中央的冲突点数相同，但考虑在我国允许机动车红灯右转的特性，当交叉口转向交通量较大时，若布设于机动车道和非机动车道间，转向车辆均需注意对向一般车辆及有轨电车车辆，将延长车辆通过交叉口的时间，发生事故的风险也将提高。因此，有轨电车车道布设形式应优先采用布设于道路中央（除非道路条件不允许），尤其是针对第一种和第二种功能定位的有轨电车线路。

2.1.4 线路技术条件

有轨电车线路技术条件良好是保证旅客运输安全、准点、高效、舒适的前提。其技术参数主要包括道路线形、车道宽度、线路限界、交叉口转弯半径等。

1. 道路线形

有轨电车线路应根据沿线状况，特别是线路所经道路的平曲线和竖曲线线形及沿线地物地貌来设定路线线形基准，以符合线路的实际功能要求。而其中最重要的是道路条件是否满足不同布设形式的有轨电车技术标准的要求。

根据有轨电车相关技术标准和我国城市道路相关设计标准，通常条件下无须道路改造或仅需少量的改造工程（与车道布设形式和道路宽度有关）即可满足有轨电车的转弯需求和纵坡要求。但在城市中立交桥、地道等特殊地段和山地城市道路标准过低的情况下，部分路段的纵坡则超出有轨电车的限制。因此，在有轨电车线路规划设计阶段，权衡车辆性能与纵坡限制之间的关系是路线设计的核心工作。

城市道路对现代有轨电车的影响主要是纵坡的制约。由于钢轮间的摩阻系数比胶轮和路面间的摩阻系数小，因此钢轮有轨电车的爬坡能力与汽车相比存在天生“缺陷”。但其单位自重下较高的牵引功率以及分散的动力（对于较短的 4 轴车，也至少有 2 个动轴），使得有轨电车通过纵坡的能力较传统轮轨系统车辆有较大提升。

表 1-9 中所列的现代有轨电车可通过的最大纵坡大多在 7%以上，胶轮车辆甚至可以达到 13%。参照城市道路纵断面的设计标准，可以了解现代有轨电车运行的最大纵坡是否满足城市道路的条件。

根据《城市道路设计规范》的要求，城市道路机动车车行道最大纵坡推荐值与限制值如表 2-5 所示。

表 2-5　城市道路机动车车行道最大纵坡

设计行车速度/（km/h）	80	60	50	40	30	20
最大纵坡推荐值/%	4	5	5.5	6	7	8
最大纵坡限制值/%	6	7		8	9	

由表 2-5 可见，在城市道路中，计算行车速度在 30 km/h 以上的道路，其推荐纵坡值均小于 7%。根据此标准，城市次干路 I、II 级，城市支路 I 级以上的道路都可以运行各种现代有轨电车。对于更大纵坡的道路，通过合理选择车辆制式即可满足要求。因此可以得出结论，现代有轨电车通过纵坡的能力可以满足城市道路的要求。

但是城市中立交桥、地道等设施在困难地段限制车型行驶、增大道路纵坡，使得部分路段的纵坡超出了现代有轨电车的限制。平面曲线半径条件的制约可以通过翻挖路缘石交叉口改造来实现。而纵坡的制约性对有轨电车的影响更大，通过对道路进行改造的方式达到有轨电车通行的目的往往需要增加大量的工程量。因此，在规划现代有轨电车线路的阶段就需要考虑车辆的性能，将明显超出纵坡限制的路段避开或选择爬坡能力强的胶轮制式车辆，避免后期采购车辆，线路设计、施工时的重复调整工作。

2. 车道宽度

车道宽度的计算主要考虑线路限界、安全净空等因素，电杆和隔离设施的需求空间则需要另外计算。以有轨电车车辆宽度为 2.65 m 为例，未考虑电杆和隔离设施时，单线车道宽度需求为 3.11 m，双线车道宽度需求为 6.16 m。考虑保留适当裕度及必要设施设置空间，建议有轨电车系统单线车道宽度为 3.5 m，双线车道宽度为 7.0 m。我国一般道路车道宽度为 3.5 m，因此可利用现有道路车道作为有轨电车车道。

3. 线路限界

为了确保机车车辆在线路上运行的安全，防止机车车辆撞击邻近的建筑物和设备，而对轨道车辆和接近线路的建筑物、设备所规定的不允许超越的轮廓尺寸线，称为限界。有轨电车车辆限界分为建筑限界、道路限界。接触网限界或地面三轨限界是道路限界的组成部分。

1）建筑限界

建筑限界是一个和线路中心线垂直的横断面，它规定了保证车辆安全通行所必需的横断面的最小尺寸。建筑限界应包含乘客疏散通道所需空间。

沿道路敷设的有轨电车线路，应根据限界要求和道路相关设计规范，设置必要的隔离设施或警示标志。

2）道路限界

道路限界主要分为直线段限界和曲线段限界。

（1）直线段限界

现代有轨电车直线段的限界分为宽度和高度两方面。通过限界宽度可以分析系统占用的城市道路资源状况，通过限界高度可以分析城市道路净空与现代有轨电车的相互制约关系。

由于现代有轨电车几乎没有运行于隧道和高架的情况，沿线的主要设备就是供电系统，因此，对于采用受电弓供电的现代有轨电车而言，直线路段的建筑限界宽度仅考虑安装电杆的需求即可。图 2-15 所示为不同电杆的不同布置方式。而对于采用第三轨供电的现代有轨电车，限界可以进一步缩小，因此更适合路宽受限的区域采用。

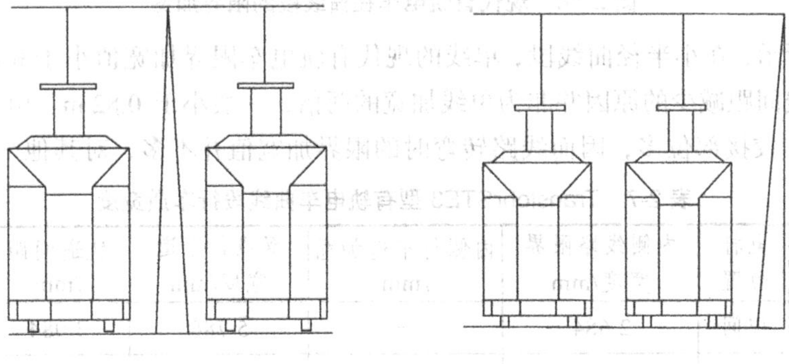

图 2-15　电杆的不同布置方式

此处以双线有轨电车为例进行限界宽度的分析。由表 1-10 可见，现代有轨电车车辆宽度从 2.2～2.65 m 不等，限界的尺寸也有较大差异。以法国 TranslohrSTE3 型有轨电车相关数据为基础进行推算，车宽 2.2 m 及 2.65 m 情况下双线的建筑限界宽度（行车道宽度）如表 2-6 所示。

表 2-6　TranslohrSTE3 型有轨电车曲线段行车道宽度

电杆位置	车宽 2.2 m		车宽 2.65 m	
	车道宽度/mm	轨道间距/mm	车道宽度/mm	轨道间距/mm
中间	5 768	3 084	6 618	3 534
线路一侧	5 368	2 684	6 218	3 134

当电杆在线路中间时，现代有轨电车占用的道路资源约为 5.8 m；而电杆位于线路一侧时，

占用的道路资源更少，约为 5.4 m（见图 2-15）。由此推算车宽为 2.65 m 的车辆，其双线的行车道宽度上限约为 6.6 m。城市道路的机动车车道宽度一般为 3.5 m，因此无论电杆的位置如何布置，选用何种车型，一条双线的有轨电车车道占用的道路空间都小于两条机动车车道的宽度，不会占用相邻车道资源。在进行道路改造时节省出的路幅宽度可用于绿化或站台加宽，或通过对沿线非机动车道、人行道的缩窄，增加一条机动车道。对于采用第三轨供电的有轨电车而言，由于不需要电杆，所需限界宽度会更小一些。

（2）曲线段限界

由于车体较长，与其他城市轨道交通一样，现代有轨电车的限界在曲线处也有所加宽，如图 2-16 所示。

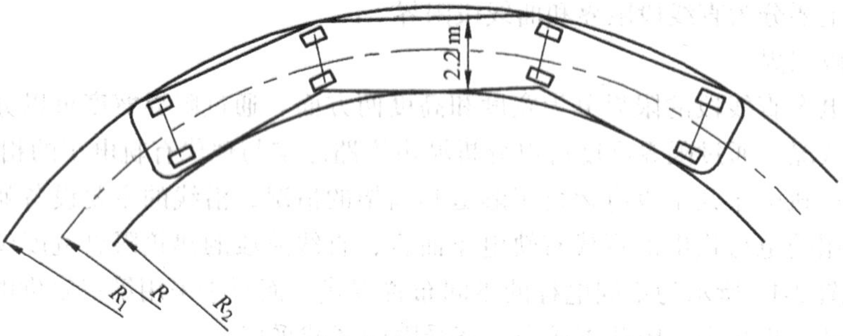

图 2-16 现代有轨电车在曲线段的限界加宽

如表 2-7 所示，在小半径曲线段，单线的现代有轨电车限界加宽值小于 0.45 m，双线行车道加宽值由于线间距减少的原因并非为单线加宽的两倍，一般小于 0.82 m。由于现代有轨电车的车厢长度短、铰接部位多，因而线路转弯时的限界加宽值并不多，对其他交通的干扰较小。

表 2-7 TranslohrSTE3 型有轨电车曲线段行车道宽度

内侧线路曲线半径/m	电杆位置	内侧线路限界宽度/mm	内侧行车道加宽/mm	双线行车道宽度/mm	轨道间距/mm	双线行车道加宽/mm
0（直线段）	中间	2 684	—	5 786	3 084	—
	外侧	2 684	—	5 368	2 684	—
20m	中间	3 122	438	6 575	3 475	807
	外侧	3 122	438	6 182	3 080	814
30m	中间	2 967	283	6 304	3 346	536
	外侧	2 967	283	5 907	2 948	539
40m	中间	2 893	209	6 169	3 281	401
	外侧	2 893	209	5 771	2 882	403

研究现代有轨电车曲线段的限界加宽的重要意义在于：交叉口处现代有轨电车的车道不能有标线以外的其他物理隔离措施，因而必须保证在有轨电车有信号通行权时，其他机动车不得侵入有轨电车加宽后曲线限界。尤其对于与有轨电车同向行驶的机动车，若由于车道加宽的原因不得侵入有轨电车行车车道时，此方向行驶的机动车必须与有轨电车采用不同的信号相位。

4. 交叉口转弯半径

现代有轨电车多采用独立轮对的转向架结构，并且其运行速度比地铁系统低，因此其车辆可通过的最小平面曲线半径与地铁车辆相比大幅度减小。

现代有轨电车的最小转弯半径是否适合城市道路的形态，主要受道路在交叉口转弯处的最小转弯半径的制约。一般来讲，现代有轨电车的最小转弯半径为 15 ~ 25 m，且大多接近平均值 20 m，如图 2-17 所示，使得其在城市道路上能够实现灵活地转弯，同时还可以大大节省车辆段的用地规模。

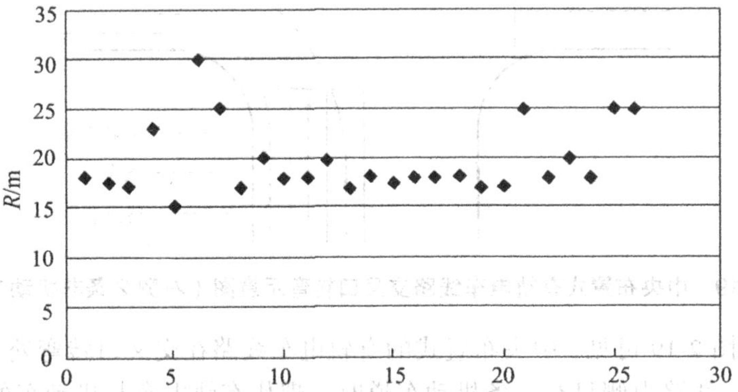

图 2-17　Flexity 系列有轨电车最小曲线半径值分布

根据中华人民共和国行业标准《城市道路设计规范》(CJJ37—1990)，对于一般的十字形交叉口路缘石的最小半径有以下建议值：主干道为 20 ~ 25 m，次干道为 10 ~ 15 m，支路为 6 ~ 9 m。对于城市主次干道而言，选择合理的车型可以很好地适应道路条件，对于支路则要根据具体情况确定是否适合采用现代有轨电车。以路缘石半径为 9 m，现代有轨电车平面最小曲线半径为 20 m 为例，对现代有轨电车在交叉口的转弯情况进行分析，如图 2-18、2-19 所示。

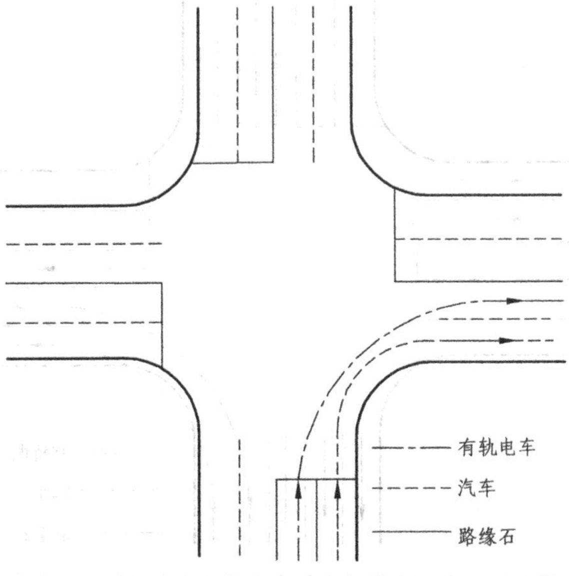

图 2-18　中央布置式有轨电车线路交叉口转弯示意图（右侧 1 条机动车道）

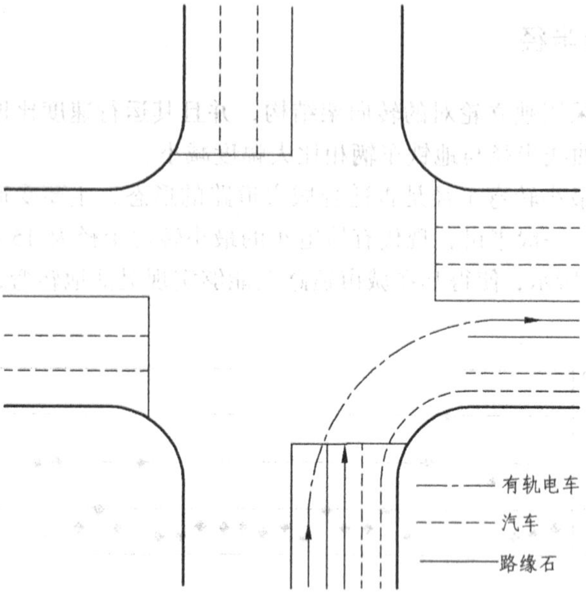

图 2-19　中央布置式有轨电车线路交叉口转弯示意图（右侧 2 条非机动车道）

由图 2-18 和图 2-19 可见，中央布置式的有轨电车线路在交叉口转弯处，无须对内侧路缘石进行翻挖改造。线路内侧只有一条机动车道时，现代有轨电车与机动车的转弯轨迹较为接近，机动车会侵入有轨电车的限界范围，需要通过信号控制保证转弯处的行车安全；线路内侧有两条机动车道时，现代有轨电车与同向转弯的机动车无干扰。

由图 2-20 可见，单侧布置式（与对称布置式情况相同）的有轨电车线路在转弯处必须对交叉口路缘石进行改造，若原街角处有建筑物还会带来一定的拆迁量。同时，由于转弯半径的影响，有轨电车停车线和位于交叉口的车站都需要后移至距交叉口较远的位置。

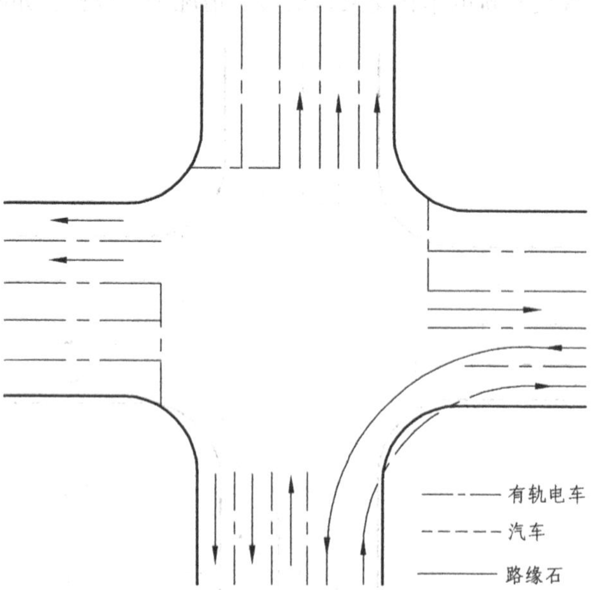

图 2-20　单侧布置式有轨电车线路交叉口转弯示意图

图 2-20 未表述非机动车道的情况，若有轨电车线路转弯的内侧还有非机动车道，则交叉口形状类似于图 2-19，路缘石对线路的制约更小，从有轨电车线路走向而言是有利的，但是对于交叉口的信号控制与管理不利。

5. 辅助配线

与地铁和轻轨相似，现代有轨电车的辅助配线通常包括折返线、渡线、故障车停留线、出入段线和联络线等，应根据运营要求灵活设置，以满足列车出入库、列车折返、列车转线和故障救援条件。此外，在有支线运行或与其他线路共线运行的地面线接轨站，其配线应保证进站列车不会因进站进路被占用而在平交道口处停车。车站与平交道口间应预留至少一列车的临时停放条件。

2.1.5 线路维修及养护

有轨电车线路与其他轨道交通线路一样，都需要进行定期养护，防止其产生病害，影响列车运行安全。其主要内容是对钢轨、道岔、轨枕等设备进行维修及养护。

1. 线路病害产生的原因

在车辆重力、车辆运动过程中所产生力的作用以及环境的影响下，有轨电车线路将产生多种病害，主要有：

① 钢轨及其连接件发生磨损和疲劳损伤。

② 由于轨距扩大或缩小、线路爬行、线路不均匀下沉或冻起以及线路方向错动等引起的有轨电车线路、轨道、路基等在空间位置上的相对运动及改变。

③ 道床和轨枕损坏等。

④ 道岔尖轨及其辙岔发生破损。

⑤ 轮缘槽内有异物或线路轨行区内有超限物。

有轨电车的线路状况直接影响到列车能否正常运行甚至关系到列车的运行安全，因此有轨电车工务专业的基本任务就是通过对线路系统的检查，及时发现线路所存在的问题，查清产生异常和病害的原因，合理完成线路维护的计划并认真地做好线路的维护工作，从而保证线路状态良好，为有轨电车运营安全提供强有力的基础保障。

2. 线路维护的主要内容

线路的维护内容主要包括线路状态检查、线路养护和线路修理。

1）线路状态检查

线路状态检查主要包括以下内容：

① 线路的日常检查。工务维修人员定时对线路进行例行检查，查看线路常见病害，如发现问题及时上报进行维修。

② 线路的定期检查。对钢轨按周期进行探伤、轨检作业，检查钢轨的基础性能是否满足要求，对存在伤损的钢轨及扣件及时更换，对不满足相关尺寸要求的钢轨及时进行调整；检查后定期编制设备技术文档，作为制定下一步线路设备养护维修工作计划的重要依据。

③ 线路的专门检查。主要是定期对线路动态、钢轨状态、线路纵断面和线路平面等进行专门检查，通过对线路状态的检查有效保障线路的状态良好，进而保障车辆的安全运行。

2）线路的养护及修理

线路的养护及修理工作主要包括：

① 轨道尺寸的整修。主要包括顺平线路、改正轨距、调整轨缝、拨正方向和加强防爬锁定等。

② 清筛并补充道砟，保证其状态良好。

③ 对钢轨、轨枕以及连接零件进行保养，并对其进行个别或全部更换作业。

④ 维护并整修路基。

⑤ 对线路标志进行整修。

⑥ 通过焊补钢轨、辙叉，补修轨枕等工作延长设备使用寿命，并需根据相应的技术标准与要求，对线路进行维护作业。

⑦ 线路草坪的养护工作。

道岔、曲线、道口、混行段是线路上的薄弱环节，也是影响行车的重要养护及维修点。

3. 线路维修内容分类

线路维修内容主要分为以下三类：

1）线路的经常维修

经常维修主要是为预防线路发生异常现象或及时地处理已发生的线路故障所做的相关作业，主要包括：

① 线路的维修。主要是对轨道的相关尺寸进行整修，更换或修理个别的轨道部件。维修工作主要采取周期性综合维修、经常维护保养以及紧急补修相结合的方式。

② 线路的巡查养护。主要包括巡查轨道和巡查路基两部分。巡查是由专职工务维修技术员按照批准的巡回图，有组织、有计划地巡查线路，发现和排除故障，观测线路轨道及其道岔设备、路基状况和病害发展情况，并做好力所能及的线路补修工作。

2）中修

中修是对日常巡检、维修的故障进行结构性分析、诊断，对工程量较大及维修周期长的故障进行计划维修。中修的任务包括改善轨道弹性，调整轨道几何尺寸，整修和更换设备零部件，以恢复线路完好技术状态。

3）大修

大修是对轨道系统进行改造与全面整治，使线路恢复到最佳状态，以保障线路的完整，列车安全、平稳的运行。

4. 线路设备检查内容及检查周期

① 正线线路、其他线路和道岔的检查：对轨距、水平、三角坑进行全面检查，对轨向、高低及设备其他状态应全面查看和重点检查，对伤损钢轨、夹板和焊缝应同时检查。每月应检查 1 次。

② 全面检查曲线地段正矢距。每季应至少全面检查 1 次。

③ 对无缝线路轨条位移进行定期观测。每月应观测 1 次。

④ 对钢轨焊接接头的表面质量及平直度进行定期检查。每半年应检查 1 次。

5. 钢轨探伤作业

工务探伤作业具有准确率高、漏检率低的优点，通过探伤作业能发现各类钢轨问题，其重伤漏检率能低于 2%。因此，对线路进行钢轨探伤作业，能够确保车辆的安全运行。为保证探伤作业的质量和其他系统的正常运行，工务专业还应配备具有铁道部门无损检测委员会颁发的资格证书的探伤执机人员和先进的探伤设备（钢轨探伤仪和轨缝探伤仪），并将探伤作业安排在夜间进行，以避免对车辆的行车造成影响。

2.2 车　站

车站是有轨电车系统的基本设施，是供乘客上下车的营业场所，是站线、站台等站场设备的总称。只有通过车站吸引和疏散客流才能完成运送乘客的任务。车站的位置、布置形式及其规模对有轨电车的运营效益具有决定性的作用。

2.2.1 车站功能及设计原则

有轨电车车站的基本功能是供列车停靠，并通过标志指示其停靠位置，标示站名，提供路线图与时刻表，此外还设置站台、遮雨棚，并可考虑提供座椅（见图 2-21），以确保乘客进出站台、购票、上下车的安全、舒适、快捷。车站除了保证乘客集散外，还需确保列车高效、安全的运行。此外，车站应以结构简易、无人管理为设计目标，同时与其他交通方式有效衔接，以方便乘客换乘。

图 2-21　法国里昂市有轨电车车站

有轨电车站台长度应以列车总长为依据并考虑必要的附加长度设定。一般情况下，附加长度约为0.3 m，可根据实际情况调整。岛式站台最小宽度为2.0 m，侧式站台最小宽度为1.5 m，并根据车站功能及乘降量确定最终宽度。同时要充分考虑老、弱、病、残、幼的需求，站台与有轨电车车内底盘的高度应尽量一致，站台边缘与有轨电车车门边缘的间距应尽量缩小，以符合人性化空间设计的理念。

车站站位选择及车站设计必须基于以下基本原则：

① 车站总平面和空间布局应符合建设城市的总体规划、城市交通规划、轨道交通线网规划的要求，应与城市总体规划和车站所在地区的详细控制规划相互协调，因地制宜并最大限度地吸引客流。同时，应注重现代有轨电车建设与周边城市发展的平衡互动，为可持续发展创造条件。

② 车站的空间设计应满足全线景观设计的要求，应将车站的立面设计纳入景观设计的范畴，站棚需结合站前广场或绿化规划，其地面部分的立面设计要做到简洁、明快、大方，易于识别，并应体现现代交通建筑的特点和时代气息，同时还应与周围的城市景观相协调，应广泛采用新工艺、新材料、新技术，满足防火、防潮、防腐、耐擦洗、便于维修的要求。

③ 应妥善处理车站与城市交通、地面建筑、地下管线、地下构筑物之间的关系，尽量减少房屋拆迁、管线迁移和施工时对地面建筑物、地面交通及市民的影响。车站应结合建设用地的具体情况进行设计，以形成舒适、方便的乘车环境，并控制规模，节约投资。

④ 车站是乘客集散和乘降的场所，也是城市空间的重要组成部分，因此，车站设计应贯彻“综合设计、文化设计、生态设计、安全设计、创新设计、人文设计”六大新线设计理念，满足线路设计要求，重视有轨电车与轨道交通网络间的衔接，为乘客提供与其他线路和地面交通之间最直接、最安全、最方便的换乘条件。

⑤ 站址应选在客流量大、便于乘客乘降的地方，使其能最大限度地吸引客流，方便与其他交通枢纽、公交系统的换乘，并加强导向标志设计工作。

⑥ 需统一考虑无障碍设计：地面站设置无障碍坡道、盲道等无障碍设施，高架站和地下通道设置无障碍电梯、盲道等无障碍设施。

⑦ 选择车站的位置时，线路平面应力求顺直，以提高乘客的舒适度，并综合考虑城市道路的横断面形式，减少对城市交通的影响。

⑧ 合理确定有轨电车的服务半径及站间距。

2.2.2 车站布设

车站布设形式有沿道路横向布设和沿道路纵向布设两种。

1. 沿道路横向布设形式

有轨电车车站沿道路横向布设可分为岛式车站和侧式车站。机非车道间、路侧（两侧）布设的有轨电车线路可采用侧式车站，而道路中央、路侧（单侧）布设的有轨电车线路，既可以采用侧式车站也可以采用岛式车站。

1）岛式站台布设

岛式站台按分离模式分为整体岛式站台和分离岛式站台，如图 2-22 所示。

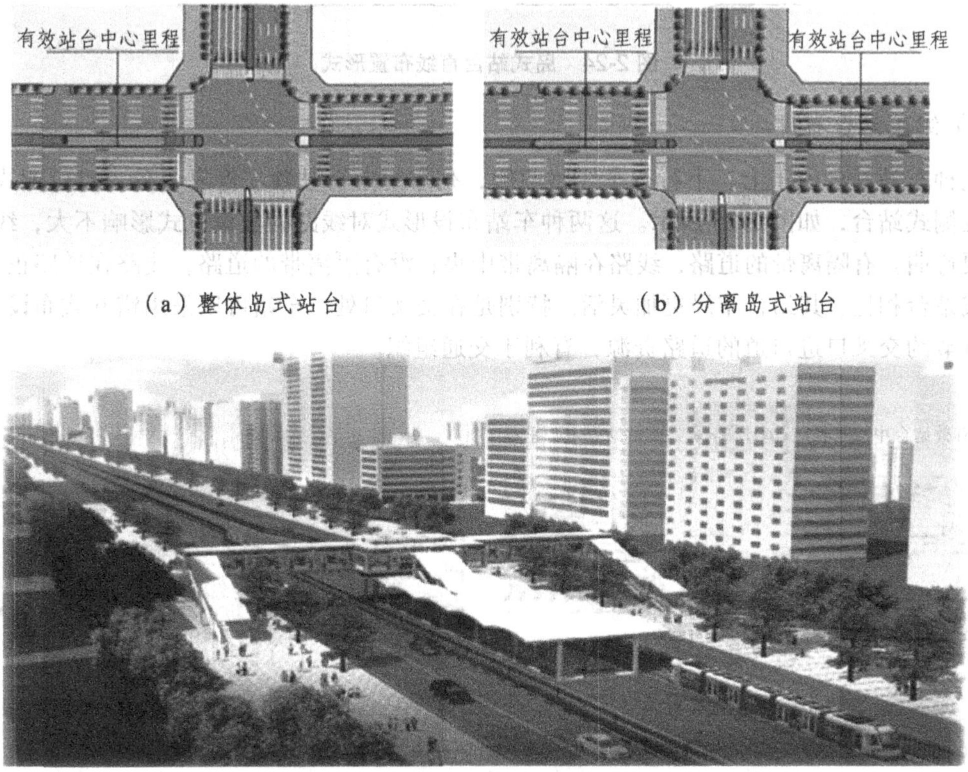

（a）整体岛式站台　（b）分离岛式站台

（c）现代有轨电车一般地面岛式站台效果图

图 2-22　岛式站台

现代有轨电车岛式站台按长度分为两种：一种为常规岛式站台，广泛应用于路段中和交叉口处，其特点与其他轨道交通中的岛式站台相近；另一种为长岛式站台，主要应用于现代有轨电车系统中。长岛式站台的长度为前几种站台长度的两倍，宽度则与侧式站台宽度一样，不同方向的车辆停靠在站台的不同列位上。

它与不对称式站台的本质都是利用道路的长度换取了道路的宽度，以达到减少车站处占用路幅宽度的目的，而它更有利于不同方向客流的换乘。

岛式车站站台位于上、下行行车线路之间，车站对向行驶共享站台。这种车站的线路敷设方式可以采用弯曲和不弯曲两种形式（见图 2-23 和图 2-24）。弯曲形式的线路，只在车站处占用较大断面；线路不弯曲，则车站与区间断面一致，需占用更多的道路资源。对于有中央隔离带的道路，线路在隔离带两侧；而对于没有隔离带的道路，中央可形成新的绿化隔离带。

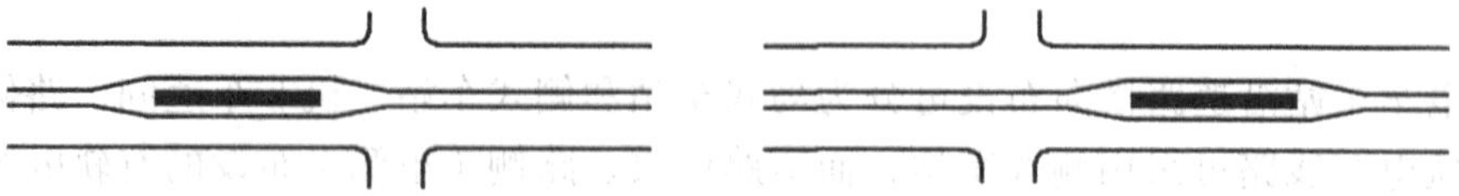

图 2-23　岛式站台弯曲布置形式

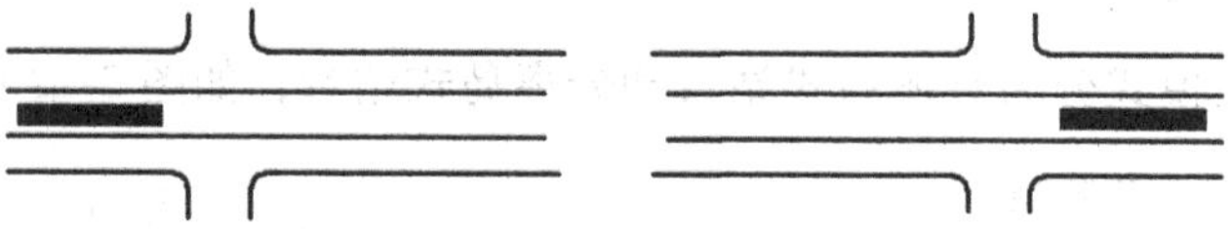

图 2-24　岛式站台直线布置形式

2）侧式站台布设

此种车站站台位于上、下行行车线路两侧，列车对向行驶独立停靠，分为对位侧式站台和错位侧式站台，如图 2-25 所示。这两种车站布设形式对线路的敷设方式影响不大，线路均不需要弯曲。有隔离带的道路，线路在隔离带中央；没有隔离带的道路，线路在道路正中央。与岛式站台相比，其站台布局更加灵活。特别是在交叉口处，车站可以采用错开式布设方式，这样可节约交叉口进口道的道路资源，有利于交通组织。

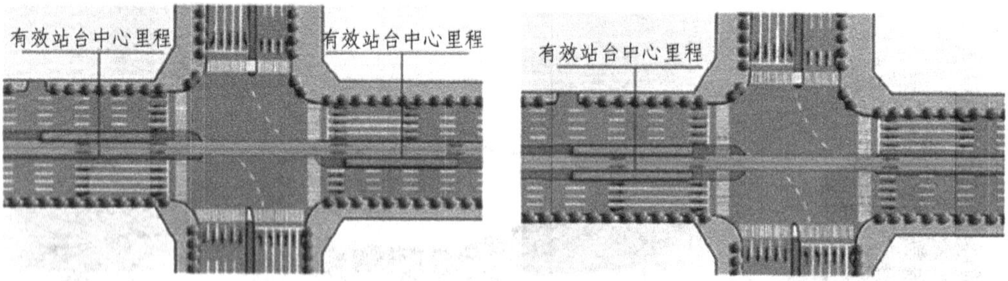

（a）错位侧式站台　　（b）对称侧式站台

2-25　侧式站台

3）各类站台形式的比较

各类站台形式的优缺点、主要特点及适用范围分别如表 2-8、表 2-9 所示。

表 2-8 各类站台形式的优缺点

站台形式	优点	缺点
整体岛式站台	有效平抑潮汐客流的影响； 节约站台设施及工作人员； 便于布设立体人行过街设施； 乘客中途折返方便	上下行客流容易相互干扰； 站台占用道路宽度较大，不利于路口渠化设计
分离岛式站台	站台处占用道路宽度较少，占用道路资源较为分散； 现代有轨电车车站和路段处占用宽度一般保持不变，道路及现代有轨电车线形平顺美观	车站设备和管理需要两套系统，增加投资和营运成本； 车站售检票区域通行空间比较紧张； 不方便乘客中途折返乘车； 不方便布设立体人行过街设施
对称侧式站台	路段绿化带较小，占用道路资源较少； 相对便于布设立体人行过街设施	车站设备和管理需要两套系统，增加投资和运营成本； 车站售检票区域通行空间比较紧张； 站台占用道路宽度最大； 不利于路口渠化设计
错位侧式站台	站台处占用道路宽度较少，便于路口渠化处理； 路段占用道路资源最少，减小拓宽改造难度，降低工程投资； 现代有轨电车线形平顺美观	车站设备和管理需要两套系统，增加投资和运营成本； 车站售检票区域通行空间比较紧张； 不方便乘客的中途折返； 不方便设置人行天桥或过街地道

表 2-9 各类站台形式的主要特点与适用范围比较

站台形式	岛式站台	对称侧式站台	不对称侧式站台
站台宽度	2～3.5 m	2～2.5 m	2～2.5 m
换乘便捷性	导向换乘较方便	导向换乘较不便	异向换乘较不便
适用情况	路面宽度受限	路段中，一般为有轨电车专用道	路宽受限的交叉口处

2. 沿道路纵向布设形式

有轨电车车站沿道路纵向布设可分为路中式车站和路端式车站。

路中式车站占用的道路资源较多，对机动车辆的影响较大，且乘客到达车站需要设置过街设施以及城市道路交叉口间距较短，所以应用得较少。路中式车站一般应用于以下情况：

① 有轨电车专用路，线路两侧即为人行道，车站位于人行道上。

② 较大的客流集散点，有设站的必要性，而恰好该路段长度很长，车站范围内没有交叉口。

路端式车站有着广泛的应用，它位于交叉口处。与路中式车站相比，由于交叉口处的道路一般都有增加进口道、交叉口加宽等既有措施，所以路端式车站无须拓宽交叉口即可满足车站的道路用地。根据车站在交叉口的设置方式，路端式车站分为近端（进口处设站）和远端（出口处设站）两种形式。近端式车站位于交叉口进口道，车辆在过交叉口前进站停靠。

而车辆驶过交叉口后停靠的车站为远端式车站。

近端式车站具有以下特点：

① 可在车辆进站前调整交叉口信号周期，使得车辆停站时信号为红灯，出站时信号为绿灯，信号优先措施较为简单。

② 若线路需要转弯，则必须设置专用相位，以保证有轨电车转弯的同时不干扰其他车辆。它一般应用于线路在交叉口没有转向的情况。

远端式车站具有以下特点：

① 较难实现车辆在交叉口处的完全优先，部分车辆在交叉口和车站处各有一次停靠，延误时间。

② 站台不占用交叉口车道，只有有轨电车道占用了一条机动车道，车站对交叉口通行能力的影响小。

③ 乘客利用人行横道线出站疏散以及过街换乘都较为方便。

④ 线路转弯无须设置专用的信号相位，可与机动车共用一个转向相位。

它一般应用于线路在交叉口需要转向或两条道路相交角度不足 90° 的交叉口的情况。近端式车站与远端式车站并无优劣之分，只是分别适用于不同的道路情况。图 2-26 所示为道路中央布设线路情况下的路端式车站的布设形式。表 2-10 给出了从效率方面总结的不同交通状况下的建议车站形式。表 2-11 给出了不同路端式车站位置适用情况。

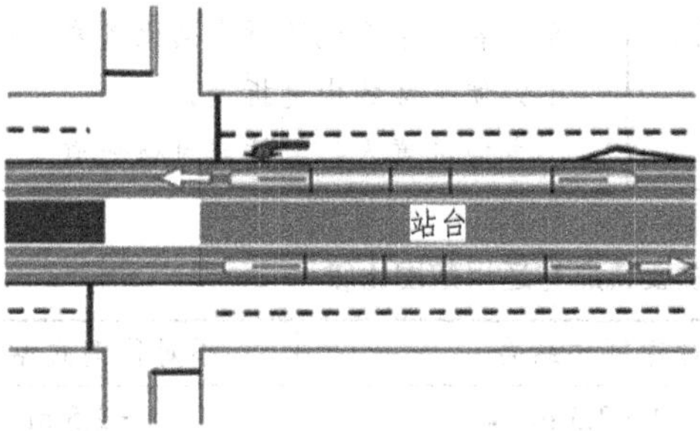

（a）中央岛式

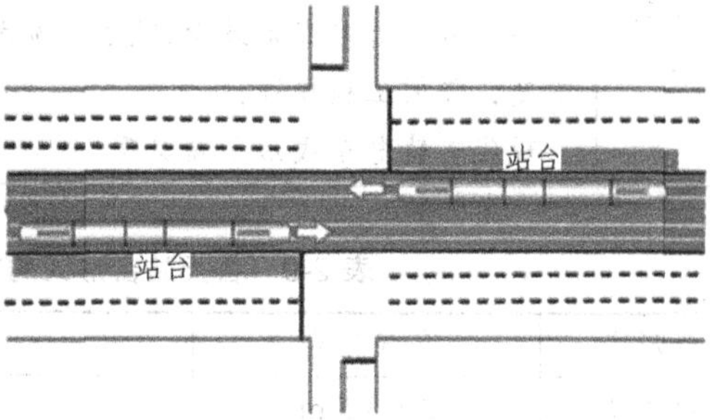

（b）近端设站

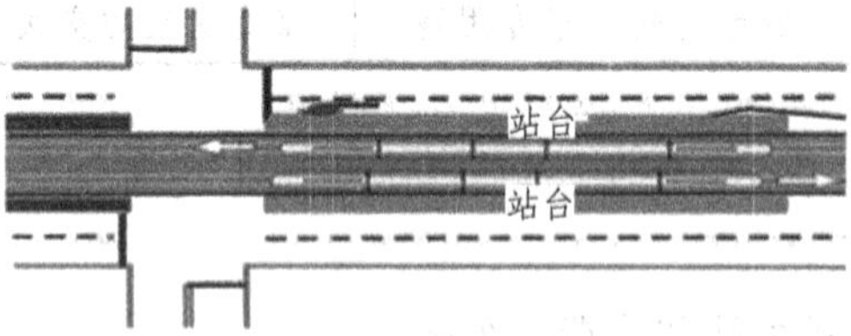

（c）中央侧式

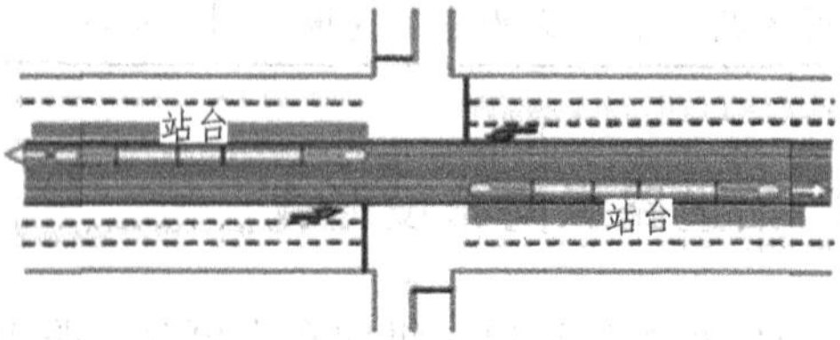

（d）远端设站

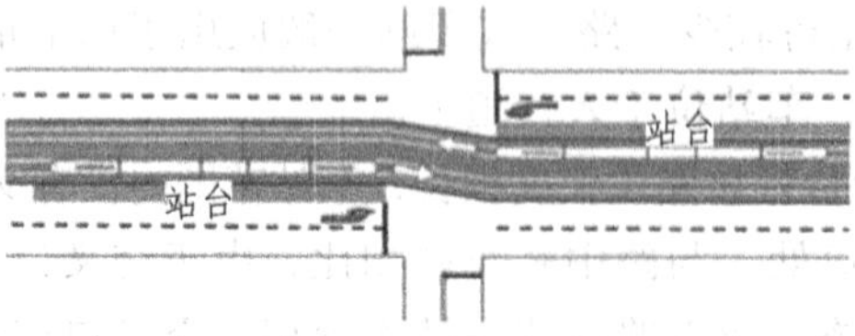

（e）最小路权近端设站

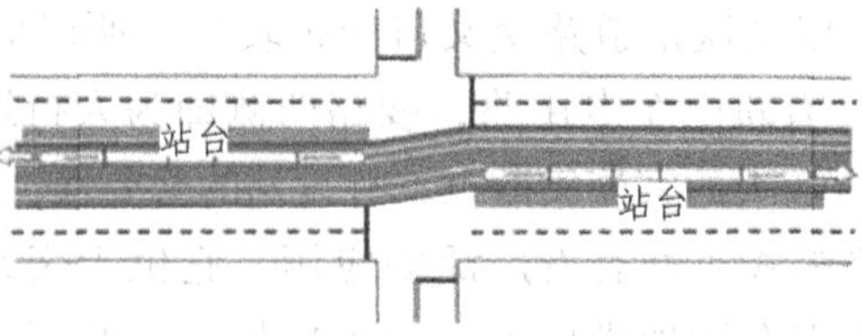

（f）最小路权远端设站

图 2-26　道路中央布设的路端式车站

表 2-10　不同交通状况下的建议车站形式

路面宽度/m	车站至交叉口的距离/m	发车间隔/min	同向车流流量/（辆·h^{-1}·车道$^{-1}$）					
			400	600	800	1 000	1 200	1 400
14	0	1	SD1)	SD	SD	SD	SD	PS2)
21	0	1	CD3)	CD	CD	CD	CD	CD
21	0	3	FSS4)	CC5)	CC	CC	CC	PS
21	0	5	CC	CC	CC	MFSS6)	MFSS	MFSS
21	20	1	FS7)	FS	PS	PS	PS	PS
21	50	1	PC8)	FSS	PS	PS	PS	PS
21	80	1	NS9)	FSS	FSS	FSS	FSS	FSS
28	0	1	CD	CD	CD	CD	CD	CD

注：1）路侧侧式（站台设在行车道）；2）路缘侧式（站台设在人行道）；3）中央专用形式；4）远端侧式；5）中央岛式；6）最小路权远端侧式；7）远端设站；8）路缘岛式；9）近端设站。

表 2-11　不同路端式车站位置适用情况

形式	信号优先	线路转弯
近端式	信号优先措施简单	需设专用信号相位
远端式	难以实现完全信号优先，易造成延误	线路转弯容易，不需要专用信号相位

3. 车站布设位置的选取

常规公交站台统筹设置在交叉口出口道位置，尽量避免公交车在进口道处停车上下客，而妨碍其他社会车辆通过交叉口。与常规公交不同，有轨电车车站布置在进口处还是出口处，需要根据站台形式进行具体确定。

当站台考虑分离岛式站台或者错位侧式站台时，需要研究站台布置于交叉口进口道还是出口道上。针对错位侧式站台，如果进口道设置站台，除了需要布置直行车道外，还需要布置左右转车道，对交叉口进口道有限的宽度冲击较大，不利于交叉口规划；相反，交叉口出口道后设置站台，可以有效缓解上述问题。现以分离岛式站台为例，分析站台布置位置。

① 路口后设置站台，车辆到达路口，如果遇到红灯，需要 2 次停车，即红灯停车和进站停车，如图 2-27 所示。路口后设置站台比较有利于交通信号主动优先控制，而路口前设置站台则比较有利于被动优先控制，如图 2-28 所示。

② 若供电制式采用无接触网的超级电容，路口后设置站台可能存在 2 次停车，需核算超级电容的电量。

③ 延误。假设信号周期为 80 s，现代有轨电车绿灯时间为 20 s，车辆一次加减速延误 5 s，车辆停靠站台 20 s，这样路口后设站车辆的平均延误为 51.25 s，而路口前设站车辆的平均延误为 47.5 s，相比路口后设站节约了 3.75 s。但路口前设站车辆要做到一次启停，车站需紧贴路口，立体过街设施就没有实施条件，也不利于进站客流缓冲。路口后设站的延误时间与信号周期时间之间的关系如图 2-29 所示，路口前设站的延误时间与信号周期之间的关系如图 2-30 所示。

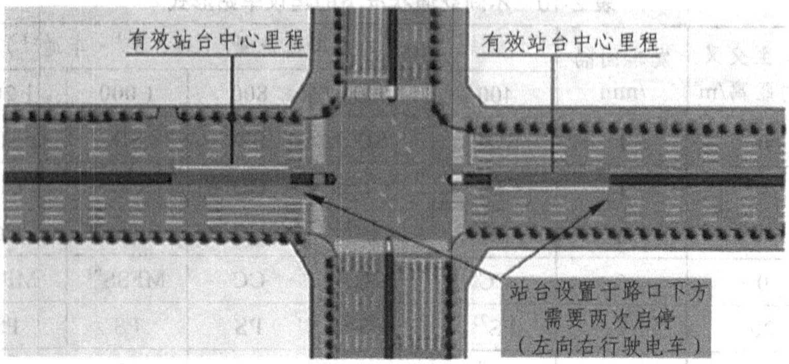

图 2-27　路口后设站启停

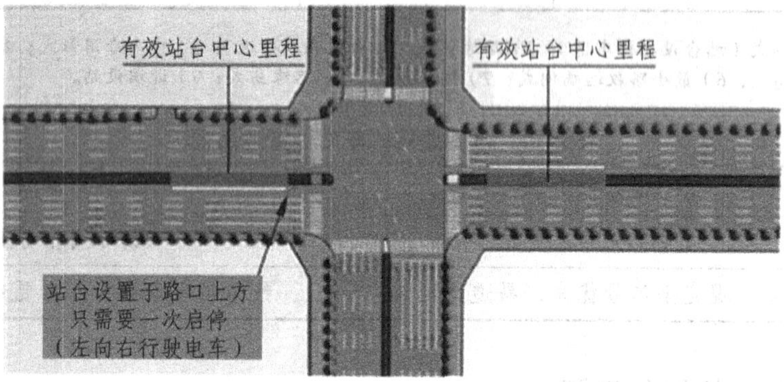

图 2-28　路口前设站启停

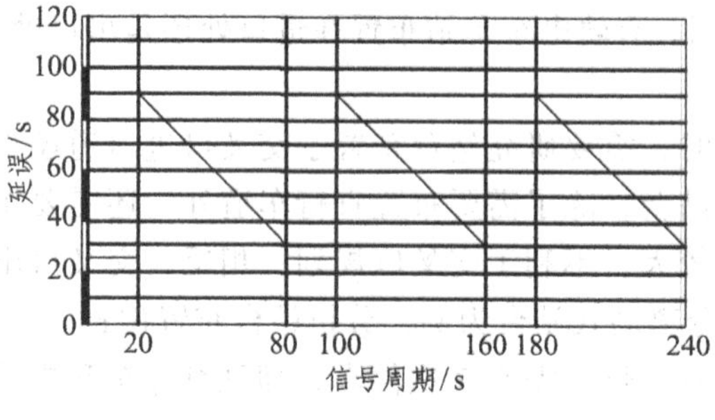

图 2-29　路口后设站延误

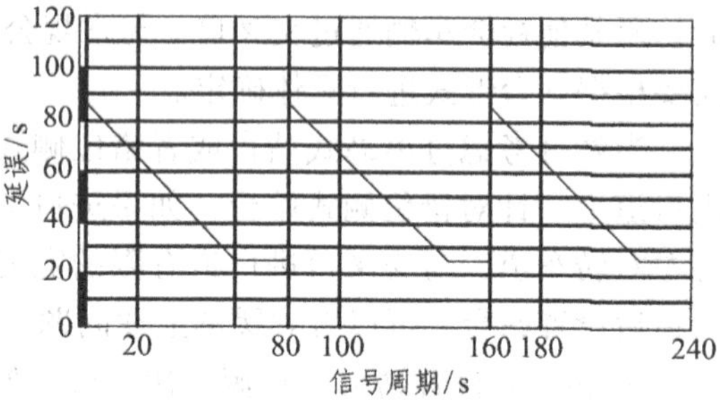

图 2-30　路口前设站延误

错位侧式站台应优先考虑路口后设站。而分离岛式站台，根据信号优先实施策略，如果采用被动优先，建议优先考虑路口前设站；如果采用主动优先，建议优先考虑路口后设站。

2.2.3　车站规模

《地铁设计规范》（GB 50157—2013）中明确提出，车站设计规模应根据远期高峰小时预测客流集散量来确定，使站台、进出站通道、售检票等部位的通过能力相匹配，同时需满足事故发生时乘客紧急疏散的需要。超高峰系数可根据车站规模及周边用地情况所决定的客流性质不同取 1.1 ~ 1.4。计算站台总宽度，应以车站最大设计客流量为计算依据。站台总宽度由乘客乘降区宽度、柱宽、楼梯宽及自动扶梯宽度等组成。侧式站台宽度可参考经验公式进行校核。

岛式站台宽度为

$$B_{\mathrm{d}} = 2b + nz + t$$

侧式站台宽度为

$$B_{\mathrm{c}} = b + z + t$$

式中 b——站台乘降区宽度，m；

n——横向柱列数；

z——横向柱宽（含柱子的装修面层厚度），m；

t——每组人行楼梯与自动扶梯宽度之和（包括扶梯间的宽度，梁、柱与楼、扶梯，楼梯和扶梯间所留缝隙宽度），m。

乘降区宽度为

$$b = \frac{Q_{上下}\rho}{l} + b_{\alpha}$$

式中 $Q_{上下}$——客流控制期每次列车高峰小时单方向的上、下车设计客流量，人；

ρ——站台上人流密度，一般推荐采用 0.5 m^2/人；

l——安全门或屏蔽门两端之间的站台有效候车区长度，m；

b_{α}——站台门体立柱内侧至站台边缘的距离，m。

站台事故疏散时间为

$$T = 1 + \frac{Q_1 + Q_2}{0.9[A_1(N-1) + A_2 B]} \leqslant 6 \text{ min}$$

式中 Q_1——超高峰时段一列车进站的断面流量（取上下行方向中较大者），人；

Q_2——超高峰时段站台两侧候车乘客和站台上的工作人员数量（按 20 人计算），人；

A_1——自动扶梯通过能力，人/（min · m）；

A_2——人行楼梯通过能力，人/（min · m）；

N——自动扶梯台数；

B——人行楼梯总宽度，按楼梯扶手带中心线之间的间距计算，并按每股人流核算（每股人流宽度为 0.55 m），m。

目前，国内尚无有轨电车设计规范，标准侧式站台宽度初步取值 3 m，岛式站台宽度最小取值 5 m。按照此标准，远期每小时发车 20 对，考虑到柱子及装修厚度 0.45 m，则侧式站台远期一个行车间隔内单侧最大上下客流（含超高峰系数）为 192 人，则每小时不少于 3 840 人（含超高峰系数）。岛式站台远期一个行车间隔内单侧最大上下客流为 171 人，则每小时不少于

3 420（含超高峰系数）。对于客流较大、存在突发客流的车站，必要时可采取站外限流措施。

2.2.4 车站辅助设施

车站辅助设施主要包括隔离设施和行人过街设施，其设计均需符合车站景观设计要求。

1. 隔离设施

半独立路权的有轨电车应考虑地区条件、人文环境及交通特性采用合适的隔离措施，例如路缘石、围篱、植树、护栏等，如图 2-31 所示。混合路权的有轨电车除应遵守《道路交通标志和标线》（GB 5768—2009）的相关规定外，应以明显标志标线、铺面或颜色区分有轨电车线路与一般道路的范围。

（a）路缘石和高差隔离

（b）护栏隔离

图 2-31 有轨电车系统隔离设施

现代有轨电车与旧式有轨电车的一个显著区别是大量采用了中央隔离的专有路权，这种做法既将有轨电车与其他交通方式用隔离栏杆或隔离墩完全隔离，提高了速度、增加了安全性，又增加了城市绿化面积、减少了尾气排放，给乘客提供了更健康、人性化的出行环境。其他还有混合路权、轨道两侧铺路缘石的专有路权形式，应用也十分广泛。沈阳市浑南新区现代有轨电车一期工程规模大，4 条线路均敷设在城市道路路面上，根据街道条件又可分为混合车道、半封闭专用车道（在道路平交道口处，采用优先通行信号）两种情况。

2. 行人过街设施

行人过街设施直接影响有轨电车系统的运营安全。在混合路权的行人过街区域、半独立路权的平面交叉口及车站行人过街区域，应采取适当措施帮助行人平面过街。在混合路权的行人过街区域，路面应有缓冲设计及安全警示标志，如图 2-32（a）所示。有轨电车平面交叉口的行人过街设施设置以与一般道路过街设施相同为原则，并配合《道路交通标志和标线》（GB 5768—2009）等相关规定设置特别的行人过街设施，如图 2-32（b）所示。路段应设置具有阻隔功能的行人过街设施，如旋转栅门[见图 2-32（c）]或 Z 字形过街设施[见图 2-32（d）]，并应设置行人专用信号及相关警示标志。

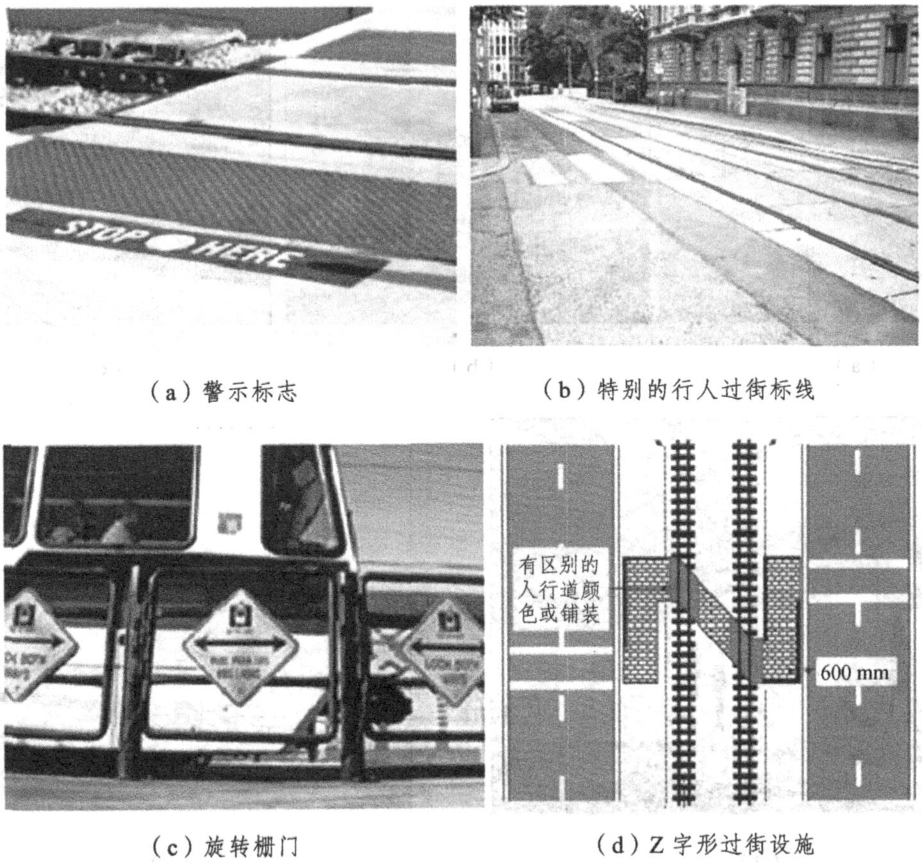

（a）警示标志　　（b）特别的行人过街标线

（c）旋转栅门　　（d）Z 字形过街设施

图 2-32　有轨电车系统行人过街设施

3. 车站景观设计

随着轨道交通车辆制造技术的快速发展，有轨电车车辆不仅在舒适性方面有了很大改善，在外形方面也有了根本的改变：电车在行进时平稳舒适，噪声极小；车门与地面接近，可方便乘客上下车；车厢明亮宽敞，视野极好，使有轨电车不仅是中运量的交通工具，而且是旅游观光工具，是一种城市生活的象征。除了车辆，区间、车站、站棚、接触网立柱等相关组成部分在设计时也应从美学角度分析城市的景观构成。对车站进行设计时应注重景观设计的整体性，利用平面形态配合竖向多层次的景观元素，以流畅的几何流线，更好地融入周围环境，应将车站设计作为景观中的小品进行处理，在总体上简洁明快，局部设计在遵循整体设计统一的基础上力求变化。要运用现代设计手法，以流畅的几何线性，强化带状空间的纵深和扩展感。在垃圾桶、造型灯、座椅、靠椅、信息牌、地面铺装、隔离栏杆等细节设计中，应更加灵动活泼，体现时代感。车站站棚通常以现代简洁的手法，利用玻璃幕、铝板、方通、钢结构等不同材质，虚实结合、动静结合，营造出丰富的景观层次。轨道周边绿色草地可明显改善城市环境，既美化了城市环境，有利于减少空气噪声和结构物噪声的传播，又与有轨电车绿色、节能、美观、大方的主题相呼应。部分车站意向效果图如图 2-33 所示。

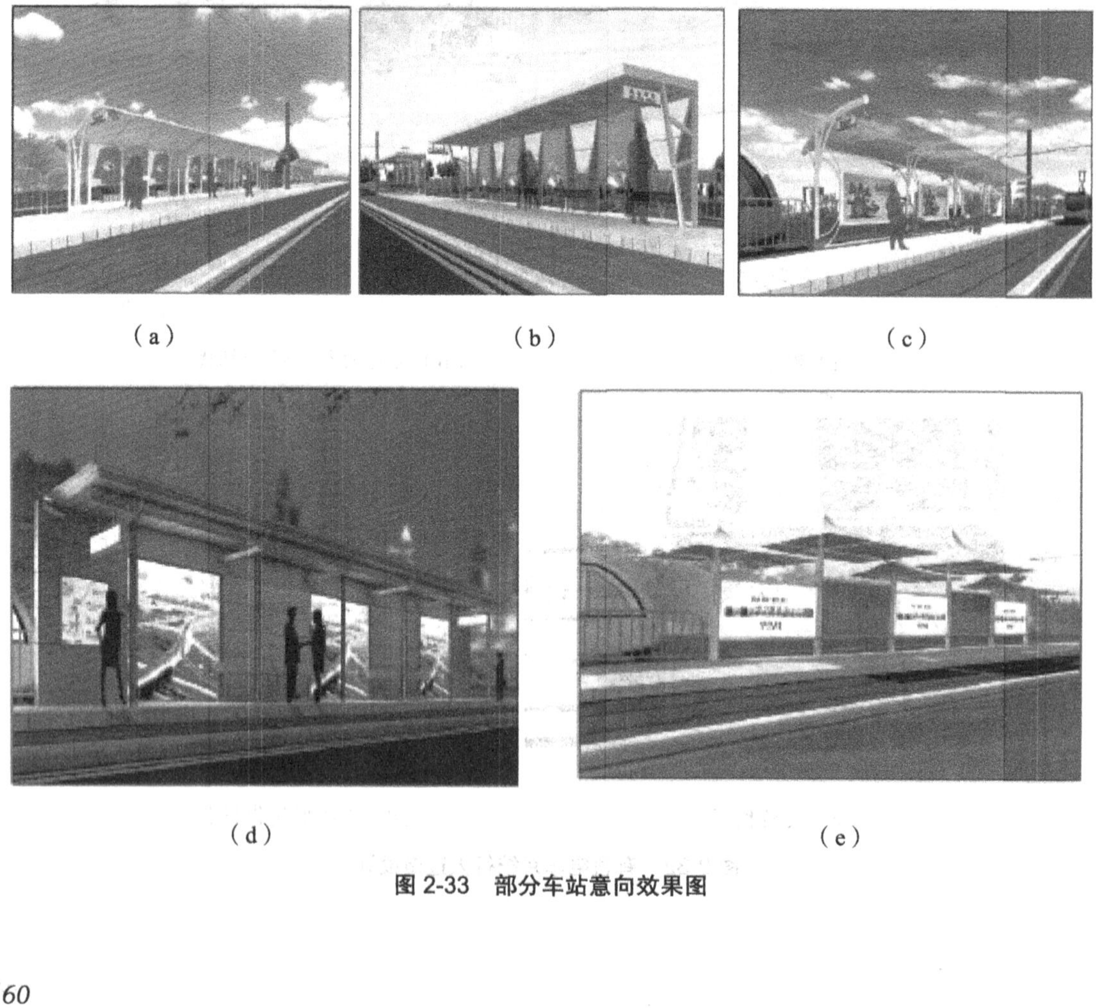

（a）　（b）　（c）

（d）　（e）

图 2-33　部分车站意向效果图

2.2.5 车站站台限界

现代有轨电车的限界宽度虽然小于双车道宽度，但是由于车站处除车道外还需要布置站台，因此在站点位置所需的限界宽度要大于行车道宽度。在实际工作中，设置车站时应充分利用公路的分车带以及路口处路面加宽设置站台，并根据实际情况合理选择车辆，以尽量减少车站对邻近车道资源的占用，保证相邻车道的通过能力。通常，车站站台限界包括站间距、区间限界与站点限界。

1. 站间距

有轨电车系统的站间距应根据其系统特性、功能定位、运营绩效综合确定。作为城市交通网的骨干交通方式，一般而言，有轨电车系统站间距为 300～800 m，具体站间距根据车站功能、城市规模、城市区位、地区开发密度有所不同。特殊功能的有轨电车系统的站间距可能超出此范围。如浑南新区有轨电车 1 号线，在其站间距分布中，22 个站中有 9 个站的站间距为 550～650 m，平均站间距为 860 m。考虑有轨电车站台长度等因素，同时鉴于有轨电车站间距较小，限界宽度以有轨电车站点限界为准，保持区间限界和站点限界的宽度一致。从交通运行的角度分析，采用此限界方案可避免渐变等因素对行车线形的不利影响。

2. 区间限界与站台限界

有轨电车区间限界和站台限界的宽度需求不同。同样以浑南新区有轨电车为例，区间限界的宽度需求为 7.9 m，站台限界的宽度需求为 9.3 m。若在区间段和站台处采用不同的宽度标准，可在一定程度上节省道路资源，但此部分资源往往不能得到有效利用，并因站间距、线路渐变段等因素对有轨电车和其他车辆行车产生不利影响，使线形不流畅，行车存在障碍。为确定区间限界与站点限界之间的关系，有必要对有轨电车站间距进行研究。

3 车 辆

3.1 现代有轨电车车型

世界著名的现代有轨电车制造商包括法国阿尔斯通公司、加拿大庞巴迪公司、德国西门子公司和法国劳尔公司。现代有轨电车的车型主要有阿尔斯通的 Citadis302 和 Citadis402/403，庞巴迪的 Flexity Swife 和 Flexity2，西门子的 S70 和 UFL 以及劳尔的 Translohr。

1. 阿尔斯通公司的现代有轨电车车型

法国阿尔斯通公司的 Citadis 系列现代有轨电车以其低地板设计而闻名，包含从部分低地板到 100%低地板。每个型号的 Citadis 车辆分别由 3 个、5 个和 7 个模块组成，车体宽 2.3 ~ 2.65 m。对应不同的模块数量，车辆长度分别约为 20 m、30 m 和 40 m。Citadis 系列现代有轨电车中以 Citadis302 和 Citadis402/403 最为典型。

1）Citadis302

Citadis302 型车在法国、德国和西班牙等欧洲国家广泛应用。一辆 Citadis302 型车是由 5 个模块组成的。以法国波尔现代有轨电车 3 号线使用的 Citadis302 为例，一辆车长约 32.8 m，宽 2.4 m，重 41.3 t；载客量为 265 人，其中坐席 48 位；100%低地板；采用 1 435 mm 标准轨距；采用 750 V 电压供电，使用车顶接触网和地面第三轨两种供电技术；最大速度为 60 km/h，加速度为 1.15 m/s^2，紧急制动减速度为 2.85 m/s^2。

2）Citadis402/403

Citadis402 型车在法国波尔多、格勒诺布尔、巴黎和爱尔兰都柏林都有应用。其改进型 Citadis403 在法国斯特拉斯堡得到广泛应用，故又称作 Citadis 斯特拉斯堡。一辆 Citadis402/403 型有轨电车由 7 个模块铰接而成。以法国波尔多为例，一辆 Citadis402 型车长 43.9 m，宽 2.4 m，重 54.9 t；载客量为 345 人，其中坐席 70 位；100%低地板；采用 1 435 标准轨距；采用 750 V 电压供电，使用车顶接触网和地面第三轨两种供电技术；最大速度为 60 km/h，加速度为 1.15 m/s^2，紧急制动减速度为 2.85 m/s^2。

2. 庞巴迪公司的有轨电车车型

庞巴迪公司的总部位于加拿大魁北克省蒙特利尔市，是一家大型的飞机、火车和有轨电车制造商。其子公司庞巴迪交通（Bombardier Transportation）的总部位于德国柏林，是世界上最大的铁路设备制造商之一。

庞巴迪公司的有轨电车有如下系列：Cobra，Flexity，Incentro 和 Variotram。其中最为著名的为 Flexity 系列。该系列产品分为 6 种型号：Flexity2，Flexity Classic，Flexity Outlook，Flexity Swift，Flexity Link 和 Flexity Berlin，其主要参数如表 3-1 所示。在此，重点介绍其中的两个型号：Flexity Swift 和其最新型的 Flexity2。

表 3-1　庞巴迪公司各型有轨电车的技术参数

型号	地板	方向	最大速度/（$km \cdot h^{-1}$）	宽度/m	长度/m
Flexity2	100%低地板	双向	70	2.65	32.5
Flexity Classic	65%～74%低地板	双向或单向	70～80	2.65	21～45
Flexity Outlook	100%低地板	双向或单向	65～80	2.65	27～43.4
Flexity Swift	70%～76%低地板	双向	70～100	2.65	25～42
Flexity Link	50%低地板	双向	100	2.65	37
Flexity Berlin	100%低地板	双向或单向	70	2.65	30.8～40

1）Flexity Swift

Flexity Swift 在欧洲和北美都有较广泛的应用，其低地板型在英国伦敦卫星城克罗伊顿、德国科隆、土耳其伊斯坦布尔、瑞典斯德哥尔摩、美国明尼阿波利斯等城市都有应用。英国克罗伊顿使用的 Flexity Swift 型有轨电车的技术指标如下：长 30.1 m，宽 2.65 m，最大速度为 80 km/h，最小转弯半径为 20 m，最大爬坡坡度为 8%，75%低地板，载客量为 277 人（站席 6 人/m^2），其中坐席 70 人。

2）Flexity2

Flexity2 是庞巴迪公司最新型的有轨电车，它包含 5 模块和 7 模块两种车型。Flexity2 的第一个订单来自英国黑泽市。

以英国黑泽市订购的 5 模块 Flexity2 型车为例，其技术指标如下：长 32.2 m，宽 2.65 m，最大速度为 70 km/h，最小转弯半径为 20 m（停车场）、25 m（轨道），最大爬坡坡度为 6%，采用 DC 600 V 供电，100%低地板，载客量为 296 人（站席 6 人/m^2），其中坐席 74 人。

除了上述 2.65 m 宽的车型外，5 模块的 Flexity2 型车还有一种 2.4 m 宽的车型，载客量为 284 人，其中坐席 52 人。

7 模块的 Flexity2 型车能提供 425 人的载客量，其中坐席 80 人，车长 43.4 m，宽 2.65 m，自重 57 t。

如同 5 模块车型一样，7 模块的 Flexity2 型车也有一种 2.4 m 宽的车型，能提供 397 人的载客，其中坐席 74 人。

3. 西门子公司的有轨电车车型

德国西门子公司提供多种型号的现代有轨电车车辆，主要包括 Combino，ULF 和 Avanto。

1）Combino

Combino 型车非常适合转弯半径小、站间距小、上下客流量大的中心城区路线。使用 Combino 型车的城市有德国弗赖堡、葡萄牙里斯本、匈牙利布达佩斯等。以布达佩斯 Combino 型车为例，其技术指标如下：100%低地板，车长 53.99 m，车宽 2.4 m，6 个模块，轴重小于 10 t，轨距为 1 435 mm，载客量为 499 人（其中坐席 58 人，站席 6 人/m^2），设计最大速度为 70 km/h，运营最大速度为 60 km/h，最大加速度为 1.3 m/s^2，平均减速度为 1.1 m/s^2，采用 DC 600 V 架空接触网供电。

2）ULF

ULF 型车拥有号称世界上最低的乘客入口高度，其最为成功的应用在奥地利维也纳。ULF 型车拥有 5 模块和 7 模块两种车型。5 模块车型宽 2.4 m，长 24.2 m，轨距为 1 435 mm，轴重小于 12 t，最大速度为 70 km/h，最大加速度为 1.3 m/s^2，最大减速度为 1.8 m/s^2。两种车型均使用 DC 600 V 供电。5 模块车型的载客量为 136 人（站席 4 人/m^2），7 模块车型载客量为 207 人（站席 4 人/m^2）。

3）Avanto（S70）

Avanto 又被称作 S70 型，在美国波特兰、圣迭戈、休斯敦、盐湖城和法国巴黎等地使用。以美国圣迭戈的 S70 型有轨电车为例，其技术指标如下：车长 27.67 m，宽 2.65 m，空车重 43.41 t，70%低地板，最小转弯半径为 25 m，轨距为 1 435 mm，最大运行速度为 88.5 km/h，最大允许速度为 120 km/h，最大加速度为 1.34 m/s^2，紧急制动减速度为 2.33 m/s^2，载客量为 221 人（其中坐席 64 人，站席 6 人/m^2）。

4. 劳尔公司的有轨电车车型

Translohr 是法国劳尔公司的产品，其特点是只采用一根导轨，导轨两侧靠两个胶轮引导车辆沿着导轨运行。目前，在世界范围内有几个城市应用该车型，如法国的克莱蒙费朗（Clermont-Ferrand）、意大利的帕多瓦和我国的天津。其供电形式为架空线供电，但也可以使用自带电池供电。由于 Translohr 型车采用胶轮，所以拥有很优良的爬坡性能，最大爬坡能力达到 13%。Translohr 型车分为 3 模块、4 模块、5 模块和 6 模块四种类型，车体长度分别为 25 m、32 m、39 m 和 46 m。

5. 长春客车厂的有轨电车车型

我国的长春客车厂生产了一种 70% 低地板的现代有轨电车车型，使用湘潭电机厂生产的电机。其支撑方式为钢轮钢轨，轴重≤11 t，车长 28 m，宽 2.65 m，最大速度为 70 km/h，正线最小转弯半径为 25 m，最大纵坡为 6%，采用接触网供电，载客能力为 250 人。该车型在我国长春得到应用。

3.2 车辆的构成及分类

3.2.1 构 成

现代有轨电车和其他城轨车辆一样，均是由车体、走行部、牵引缓冲连接装置、制动装置、受流装置等八部分组成。其具体外观组成如图 3-1 所示。

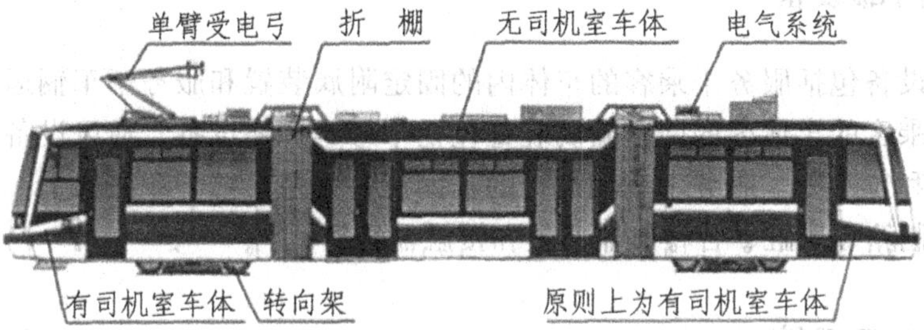

图 3-1 现代有轨电车的外观组成

1. 车体

车体分为有司机室车体和无司机室车体两种。它既是容纳乘客和司机的地方，又是安装和连接其他设备和部件的基础和骨架，一般由底架、端墙、侧墙和车顶等组成。

2. 转向架

转向架位于车体与轨道之间，用于引导车辆沿钢轨行驶和承受来自车体及线路的各种载荷并缓和车辆和线路之间的相互作用，是保证车辆运行品质的关键部件。转向架可分为动力转向架和非动力转向架，一般由构架、弹簧悬挂装置、轮对轴箱装置和制动装置等组成。对于动力转向架，还装设有牵引电机及传动装置。

3. 牵引缓冲连接装置

牵引缓冲连接装置通常是指车钩缓冲装置和各种铰接装置，主要用于将车辆编组成列。铰接装置在现代有轨电车上使用得非常广泛，当前的低地板车辆绝大多数都采用铰接方式连接编组。车钩缓冲装置安装于车辆的前、后两端，主要用于拖拉故障车辆，只有少数单体车辆仍然通过车钩装置进行编组运行。

4. 制动装置

制动装置是保证现代有轨电车准确停车及安全运行所必不可少的装置，主要由机械部分、空气管路部分和电气控制部分组成。

5. 受流装置

受流装置也称受流器，指从接触导线（接触网）或导电轨（第三轨）将电流引入有轨电车的装置。受流装置按其受流方式可分为杆形受流器、弓形受流器、侧面受流器、轨道式受流器、受电弓受流器。城市有轨电车最常用的为轨道式受流器和受电弓受流器。

6. 车辆内部设备

车辆内部设备包括服务于乘客的车体内的固定附属装置和服务于车辆运行的辅助设备。通常，服务于乘客的车体内的固定附属装置包括车灯、广播设备、通风设备、取暖设备、空调设备、座椅和拉手等。服务于车辆运行的辅助设备大多吊挂于车底架上，如蓄电池箱、继电器箱、主控制箱、风缸、各种电器开关和接触器箱等。

7. 车辆电气系统

车辆电气系统包括车辆上的各种电气设备以及控制电路，按照功能和作用可分为主电路系统、辅助电路系统和电子控制电路系统三部分。

主电路系统由牵引电机及与其相关的电气设备和连接导线组成，其作用是将电网的电能转变为车辆运行所需的牵引力，以及在电气制动时将车辆的动能转换为电制动力。它是车辆上的高电压、大电流、大功率动力回路。

辅助电路系统是为保证车辆正常运行而必须设置的辅助用电系统。

电子控制电路分为有接点的直流电路和无接点的电子电路。控制电路的作用是控制主电路和辅助电路各电器的工作。车辆的正常运行通过司机操纵主控制器设备各按钮或者车辆自动运行控制系统保证。

8. 列车信息网络控制系统

列车信息网络控制系统主要由列车信息中央装置、列车信息终端装置、列车信息显示器以及车内各种设备的监控、诊断和显示装置等组成。当前只有少数路权独立、信息化程度较高的现代有轨电车安装有该系统。

现以 DL4W 型仿古有轨电车为例说明有轨电车车辆的构成。

DL4W 型仿古有轨电车是大连市城市轨道交通 201、203 号线路用于替代旧电车的新型单节有轨电车。该车的外观及车体内装饰采用仿古设计，其核心技术采用了交流传动驱动、微机控制监测和操纵、空气弹簧减振、弹性车轮降噪等先进技术。该车可以在地面和高架线路上运行，其限界符合大连市城市轨道交通车辆的限界要求，其车体和所有安装在车体外部的设备均能够适应风、雨、雪的侵蚀及大连市的气候条件。该车为司乘人员和乘客提供了安全、舒适的环境，具有高的可靠性和低的维修成本。

DL4W 型仿古有轨电车于 2003 年 8 月开始设计，其首台样车于 2004 年 7 月 1 日正式上线试运行，并于 2005 年 3 月完成线路性能试验，现正在大连市城市轨道交通 202 号线路上载客运行，目前已安全运行 10 多万千米。

DL4W 型仿古有轨电车的外形如图 3-2 所示。

图 3-2　DL4W 型仿古有轨电车

DL4W 型仿古有轨电车为双司机室双向行驶的单节电动四轴有轨电车。其牵引系统采用交流传动技术，驱动控制方式为架控一拖二方式。其制动系统采用气电联合制动的模拟制动系统，制动过程以电制动优先为原则。该车每侧各设置 3 组电动塞拉门，中间为双扇电动塞拉门，两端为单扇电动塞拉门。车内两侧布置了纵向座椅，车上安装了空调装置。车下为两个两轴动力转向架。

1）车体

DL4W 型仿古有轨电车车体钢结构采用低合金耐候钢焊接而成，由底架、侧壁、顶棚和司机室组成筒形承载结构。其底架两端牵引梁采用冷弯型钢组焊而成，枕梁为钢板焊接成的鱼腹形结构，侧梁和前后两端梁分别由型钢焊接而成。侧壁、顶棚和司机室钢结构采用闭口型钢组焊而成。

2）转向架

DL4W 型仿古有轨电车采用两个相同的两轴动力转向架，对称布置于车体两端。转向架主要由构架、摇枕、轴箱轮对、一系悬挂、二系悬挂、驱动装置和基础制动装置等组成。

3）牵引系统

DL4W 型仿古有轨电车的牵引系统采用交流传动，驱动控制方式为架控一拖二方式，即一台交流调速装置驱动同一转向架上的两台牵引电机。牵引调速系统采用无速度传感器矢量控制，具有环境适应能力强、内部状态信息易于观测和设置、自我检测和保护完善、系统可靠性高等优点。

4）制动系统

DL4W 型仿古有轨电车的制动系统采用气电联合制动的模拟制动系统。它具有常用制动和紧急制动两种功能，常用制动以电制动优先，气电联合制动；紧急制动仅为空气制动。电制动时可将电能反馈至直流电网，回馈给同一供电区间内行驶的其他车辆，完成再生回馈制动；若供电区间无其他车辆运行，其制动能量可经车上制动电阻自行释放，完成电阻能耗制动。

5）车载微机监控系统

DL4W 型仿古有轨电车的车载微机监控系统由微机监控装置、彩色显示器和参数传感器组成，主要完成数据检测记录、参数状态显示、系统数据通信、车辆运行控制、防空转防滑行控制以及系统故障诊断、报警、保护等任务。

3.2.2 分　类

随着科学技术的发展，有轨电车车辆出现多种类型，呈现多样化发展趋势。目前，现代有轨电车可以按照以下几种方式进行分类。

① 按照地板高度划分，有 70%低地板车辆和 100%低地板车辆。

② 按照车轮形式划分，有钢轮钢轨式和胶轮+导轨式。

③ 按照车辆长度划分，有单节车和铰接车。铰接车有 4 轴、6 轴和 8 轴之分。如采用模块化设计，则有 2 模块和多模块之分，最多可达 8 模块。

④ 按受流方式划分，有第三轨受流和受电弓受流两种类型。

采用何种类型的车辆，要根据城市的具体要求、线路条件、车辆技术要求等综合确定。

3.3 车　体

3.3.1 车体的构成要素

车体是现代有轨电车车辆结构的核心部分。现代有轨电车车身造型的基本构成元素通常如图 3-3 所示，主要包括：车钩罩、面罩、车灯、雨刮器、前窗、左前立柱、右前立柱、显示装置、车顶盖、后视镜、侧窗和车门等。此外，为了便于平时的检修，一些现代有轨电车在车身两侧还安置了方便拆卸或活动式的转向架护罩。在技术先进的车载后视摄像系统诞生后，阿尔斯通、庞巴迪、安萨多伯瑞德和西门子等公司纷纷用后视摄像装置取代了后视镜，其中以阿尔斯通系列车辆最为典型。

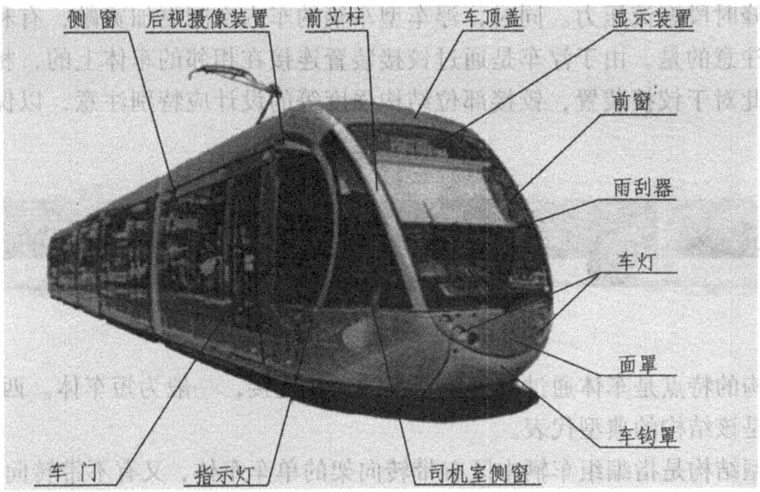

图 3-3　Citadis302（Niee）车辆车体的基本构成要素

3.3.2　车体结构类型

现代有轨电车的车辆结构形式多样，主要有单车型、浮车型、铰接型和单浮组合型四种。不同的结构形式所对应的车体有所不同。

单车型结构的特点是车体较短，每个车体下都有一台转向架，且位于车体的中部位置。早期 100%低地板有轨电车为单车型结构，目前仅有西门子公司生产的 Avenio 型车为单车型结构（见图 3-4）。

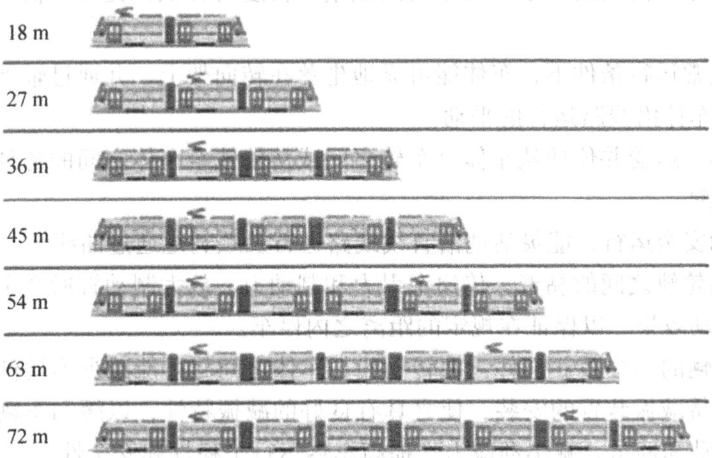

图 3-4　单车型的 Avenio 型车

浮车是指没有设置转向架的车体，通常为长车体。该车体是通过铰接的方式“挂”在与其相邻的车体上。与浮车相邻的车体设有转向架，通常为短车体。

浮车型结构（见图 3-5）是现代 100% 低地板有轨电车的主流结构形式。由于浮车底部没有转向架，减少了总的转向架数量，因此可降低制造成本。另外，浮车内部消除了由车轮引起的凸出部位，因此拥有更有效的内部空间，可横向布置座椅，提供更多的座位，从而能够有效地缓解高峰时段客流压力。同时，浮车型车辆的车内空间更加宽敞，有利于提高乘坐的舒适性。值得注意的是，由于浮车是通过铰接装置连接在相邻的车体上的，相对运动及受力条件件复杂，因此对于铰接装置，铰接部位结构强度等的设计应特别注意，以保证列车运行安全、舒适。

图 3-5 浮车型的 Tramlink 型车

铰接型结构的特点是车体通过铰接装置及转盘相连接，一般为短车体。西门子的 ULF 现代有轨电车就是该结构的典型代表。

单浮组合型结构是指编组车辆中既有带转向架的单车车体，又有不带转向架的浮车车体，这是一种最新的结构形式。

3.4 转向架

转向架是车辆的重要组成部分之一，对车辆的运行性能起着决定性的作用。其作用主要表现在以下几方面：

① 车辆上采用转向架是为了增加车辆的载重、长度与容积，提高车辆运行速度，以满足旅客运输的需要。

② 保证在正常运行条件下，车体能可靠地坐落在转向架上，并通过轴承装置使车轮沿钢轨的滚动转化为车体沿线路运行的平动。

③ 支撑车体，承受并传递从车体至车轮之间或从轮轨至车体之间的各种载荷及作用力，并使轴重均匀分配。

④ 保证车辆安全运行，能灵活地沿直线线路运行及顺利地通过曲线。

⑤ 充分利用轮轨之间的黏着，传递牵引力和制动力，放大制动缸所产生的制动力，使车辆具有良好的制动效果，以保证在规定的距离之内停车。

转向架是车辆的一个独立部件，在转向架与车体之间尽可能减少连接件。同时，转向架的结构要便于弹簧减振装置的安装，使之具有良好的减振特性，以缓和车辆和线路之间的相互作用，减小振动和冲击，减小动应力，提高车辆运行平稳性和安全性。

3.4.1 转向架的分类及构成

有轨电车转向架按照牵引传动装置通常分为动力转向架与非动力转向架。

1. 动力转向架

动力转向架为传统有摇枕两轴转向架，由构架、摇枕、轮对轴箱、一系悬挂、二系悬挂、牵引电机、齿轮传动箱以及基础制动装置等部分组成。

构架为箱形梁组成的“日”字形结构，由侧梁、横梁和端梁组成。摇枕为鱼腹状箱形梁，内有空气弹簧附加空气室。一系悬挂采用圆锥橡胶弹簧，二系悬挂采用空气弹簧。牵引电机悬挂于构架横梁上。齿轮传动箱一端悬挂于车轴，另一端通过吊杆悬挂于构架横梁上。牵引电机与齿轮传动箱间通过齿式联轴节传递牵引力，同时吸收电机和齿轮箱间位移变化量。基础制动采用盘形制动，制动装置悬挂于构架端梁上。

2. 非动力转向架

非动力转向架为独立轮无摇枕两轴转向架，由构架、车轮轴桥、一系悬挂、二系悬挂以及基础制动装置等部分组成。

构架为箱形梁组成的“日”字形结构，由侧梁、横梁和端梁组成。横梁内有空气弹簧附加空气室。一系悬挂采用圆锥橡胶弹簧，二系悬挂采用空气弹簧。基础制动采用盘形制动，制动装置悬挂于构架横梁与端梁间的制动吊挂架上。

动力转向架与非动力转向架采用相同的一系悬挂、二系悬挂、牵引拉杆、磁轨制动装置。

对于 100% 低地板有轨电车，转向架分为动车转向架和拖车转向架。它们的主要区别在于动车转向架侧梁上有齿轮箱吊座，而拖车转向架则没有。100%低地板有轨电车转向架由侧梁组成、横梁组成、端梁组成和构架等部件构成。100%低地板有轨电车转向架构架结构如图 3-6 所示。

图 3-6　100%低地板有轨电车转向架构架结构

下面同样以 DL4W 型仿古有轨电车为例说明转向架的具体构成。

1）构架

构架由两根侧梁和两根横梁组焊成“H”形结构，各梁由钢板组焊成箱形断面结构。在构架上设有一系悬挂锥形橡胶弹簧和二系悬挂空气弹簧安装座、牵引电机安装座、齿轮箱吊挂座、牵引拉杆座、基础制动装置吊挂座、横向减振器安装座以及横向止挡安装座。

2）摇枕

摇枕由钢板焊接成鱼腹梁结构，其内腔兼作空气弹簧的附加空气室。摇枕上还设有二系悬挂空气弹簧安装座、牵引拉杆座、横向减振器安装座以及横向止挡板。

3）轴箱轮对

轴箱轮对采用传统结构布置，车轴上安装有牵引齿轮。车轮采用弹性车轮，以降低电车运行噪声。踏面形状采用磨耗型，以降低轮缘和踏面磨耗。

4）悬挂系统

该转向架采用两系悬挂，一系悬挂采用圆锥叠层橡胶弹簧，二系悬挂采用自由膜式空气弹簧配以横向减振器和横向止挡的结构。

5）驱动系统

驱动系统由牵引电机、齿式联轴器和牵引齿轮箱组成。牵引电机采用 30 kW 交流牵引电动机，架悬于构架横梁上。牵引齿轮箱中有一对减速齿轮，其一端抱在车轴上，另一端吊挂于构架横梁上。在牵引电机输出轴和牵引齿轮箱输入轴之间安装有弧形齿式联轴器，在传递牵引电机功率的同时吸收两者间的相对运动。

6）基础制动系统

基础制动系统采用空气盘形制动，其制动盘安装于车轮内侧，制动缸及杠杆系统吊挂于构架侧梁上。

3.4.2 转向架形式

综观国内外有轨电车车辆转向架，不管是动力转向架还是非动力转向架，主要有两种基本形式：一种是传统轮对转向架，另一种是独立旋转车轮转向架。这两种转向架各有特点。

1. 传统轮对转向架

传统轮对转向架具有技术成熟、结构相对简单、牵引及制动装置容易布置、对中性能好等优点。但传统轮对具有易出现蛇行运动失稳，通过曲线时由于轮对冲角大及相对滑动大而导致磨耗严重，以及不适合低地板城市轨道车辆等不足之处。

2. 独立旋转车轮转向架

与传统转向架相比，独立旋转车轮转向架由于同一轮对的左右两个车轮可以独立旋转，通过曲线时左右车轮的转速可以不同，故曲线通过时轮轨之间的滑动较小。此外，独立旋转车轮转向架还消除了轮对的蛇行运动，不会出现蛇行运动失稳和由于相对滑动而产生的啸叫声。独立旋转车轮转向架由于没有车轴，因此广泛应用于低地板的城市轨道交通车辆上。但独立旋转车轮转向架也存在对中性能差、驱动和制动装置复杂、技术要求和制造成本高等缺点。目前，独立旋转车轮转向架在 100%低地板有轨电车上运用广泛。

西门子公司开发的 Avenio 系列有轨电车，采用铰接形式和独立车轮，同时运用一种径向抗扭转装置来调整单铰接两端模块与转向架摆角的方式，降低了车辆通过曲线的轮轨作用力和横向加速度，进一步减轻了轮缘磨耗，并降低了车辆脱轨的风险。

3.4.3 主要 100% 低地板有轨电车转向架

目前，100%低地板有轨电车在世界范围内的应用比较广泛，各国根据不同的实际情况选择不同的转向架。一般来说，100%低地板有轨电车转向架有以下几类：

1. Variobahn 型有轨电车转向架

Variobahn 型有轨电车由 ABB 公司车辆部于 1993 年设计，采取模块化设计、编组和浮车型结构。图 3-7 所示为其动力转向架，由轮毂电机单独驱动 2 个独立车轮；采用由弹性车轮和一、二系悬挂组成的悬挂系统，降低了轮轨作用力。该转向架的缺点是电机没有悬挂，增加了簧下质量。

图 3-7　Variobahn 型有轨电车动力转向架

2. Flexity2 型有轨电车转向架

Flexity2 型有轨电车是庞巴迪公司推出的新一代 100%低地板有轨电车，采用模块化设计、编组和浮车型结构，可满足无接触网区域的运行要求。其动力转向架为 FLEXX Urban 3000（见图 3-8）。该动力转向架最大的特点是采用了传统轮对。牵引电机纵向布置，制动盘安装于轮对外侧，一系悬挂为金属橡胶叠簧，二系悬挂为橡胶堆，轴距为 1 850 mm。

由于采用了传统轮对，转向架上部区域的地板面高度要比其他低地板区域高出 90 mm 左右，因此需要有一个很小的斜坡相连，如图 3-9 所示。使用传统轮对的还有阿尔斯通公司的 Citadis X04、Vossloh 公司的 Tramlink、PESA 公司的 Swing、Solaris 公司的 Tramino，其地板面都有一个很小的斜坡。

图 3-8　FLEXX Urban 3000 动力转向架

图 3-9　Flexity2 转向架上部地板面

3. Citadis 型有轨电车转向架

Citadis 系列有轨电车为阿尔斯通公司生产的 100%低地板有轨电车，采用模块化设计及编组，为浮车型结构，可满足无接触网区域的运行要求。

图 3-10 所示为 Citadis 型有轨电车的 Arpege 动力转向架。该转向架无一系悬挂，不利于降低轮轨作用力。左右车轮通过轴桥横向耦合及定位，耦合后的轮对结构及功能与传统轮对类似，可实现自动对中及自导向功能。牵引电机通过斜齿轮驱动与其邻近的“车轴”旋转，并带动车轮一起旋转，通过横轴实现两侧轮轴的同步旋转。制动盘对角安装在电机相对侧，装有磁轨制动。

为了弥补 Arpege 转向架动力学性能的不足，阿尔斯通公司在其基础上开发出了 Solfege 转向架，如图 3-11 所示。该转向架增加了橡胶堆一系悬挂，牵引电机也移到了前后车轮之间，二系悬挂移到了构架外侧，取消了抗侧滚支撑装置，使动力学性能得到了优化。

图 3-10 Arpege 动力转向架

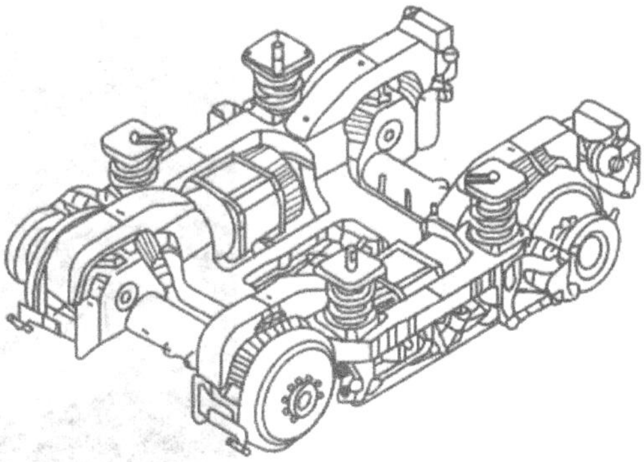

图 3-11 Solfege 动力转向架

4. Combino 型有轨电车转向架

Combino 型有轨电车由 DWUGE 公司于 1996 年设计制造，采用模块化设计及编组。Combino 型有轨电车是首次使用浮车型结构的 100%低地板有轨电车。由于其铰接装置和车体结构设计不合理，使车体铰接部位容易出现裂纹，在生产了约 460 列后停产。

Combino 型有轨电车采用 SF30TF 动力转向架（见图 3-12）。其电机纵向布置，每个电机驱动同侧的前后有两个独立旋转的弹性车轮，使车轮纵向耦合，以实现转向架的对中及导向功能。左右车轮通过轴桥装置进行横向定位。一系悬挂为橡胶金属弹簧，二系悬挂为钢弹簧。转向架轴距为 1 800 mm，轮径为 600 mm。

图 3-12 SF30TF 转向架

5. Avenio 型有轨电车转向架

Avenio 型有轨电车是西门子公司的新一代 100%低地板有轨电车，采用模块化设计、单车型结构，每个模块底下有一个转向架。其动力转向架是在 SF30TF 转向架的基础上改进而成的，两者结构基本一致，区别仅在于，改进后的转向架的二系悬挂为圆锥橡胶弹簧，垂向减震器由 2 个增加为 4 个，双拉杆改为单拉杆（见图 3-13）。

图 3-13　Avenio 型有轨电车转向架

6. Sirio 型有轨电车转向架

Sirio 型 100%低地板有轨电车由 AnsaldoBread 公司设计，为浮车型结构。其动力转向架采用独立旋转弹性车轮，左右车轮通过轴桥结构进行横向定位，位于转向架中间位置的横轴对其进行横向耦合形成耦合轮对。牵引电机纵向布置于转向架两侧（见图 3-14）。一系悬挂为橡胶弹簧，二系悬挂为钢圆弹簧，位于转向架的四角位置。制动盘安装于轮对的非驱动侧外端，转向架轴距为 1 700 mm。

图 3-14　Sirio 型有轨电车动力转向架

7. Urbos 3 型有轨电车转向架

Urbos 3 型有轨电车是 CAF 公司研制出的 100%低地板有轨电车，为浮车型结构。该车装有超级电容装置及快速充电装置，以满足无接触网区域运行要求。图 3-15 所示为 Urbos 3 型有轨电车动力转向架。4 个独立旋转弹性车轮由 4 台电机分别驱动，左右车轮通过轴桥结构进行横向定位。转向架轴距为 1 800 mm，轮径为 590 mm。一系悬挂为橡胶弹簧，二系悬挂为两级钢圆弹簧。制动盘安装于车轮外侧，装有磁轨制动。

8. ForCity 型有轨电车转向架

ForCity 型有轨电车由 Skoda 公司设计，为铰接式结构，具有三车四转向架。ForCity 型有轨电车转向架为铰接式转向架，如图 3-16 所示。每个独立旋转弹性车轮都由一个电机单独驱动，电机与车轮之间无齿轮连接，左右车轮通过横轴进行横向耦合。

图 3-15　Urbos 3 型有轨电车动力转向架

图 3-16　ForCity 型有轨电车动力转向架

3.5　制动系统

3.5.1　制动系统的特点

在城市轨道交通车辆中，包括有轨电车在内的大多数轻轨车辆的制动、缓解操纵较为频繁，往往每隔几秒钟的时间就要连续进行制动和缓解操纵。为了能够随时停车，制动距离要非常短，这就要求制动系统具有非常高的灵敏度和非常短的空走时间。

同时，有轨电车采用复合制动方式，所以要具有良好的空电联合制动性能。另外，有轨电车必须有完善的备用制动措施，因为有轨电车一般都装 1 套制动控制系统，一旦出现故障，就意味着所有制动系统出现故障，因此必须有完善的备用制动措施来保证停车。

有轨电车制动系统类型较多，常见的有气电联合制动的模拟制动系统和微机控制直通电空制动系统。如大连 DL4W 型仿古有轨电车就采用气电联合制动的模拟制动系统。青岛四方车辆研究的制动系统为微机控制直通电空制动系统。

有轨电车制动系统应具有以下特点：

① 制动、缓解操纵极为频繁，要求制动系统响应性好。

② 具有常用制动、紧急制动、停放制动功能。紧急制动为空气制动（或加磁轨制动），制动距离短。

③ 要有完善的备用制动措施。

④ 要有良好的防滑性能。

⑤ 采用动力制动和空气制动的复合制动方式，优先采用动力制动，动力制动不能满足制动需求时，空气制动能够自动补足。两种制动形式转换平稳，转换过程中所需制动力不受影响。

⑥ 能够根据车辆载荷变化自动调整制动力，具有冲动限制，故障诊断和故障信息储存、显示、通信等功能。

⑦ 车辆载荷变化时，空重车调整阀能够有效进行调整。

3.5.2 制动系统的组成

制动系统通常是由空气制动和再生制动两种制动装置组成。

空气制动又称摩擦制动，包括闸瓦制动和盘形制动。闸瓦制动又称踏面制动，以压缩空气为动力。制动缸活塞产生推力经制动杠杆将闸瓦紧压在车轮踏面，通过闸瓦与车轮踏面的机械摩擦，把列车动能转变为热能消散于大气，并产生制动力。盘形制动是在车轴上或车轮侧面安装制动盘，也是以压缩空气为动力。空气制动机将闸片紧压在制动盘侧面，通过闸片与制动盘侧面的机械摩擦来产生制动作用。

再生制动属于动力制动。所谓动力制动，就是使电动车中的牵引电机在制动时转换为发电机，把车辆运行的动能变为电能。如果把这部分因制动而发出的电能送回到接触网，则称为再生制动。如果把这部分电能消耗在制动电阻上，使之变成热能而释放到大气中，则称为电阻制动。显然再生制动优于电阻制动。前者具有节约能源的作用，特别是对于城市轨道交通车辆，制动减速、停车十分频繁，采用再生制动的节能效果十分显著。

3.5.3 主要制动系统

如前所述，目前常用的制动系统为微机控制直通电空制动系统和气电联合制动的模拟制动系统。现对各制动系统的主要组成及其工作原理做简要说明。

1. 微机控制直通电空制动系统

1）组成

该系统采用微机控制直通电空制动模式，由空气制动和再生制动两种制动装置组成，主要包括制动指令发生及传输系统、制动控制系统、再生制动装置（属牵引系统）、基础制动装置、防滑系统、风源系统、气动系统附件等。

（1）制动指令发生及传输系统

该系统包括司机控制器、紧急制动开关、制动指令线等。司机控制器用于进行制动控制，设有制动控制手柄及司机室选择钥匙。司机控制器装有接触开关，用于产生制动指令信号。紧急制动开关用于产生紧急制动信号，每端驾驶室设置 1 个。总风压力不足等原因也可引起紧急制动。

（2）制动控制系统

① 微机控制单元（BECU）。

BECU 用于空气制动控制，并向牵引控制单元发出再生制动指令。BECU 主要由 CPU 板、继电器板、AD 板、DI 板、通信板、电源板、背板等组成。

② 制动控制单元（BCU）。

BCU 包括空电转换阀、空重车阀、中继阀、紧急阀、平均阀、备用缓解阀、载荷和制动缸压力传感器、预控制压力开关、压力测试接口等。

（3）基础制动装置

基础制动装置采用有闸瓦间隙自动调整作用的盘形制动器，每根轴装有 1 个制动盘，采用高磨合成闸片。

（4）防滑系统

防滑系统由 BECU、防滑排风阀、速度传感器等组成。每台转向架的每根轴装有 1 个速度传感器和 1 个防滑排风阀。

（5）风源系统

车辆正常运行时，风源系统应保证制动装置、悬挂系统等的用风量。空压机采用螺杆压缩机，采用单塔空气干燥剂。

2）功能

微机控制直通电空制动系统具有以下功能：

（1）常用制动

常用制动是正常运行中的车辆进行调速及每次进站时所施加的制动，制动过程中能够根据车辆载荷变化自动调整制动力，并具有防冲动限制功能。

常用制动过程中，当动力制动无法满足制动力需求时，空气制动能够自动补偿，总制动力应满足制动力需求。

常用制动为 7 级制动，通过司机控制器控制。

① 动力制动。

常用制动时，采用动力制动和空气制动的复合制动。动力制动采用再生制动和电阻制动，由牵引控制单元根据 BECU 提供的制动指令值进行控制。该指令值根据车辆载荷进行补偿，BECU 从指令线获得制动指令信号。

② 复合制动。

当制动力需求超过动力制动能力时，制动力不足部分由空气制动补充。实际动力制动力由牵引控制单元以 PWM 信号形式反馈给 BECU。BECU 计算制动力指令值和实际动力制动力之间的差值，然后根据该差值施加相应的空气制动力。

③ 常用制动时空气制动的切换。

如果动力制动关闭，则根据制动指令切换成空气制动，切换过程应满足总制动力需求。

（2）紧急制动

紧急制动是在车辆遇到紧急情况或发生其他意外情况时，为使车辆尽快停车而实施的制动。紧急制动只采用空气制动，停车前不可缓解。

在下列情况下产生紧急制动：

① 按紧急开关，或意外脱弓；

② 总风压力过低（低于 5 kPa）；

③ 紧急制动电路失电或失去动力。

（3）根据载荷变化调整制动力

常用制动时，安装在空气弹簧系统的压力传感器检测载荷信号，以模拟量形式传给 BECU，BECU 根据载荷变化自动调整制动力，同时将载荷信号传给牵引控制单元。紧急制动时，由空重车调整阀调整制动力。

（4）冲动限制功能

常用制动时进行制动力的防冲动限制，控制减速度变化率不超过 0.175 m/s^3。

（5）制动缸压力初跃升

为了与再生制动协调配合，减小制动空走时间，系统设有制动缸压力初跃升功能，即只要一产生常用制动指令，制动缸就跃升并维持一个初始压力，刚好克服制动缸的缓解弹簧力。这样空气制动与再生制动配合时，可以改善二者的协调配合性能，同时减少空气制动力产生的延迟时间，缩短空走时间。

（6）制动缸压力滞后修正

制动缸压力是通过中继阀控制的。由于中继阀本身的特性，在制动转缓解或缓解转制动时，很容易造成同一制动指令下制动缸压力不同，影响控制精度，因此，采用了相应的修正措施，保证制动和缓解过程中同一制动指令值形成的制动缸压力相同。

（7）通信功能

BECU 可以实现 RS-232 本地通信和 RS-485 远程通信两种通信方式。

RS-232 用于与上位机（PC）进行本地通信，实现试验检测功能。

RS-485 用于与车载监控装置（Monitor）进行远程通信，实现在线网络监控功能。

车载情况下，通过该 RS-485 串行口按照通信协议与车载 Monitor 进行通信。Monitor 每 200 ms 向 BECU 请求接收制动系统状态信息或不定时请求 BECU 存储的故障履历数据。Monitor 既可以实时显示制动系统动态信息，又能查询最新出现的 4 种故障类型及其相邻时刻的制动状态信息。

上位机可以模拟 Monitor 通过 RS-485 转接口与 BECU 的 RS-485 口进行通信，完成上述功能。

（8）监控和故障功能

监控功能由 BECU 内部的每块电路板及外围部件如电磁阀、压力传感器、紧急制动阀和压力开关等完成。故障信息能够显示并与监控设备进行通信。

3）系统工作流程

① 司机控制器是制动指令的发出装置，发出的制动指令发送到 BECU。

② BECU 根据制动力指令和载荷情况计算出所需制动力并提供给牵引控制单元，然后再根据动力制动力反馈信号计算出需要补充的空气制动力。

③ 空气制动控制单元 BCU 根据 BECU 传来的电子模拟制动力信号，通过空电转换阀将来自制动储风缸的空气压力转换成与模拟信号相对的预控制压力；预控制压力经紧急阀到空重车调整阀，受到空重车调整阀的检测和限制；从空重车调整阀出来的预控制压力到中继阀，打开中继阀中制动储风缸与制动缸的通路，最后使制动缸获得符合制动力要求的空气压力。

紧急制动时，预控制压力不受空电转换阀控制，来自制动储风缸的压缩空气直接经紧急阀到达空重车调整阀，预控制压力只受空重车调整阀控制；如果紧急阀出现故障，则根据 BECU 设定的紧急制动力，通过空电转换阀控制预控制压力，实施紧急制动。

④ 同样，BECU 发出缓解指令时，BCU 中空电转换阀的排气阀励磁被打开，进气阀不通，预控制压力经排气阀排到大气中，BCU 中继阀膜板移动，切断储风缸与制动缸的通路，打开制动缸与大气的通路，制动缸排气。

2. 微机控制的模拟电液制动系统

微机控制的模拟式电液制动系统主要具有常用制动功能、紧急制动功能、安全制动功能、停车制动功能及停放制动功能。

1）系统组成

该制动系统主要由液压制动控制单元（HCU）、微机制动控制单元（BECU）、阀控制单元（VSS）、液压制动夹钳（ZDJQ）、制动盘（ZDP）、磁轨制动（CGZD）、撒砂装置（SSQ）和速度传感器（SDCGQ）组成。

如图 3-17 所示是六节编组的列车中三节车的制动系统构成，另外三节车的系统构成与之相同。

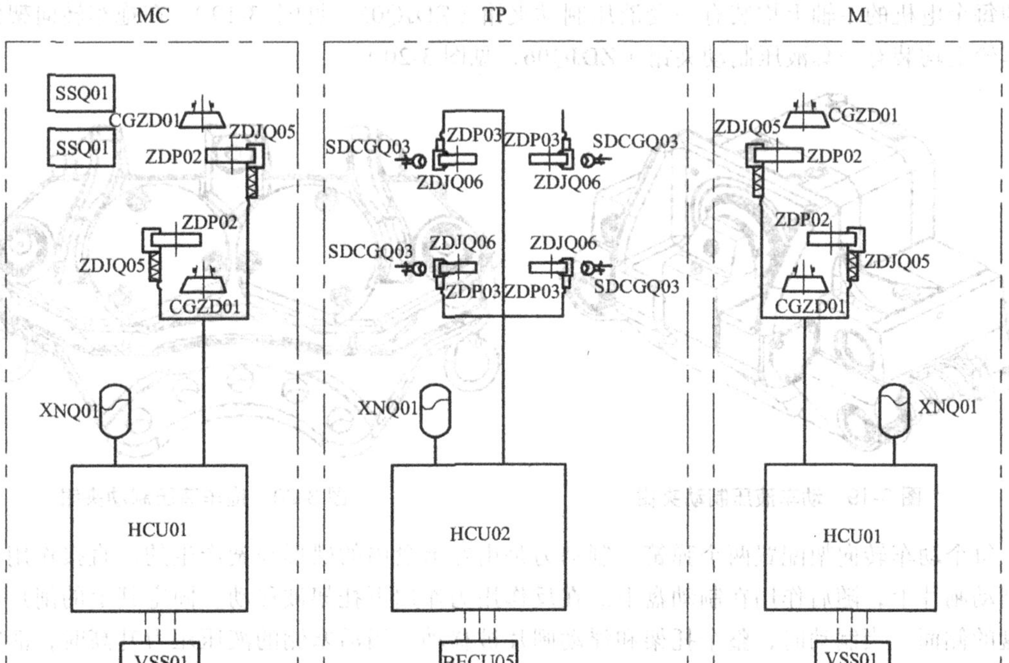

图 3-17　微机控制的模拟电液制动系统组成

（1）液压制动控制单元

液压制动控制单元（HCU）由各种电气、液压元件组成，以完成能量的传递、转换及控制。如图 3-18 所示，HCU 由电机、齿轮泵、溢流阀、过滤器、单向阀、压力开关、测试接头、蓄能器、卸荷阀、比例压力控制阀、二位二通电磁阀及阀块等组成。HCU 设置了视油镜，用于清楚地观测油位高低，并配以放油螺塞将不需要的油放掉。

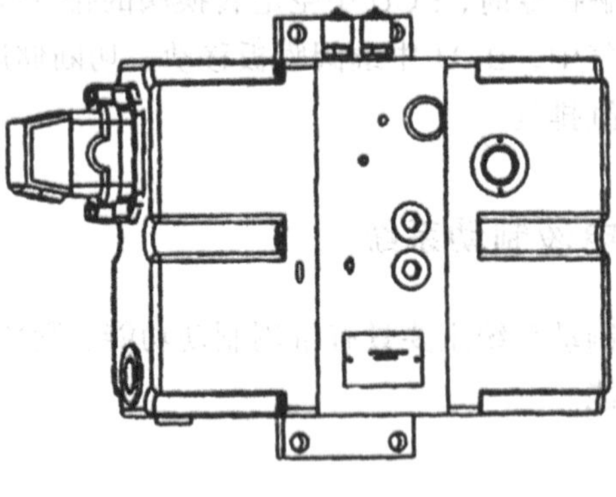

图 3-18　液压制动控制单元（HCU）

VSS01—阀控制单元；BECU05—微机制动控制单元；HCU01，HCU02—液压制动单元；XNQ01—蓄能器；ZDJQ05，ZDJQ06—制动夹钳；ZDP02，ZDP03—制动盘；CGZD01—磁轨制动；SDCGQ03—速度传感器；SSQ01—撒砂装置

（2）液压制动夹钳

为适应转向架的狭小安装空间，采用轴盘式基础制动，液压夹钳为紧凑型。在动车转向架的每个电机的主轴上均装有一套液压制动夹钳（ZDJQ05，见图 3-19），在拖车转向架的每个车轮上均装有一套液压制动夹钳（ZDJQ06，见图 3-20）。

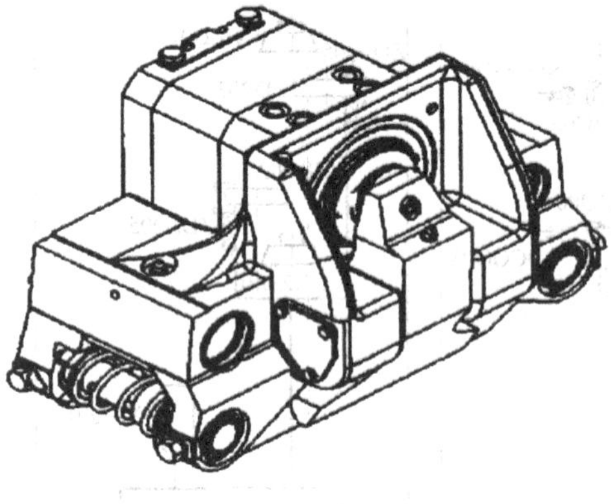

图 3-19　动车液压制动夹钳

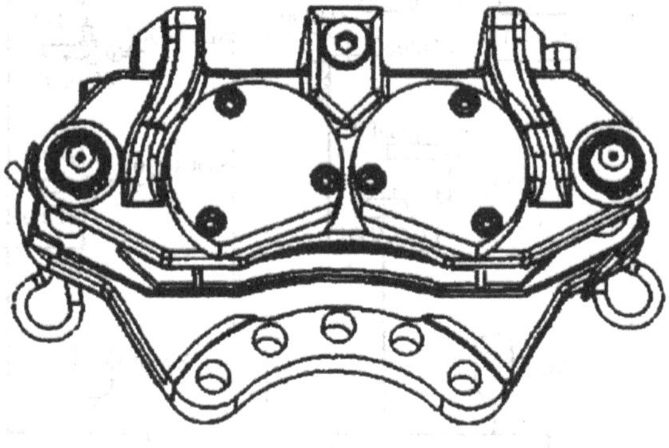

图 3-20　拖车液压制动夹钳

每个动车转向架配置两个弹簧。制动力是由在卡盘内的碟形弹簧产生的，直接作用在浮动制动闸片上，随后作用在制动盘上。在反作用力作用下托架被移动，固定其上的闸片被压在盘的侧面。当制动时，整个托架和浮动闸片被移动。当活塞侧的液压压力升高时，活塞压迫碟形弹簧，制动力相应减小或者完全缓解。

动车液压制动夹钳（ZDJQ05）具有液压缓解功能和手动缓解功能，还具有闸片间隙调整器，能够实现闸片磨耗的间隙自动补偿。

液压制动夹钳的闸片安装设计能够满足狭小空间内的闸片更换。

夹钳使用两对活塞安装在盘的相对的位置上。

拖车液压制动夹钳应严格地安装在车轴的轴承座上。这些夹钳使用两对（每边两个）连杆，延伸到盘的两侧，以适应制动盘和闸片的磨耗。由于使用 4 个连杆，所以夹钳不需要间隙调整器。

（3）微机制动控制单元

每个拖车安装一个微机制动控制单元（BECU），其基本功能是根据车辆控制单元所给指令控制机械制动，依据不同的模式（常用制动、紧急制动、电制动失效模式等）给出不同的制动力。

（4）阀控制单元

每个动车安装一个阀控制单元（VSS01），其基本功能是根据车辆控制单元和司机所给指令控制液压控制单元的动作，驱动制动夹钳实施三个阶段（停车制动、替代制动、停放制动）的制动。

（5）磁轨制动装置

根据 EN 13452 的要求，系统设置了磁轨制动装置（见图 3-21）。磁轨制动装置安装于每个动车转向架两侧，其悬挂装置在不使用磁轨制动时能保证磁轨制动装置平稳地悬挂在轨道上方，并有防止意外脱落的措施。磁轨制动装置的悬挂装置可调节，以方便维修人员在车轮磨耗后根据车况进行调整。磁轨装置的磨耗靴距离轨面的间隙为 7 ~ 10 mm。当磁轨制动装置通电后，能迅速依靠磁力落到轨道上，其所产生的吸力不小于 66 kN。

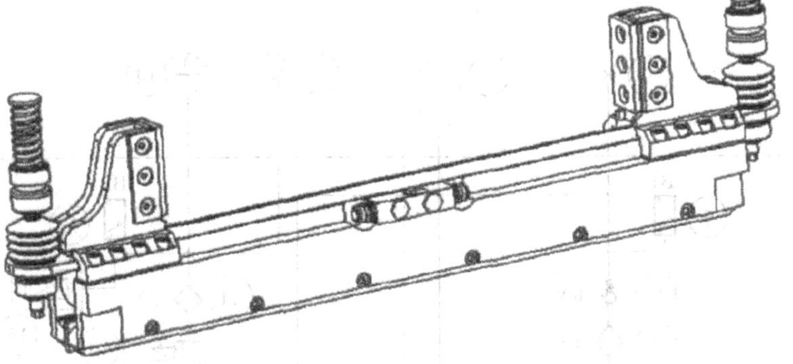

图 3-21　磁轨制动装置

（6）撒砂装置

为了满足低地板有轨电车高黏着利用要求，系统设置了撒砂装置，在紧急制动时或者根据司机指令实施撒砂功能，改善轮轨之间的黏着，缩短制动距离，且避免车辆擦伤。

每列车配置 4 套撒砂装置，分别布置于头车第一个轮对的左右车轮附近。

2）系统原理

微机控制的模拟式电液制动系统通过司机操作可实现各种制动作用。列车的制动是由各车独立实施的。

列车制动由电制动、液压制动、弹簧制动、磁轨制动以及撒砂实现，通过不同的组合可以实现紧急制动、常用制动、停放制动、停车制动、安全制动等。

列车的制动指令由以下几路构成：一路由司控器、操作台按钮发出，通过列车线传递给动车的 VSS 以及拖车的 BECU；一路由 VCU 发出，通过列车线传递给动车的 VSS 以及拖车的 BECU；还有一路通过 CAN 网络由列车传递给拖车的 BECU。

列车的制动管理由车辆控制单元（VCU）来完成，因此拖车的 BECU 和动车的 VSS 是相互独立的，彼此之间没有通信。BECU 和 VSS 只负责接收制动指令，并根据制动指令控制对应的 HCU 来执行制动指令。当列车出现故障时，可以通过手动缓解来缓解制动以便列车救援。

（1）制动逻辑

不同制动方式的组合实现不同的制动作用，如表 3-2 所示。

表 3-2　制动逻辑表

制动方式	电制动	液压制动（拖车）	液压制动（动车）	磁轨制动	撒砂
常用制动	√	√			
紧急制动	√	√		√	√
安全制动			√	√	√
保持制动		√	√		
停放制动			√		

（2）动车液压制动单元工作原理

动车液压制动单元 HCU01 在 VSS01 的控制下输出压力到制动夹钳，实现不同等级的制动作用。液压制动单元 HCU01 的工作原理参见图 3-22。

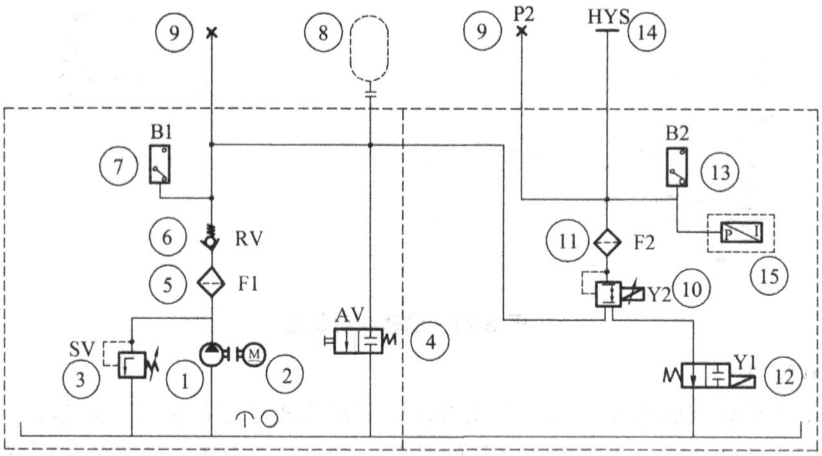

图 3-22　动车液压制动工作原理示意图

1—齿轮泵；2—直流电机；3—安全阀；4—卸荷阀；5—过滤器；6—止回阀；7—压力开关；8—蓄能器；9—测试接口；10—比例压力控制阀；11—过滤器；12—2/2 电磁阀方；13—压力开关；14—工作压力接口；15—液压传感器

制动时，液压制动单元内的比例控制阀（Y2）和直流电机同时被打开，驱动液压泵也被打开。从泵流出的油通过过滤器、单向阀（RV）到达储能器（AI）进行储能，经 YZ 流向下游的比例压力调节阀（YI），然后返回油箱。YI 依据从阀控制单元（VSS01）传来的电信号控制夹钳的缓解压力。当夹钳需要实施停放制动时，液压油经过 YZ 和 YI 回到油箱，夹钳上的弹簧施加压力，形成停放制动。当列车运行时，液压油经过 YZ 到达夹钳，使夹钳上的弹簧缓解，夹钳打开，车辆可以运行。夹钳的制动力由 YI 的流量来控制，压力传感器将夹钳的压力传递给 VSS，制动力也随着 VSS 的使用而逐级增加。

（3）拖车液压制动单元工作原理

拖车液压液压制动单元HCU02用来和主动式制动夹钳一起使用。制动压力来自液压单元，经蓄能器蓄能，经过 YI、YZ 到达夹钳，而产生制动力。制动压力是由 YI 控制的。制动控制单元（BEC）通过控制 YI 的流量来控制制动力。当需要缓解时，夹钳里的液压油经过 YZ 到达油箱，使夹钳里液压油的压力下降，夹钳被打开，从而使制动缓解。夹钳里的压力由传感器传递给 BECU，BECU 控制 YI、YZ 的流量以确保夹钳达到所需要的压力。

3.6 新型有轨电车的技术特征

新型有轨电车较传统车辆在技术方面有明显不同，现主要从以下几方面进行具体说明。

1. 模块化设计

新型有轨电车车辆采用模块化设计理念，尤其是 100%低地板车辆。模块化设计理念是将车辆划分为若干各自独立而又相互联系的模块。模块可以是车辆的一个组成部分，也可以是车辆的一个或几个部件或设备的组合，例如带驾驶室和不带驾驶室端部模块、中间模块、铰接模块、转向架模块等。每个模块可以独立生产和组装，因此，模块化设计使得车辆不再采用贯通式纵梁，结构简化，生产制造也简单方便；更容易保证质量，缩短工时；互换性增强，有利于维修保养；一旦出现故障，只处理或更换该模块即可，不需要进行整车作业，可大大节约工时、人力和费用。车辆被划分为若干模块后，通过增减中间模块和铰接模块，可以组成不同编组的列车。这增强了列车在道路上运营的灵活性，减少了车辆在曲线上的内外偏移量，也不易与相邻列车发生碰触，还可以满足不同城市、不同地区、不同线路、不同建设阶段的客流需求，可单向或双向运行。

经过 30 多年的发展，西门子公司的 Combino 型、阿尔斯通公司的 Citadis 型、庞巴迪公司的 Flexity 型等有轨电车成为知名的 100%低地板车辆，并已形成标准化、系列化产品。表 3-3 为西门子公司的 Combino 型有轨电车不同模块组合系列及其定员，车辆宽度为 2.3 m。

表 3-3　西门子 Combino 型有轨电车不同模块组合系列及其定员

列车长度/m	座席/人	站席/人		定员/人	
		按 4 人/m^2 计算	按 6 人/m^2 计算	按 4 人/m^2 计算	按 6 人/m^2 计算
20.06	47	58	98	105	145
28.30	70	82	138	152	208
29.80	74	91	153	165	227

续表 3-3

列车长度/m	座席/人	站席/人		定员/人	
		按 4 人/m^2 计算	按 6 人/m^2 计算	按 4 人/m^2 计算	按 6 人/m^2 计算
31.50	97	100	168	178	246
38.00	97	115	193	212	290
39.70	101	124	208	225	309
41.3	105	133	223	238	328
42.9	109	147	247	256	356

我国唐山、长春生产的 100%低地板车辆均采用模块化设计，并达到系列化水平。按 6 人 · m^{-2} 计算，唐山 4 模块车辆定员 315 人，其中座席 88 人、站席 227 人（见图 3-23）；长春 5 模块车辆定员 292 人，其中座席 64 人，站席 228 人（见图 3-24）。我国有轨电车车辆宽度均为 2.65 m。

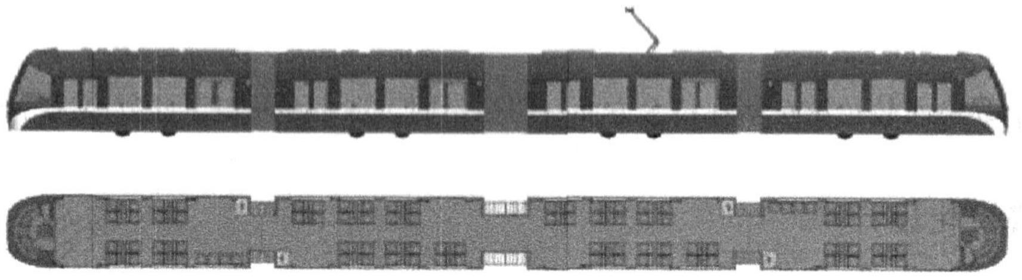

图 3-23　唐山 100%低地板有轨电车

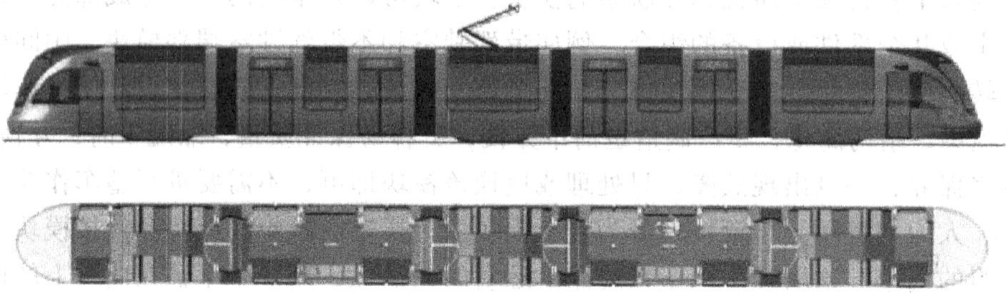

图 3-24　长春 100%低地板有轨电车

2. 低地板设计

由于采用模块化设计理念，车辆设计采用低地板形式，车门多而宽，模块间的联系为宽大的贯通道，使得乘客上下车便捷、快速，在车内移动也很方便、安全。低地板车辆的座椅和门窗等内部设备按人机工学进行设计，车内宽敞明亮，乘坐较为舒适。

但低地板车辆的地板高度为 300 ~ 350 mm，利用人行道作为站台，乘客需踏步上下车，不太方便，特别是乘轮椅的乘客上下车不方便。为了能为老年人、妇女、儿童及身体障碍者和乘坐轮椅的乘客提供乘车方便，体现以人为本的理念，可适当提高站台高度，使站台高度与车辆地板高度平齐，并缩小站台与车辆地板的间隙，使乘客可跨步上下车。因此，站台需要开展无障碍化设计，确保乘坐轮椅的乘客上下车方便、安全。

3. 振降噪设计

有轨电车主要运行在城市道路上，车辆振动噪声对周围环境影响较大，其振动对路面的破坏也很严重。车辆振动噪声是旧式有轨电车被淘汰的主要原因之一。为此，新型有轨电车车辆采用轻量化结构、弹性车轮、二系弹簧、密闭式门窗和铰接结构、电机电气设备减振、加装隔声裙板等措施，有效控制簧下重量，减少车辆振动、轮轨摩擦噪声、电气设备噪声以及噪声的传递，车内外噪声均得到适当控制。例如，唐山 100%低地板车辆辅助设备正常工作时车内外噪声均处于噪声级别 A 级（见表 3-4）。特别是当带有大型玻璃侧窗的流线型车辆运行在铺设草坪轨道线路时，不但噪声对车辆内外环境的影响很小，而且有良好的景观效果。车辆行驶于路面，美观大方的外观造型，给乘客以亲切、舒适的感觉。

表 3-4 唐山 100%低地板有轨电车车辆内外噪声

车内工况 1)	速度/（$km \cdot h^{-1}$）	噪声/dB	车内工况 2)	速度/（$km \cdot h^{-1}$）	噪声/dB
静止	0	65	静止	0	56
匀速运行	40	74	匀速运行	40	76
加速	40	76	加速	40	76

注：1）车内中心距离地板高 1.5 m 处的噪声；
2）车外距离轨道中心 7.5 m，距离地面 1.5 m 处的噪声。

4. 适应城市道路设计

有轨电车的轨道主要敷设在城市道路路面上，低地板车辆与其他地面交通方式混行，运行情况复杂。受道路和曲线半径限制，车辆外形尺寸均小于地铁车辆，车宽通常为 2.65 m，车长不宜太长。车体由多个较短的模块铰接组成，转向架轴距较短，提高了车辆通过道路的灵活性，降低了车辆通过曲线的内外偏移量，通过较小的曲线半径，减少了轮缘磨耗，降低了线路造价。因此，有轨电车系统的适应性得以提高，可更充分有效利用道路资源。

从使用角度分析，有轨电车可应用于各类规模城市和地区，例如中心城区、郊区与旅游区，适用于客流中等或客流较小的线路。从线路布设角度分析，有轨电车因曲线通过能力、爬坡能力较强，可以运用于转弯半径小或地形起伏比较大的城市和地区，运用范围更广。例如，唐山 100% 低地板车辆可通过最小曲线半径为 19 m、最大坡度 7% 的线路，已超过低地板有轨电车车辆通用技术条件标准数值。通常情况下，为了增加轮轨之间的黏着力，防止车轮擦伤，列车还配有撒砂装置。

5. 独立轮转向架

为降低车辆地板面高度，新型有轨电车将车下电气设备全部转移至车辆顶部，同时采用独立轮转向架。独立轮转向架不能使用常规车轴和轮对，车轴要使用 U 型轴，左右两车轮解耦，运行时车轴不转动，车轮分别独立自由旋转运行，转速可以不同。独立轮转向架的优点是克服了传统轮对在直线运行时产生的蛇行运动，能消除轮轨间纵向蠕滑，可以获得较高的速度；通过曲线时没有滑动和摩擦，且减少轮轨间的磨损和噪声；同时，横向稳定性好，易于实现低地板。但其在直线上的自动对中能力和曲线上的自导向能力均较差，只能依靠轮缘进行导向，因此，轮缘磨耗严重，易造成脱轨事故。

西门子公司开发的 Avenio 系列有轨电车，采用铰接形式和独立车轮，同时运用一种径向抗扭转装置，来调整单铰接两端模块与转向架摆角的方式，降低了车辆通过曲线的轮轨作用力和横向加速度，进一步减轻了轮缘磨耗，并降低了车辆脱轨的风险。

经过多年发展，有轨电车转向架也有多种形式。早期曾采用轮毂电机驱动，这种方式虽然体积小、结构紧凑，但由于簧下重量大、轮轨作用力大、结构复杂而未能推广。目前国内外低地板转向架有的采用独立轮转向架，有的采用小车轮刚性轴转向架。

6. 制动系统

有轨电车系统站间距较小、速度较高，并采用人工驾驶，机动车和行人有可能进入，因此，从运行安全角度考虑，不但要求车辆起动加速度和制动减速度均要大（起动加速度为 1 ~ 1.3 $m \cdot s^{-2}$、制动减速度为 1 ~ 1.2 $m \cdot s^{-2}$，紧急制动减速度一般为 2.8 $m \cdot s^{-2}$，安全制动减速度一般为 1.2 $m \cdot s^{-2}$），以提高旅行速度，而且要求制动系统容量较大、制动距离较短。

通常低地板车辆制动系统设有电制动、摩擦制动和磁轨制动等制动方式。每台转向架配有独立的制动控制装置，该装置接收来自列车控制装置和司机手柄的制动指令，控制对应转向架的制动力。常用制动方式以电制动为主，车速降低到一定大小时，由体积小性能好的电液制动取代。电制动不能满足要求时，由非动力转向架电液制动补充。动力转向架的电液制动通常作为停放制动，只有故障时才能作为常用制动使用。紧急制动时，电制动、电液制动、磁轨制动一起投入，通常在非常状态下才使用，由于制动减速度大，冲击也很大。安全制动是在其他制动方式无效时采用的制动模式，转向架的电液制动和磁轨制动同时起作用。

7. 供电系统

有轨电车牵引供电方式使用得最多的是架空接触网供电。这是一种比较成熟的供电技术，在国内外大量使用，具有安全可靠、保养维修容易、造价较低的特点。这种技术我国已完全掌握。但是，这种供电方式的线网、线立柱等对城市景观有一定影响。

另一种供电方式是地面供电系统，即在线路中间地下敷设玻璃纤维材料制作的工字形导电轨。控制装置通常安装在轨旁，间隔 22 m。探测回路处于导电轨内部，接收来自围绕在车辆中心下方集电靴周围的天线信号，以激活供电系统。当列车经过时，电力控制装置发射相应信号以激活带电段。另外，每一辆车顶部都配备 11 节电池组块，一旦地面供电发生故障，电池组块可以提供电源，车辆能在低速条件下运行 1 km。2003 年 6 月，法国波尔多市有轨电车部分线路安装地面供电系统，其余线路使用架空接触网供电，两种供电系统电压均为 DC 750 V。两种供电模式可以在车辆行走时进行转换，当架空接触网供电时，集电靴被抬起；也可在车辆停站时，由驾驶人进行转换。

地面供电系统的不足之处是：造价较高，接触板条易受雨水脏物影响。我国尚未应用这一技术，需进一步开发研究。

此外还有电池供电、电容供电和混合动力供电等方式，均可实现无接触网运行。2013 年

4月，唐山完成了我国首列混合动力电源技术的100%低地板车辆，可实现无接触网运行。

8. 安全设计

有轨电车通常采用人工驾驶方式，运行在城市道路上。为防止与其他有轨电车车辆或机动车发生碰撞，每列车两端均设有一个救援用折叠车钩。车头部设有功能先进的防爬吸能结构装置，有效吸收车辆正向、侧向撞击的能量，可以保证驾驶人和乘客安全。紧急情况下，即使与行人发生碰撞，独特的头部结构也可有效避免行人被卷入车底。

车内设置紧急报警及乘客紧急制动装置、逃生窗、安全锤等必备设施，为驾驶人、乘客提供安全保障。此外，车辆内饰和材料满足防火要求。车门具有障碍物探测、手动开关门、机械锁闭、安全回路、零速保护功能。

4 供电系统

作为现代有轨电车系统的重要组成部分，由各种重要机电设备组成的现代有轨电车供电系统是现代有轨电车运营的动力源泉，担负着为电动列车和各种运营设备提供电能的重要任务。该系统除了为有轨电车提供动力外，还为车站、区间、车辆段、控制中心等其他建筑物提供所需要的动力照明用电。因此，供电系统应具有较高的安全性和可靠性，以保障供电。

4.1 系统功能及要求

现代有轨电车系统是城市电网的特殊用户，其本身不产生电能，需依靠现代有轨电车供电子系统从城市电网获取电能并经降压、整流后通过传输介质输送到需要消耗电能的车辆驱动装置或其他相关运营设备，从而保证现代有轨电车的正常运营。因此，作为现代有轨电车系统中非常重要的一个子系统，现代有轨电车供电系统除了应具备安全可靠、经济适用、调度方便的特点外，还应同时满足安全性、可靠性、适用性、经济性、先进性等基本要求。

4.1.1 供电系统总体功能

1. 供电服务功能

现代有轨电车的供电系统是为现代有轨电车安全运营服务的，其职责是保证所有电气用户安全、可靠地用电。在现代有轨电车庞大的用电群体中，用电设备有不同的电压等级，不同的电压制式，既有固定的风机、水泵，也有运动着的列车。供电系统就是要满足不同用电设备对电源的不同要求，使各用电设备都能发挥各自的作用，从而保证现代有轨电车安全运营。供电服务功能具体来说有如下几个：

1）接受并分配电能

供电系统通过外部电源进线将地方电源直接供给工程变电所，以保证有轨电车的牵引及动力照明用电。

2）降压、整流及传输直流电能

由外部电源进线传输来的交流电能，在牵引变电所内经降压、整流后，向沿线的牵引网系统供电。有轨电车沿线安装的牵引网系统，接受由牵引变电所降压、整流后的直流电能，同时不间断地给列车提供电能，以保证电车安全、可靠、快速地运行。

3）降压变配电

降压变电所将进线电源降压后变成低压 380/220 V 电源，再经低压配电系统供给车站、区间的动力照明设备使用，以保证车站设备和照明系统的正常运行。

4）对供电设备实施电力监控

在电力调度中心，通过电力监控系统的中心控制站、通道、被控站，对整个有轨电车供电系统的牵引降压混合变电所、牵引网等供电设施的运行状态进行实时监视、控制、数据采集及处理，实现供电设备的自动化调度管理，保证设备的正常运行。

5）对杂散电流进行防护

供电系统通过对有轨电车回流系统采取必要的绝缘、设置杂散电流收集网及建立杂散电流监测系统等措施，保护有轨电车结构和沿线金属管线，使之不受杂散电流的腐蚀。

2. 故障自救功能

无论供电系统如何构成，采用什么样的设备，安全性、可靠性是第一位的。在系统中，发生任何一种故障，系统本身都应有备用措施（接触网除外），以保证现代有轨电车的正常运行不受影响。双电源是构成供电系统的主要原则，当一路电源故障时另一路电源应能保证正常供电。主变电所、牵引变电所和降压变电所采用双电源、双机组供电方式；动力、照明中的一级负荷采用双电源、双回路供电方式；牵引网同一馈电区采用双边供电方式。这些都是系统故障自救功能的体现。

3. 自我保护功能

供电系统应有完整、协调的保护措施。供电系统的各级继电保护应相互配合和协调，当系统发生故障时，应当只切除故障设备，从而使故障范围缩小。系统的各级保护应当满足可靠性、选择性、灵敏性、速动性的要求。分散式供电系统的中压交流侧保护应和城市电网的保护相配合和协调，因此其保护选择性会受到一定制约。

4. 防误操作功能

供电系统中任何一个环节的操作都应有相应的联锁条件，不允许发生因误操作而导致的故障。防止误操作的联锁条件可以是机械的，也可以是电气的，还可以是电气设备本身所具备的或在操作规程上所规定的。防止误操作是保证系统安全、可靠地运行所不可缺少的条件。

5. 调度功能

供电系统应能在控制中心进行远程控制、监视和测量，并能根据运行需要，方便灵活地进行调度，如变更运行方式，分配负荷潮流，使系统的运行更加经济、合理。

6. 控制、显示和计量功能

供电系统应能进行就地和远程控制，并可以方便地进行操作转换。同时，系统各环节的运行状态应有明确的显示，使运行人员一目了然。各种电量的测量和电能的计量应准确，并便于运行人员查证和分析。牵引用电和动力照明用电应分别计量，以利于对用电指标进行考核与分析。

7. 电磁兼容功能

现代有轨电车通常处于强电、弱电多个系统共存的电磁环境，为了使各种设备或系统在这个环境中能正常工作且不对该环境中其他设备、装置或系统构成不能承受的电磁干扰，各种电气和电子设备的系统内部以及和其他系统之间的电磁兼容显得尤为重要。供电系统及其设备在现代有轨电车这个电磁环境中，首先是作为电磁干扰源存在的，同时也是敏感设备，故供电系统与其他设备、装置或系统应是电磁兼容的。这要在技术上采取措施，抑制干扰源，消除或减弱电磁耦合，提高敏感设备的抗干扰能力。

4.1.2 供电系统基本要求

1. 安全性

现代有轨电车供电系统的安全性，是指其在现代有轨电车运营过程中的安全程度。

供电系统的安全性关系着乘客安全、运营人员安全、行车安全、设备安全等多个方面，而且各种安全性是相互联系、不可分割的。

进行供电系统设计时一般从系统安全性和设备安全性两个方面进行分析和研究。系统安全性分析，一般包括联锁关系、继电保护、牵引网、直流牵引系统、综合接地系统、应急照明电源等方面；设备安全性分析，一般包括变压器、牵引整流器、断路器、隔离开关、接地开关、电缆等方面。

2. 可靠性

现代有轨电车供电系统的可靠性，是指其对列车及各种动力照明负荷的持续供电能力。

供电系统的可靠性，是正常运营、事故处理、灾害救援等的前提条件。供电系统可靠性涉及规划、设计、运行管理等各个方面，并渗透到供电、变电、配电等不同环节。每一个环节的可靠性既包括电气原理的可靠性，又包括电气设备的可靠性。例如，变电所的可靠性包括变电所主接线的可靠性及组成主接线的断路器、变压器、母线等设备的可靠性。

进行供电系统设计时，应从各个环节着手，分析系统的故障现象，研究定性或定量的评定指标，提出提高可靠性的措施。双电源供电方式是提高供电系统可靠性的重要手段。

根据现代有轨电车可靠性要求，供电系统应满足“*N*-1 准则”，又称单一故障安全准则。按照这一准则，供电系统的 *N* 个元件中的任一独立元件（发电机、输电线路、变压器等）发生故障而被切除后，其他元件不过负荷，电压和频率均在允许范围内，供电系统应能保持稳定运行和正常供电。

对于现代有轨电车电源网络来说，当一个电源退出时，另一个电源应能保证系统的正常供电，从而保证列车正常运行；当一个电源点（主变电所或电源开闭所）的两个电源都退出时，应从相邻电源点引入两路应急电源，提供一定的运输能力和必要的动力照明，维持现代有轨电车继续运行。

3. 适用性

现代有轨电车供电系统的适用性，是指其建设应满足业主建设目的与性能要求。

设计是实现业主建设需求的首要环节。供电系统的设计应根据业主需求进行，供电系统的建设标准、技术水平、设备档次、工期要求、投资控制等，应与城市特点、本线功能定位及特殊要求相适应。

4. 经济性

现代有轨电车供电系统的经济性，是指从项目全生命周期的角度实现供电系统费用的经济合理。

在满足供电系统的安全性、可靠性、适用性的前提下，要重视供电系统的经济性。经济性不但要求节省工程投资，同时还要求降低运营成本，争取得到最佳的技术经济效果。

供电系统的设计应优化电源网络结构，实现外部电源资源共享，另外应尽可能地采用成熟设备、新型材料，做到经济合理、简便实用。

5. 先进性

现代有轨电车供电系统的先进性，体现在先进的设计理念、先进的系统方案、先进的设备及工艺、先进的管理手段等方面。

供电系统应具有一定的先进性，但要兼顾系统基本功能、投资规模、运营成本、环保要求、操作灵活性以及技术发展等因素。

供电系统的设计应采用先进的理念，要充分认识到环境保护与节约能源的重要性，要采取必要的措施保护环境与降低能耗，要解决好电磁辐射、噪声、温室气体、不易分解废料等问题。

4.2 系统构成及设计原则

4.2.1 供电系统的构成

现代有轨电车供电系统是一个由众多机电设备组成的复杂子系统，可按不同供电服务功能将系统进一步划分为外部电源、主变电所或电源开闭所、中压网络、牵引供电系统、动力照明供电系统、杂散电流腐蚀防护系统和电力监控系统。

1. 外部电源

顾名思义，现代有轨电车的外部电源就是为现代有轨电车系统的主变电所或电源开闭所供电的外部城市电网电源。

现代有轨电车系统作为城市电网的特殊用户，一条线的用电范围多在 10 ~ 40 km，呈线状分布。根据线路实际情况，其外部电源方案可采用集中式供电、分散式供电或混合式供电等形式。

2. 主变电所或电源开闭所

主变电所的功能是接受城市电网高压电源，经降压后为牵引变电所、降压变电所提供中压电源。主变电所适用于集中式供电方式。电源开闭所的功能是接受城市中压电源，为牵引变电所、降压变电所转供中压电源。电源开闭所适用于分散式供电方式。

3. 中压网络

通过中压电缆，纵向把上级主变电所和下级牵引变电所、降压变电所连接起来，横向把全线的各个牵引变电所、降压变电所连接起来，便形成了中压网络，其功能类似于电力系统中的输电线路。

4. 牵引供电系统

牵引供电系统的功能是将交流中压电压经降压、整流后变成直流 1 500 V 或直流 750 V 电压，为电动列车提供动力。它包括牵引变电所与牵引网。

牵引变电所可以分成正线牵引变电所、车辆段或停车场牵引变电所。正线牵引变电所又分为车站牵引变电所、区间牵引变电所。牵引变电所一般采用设备安装在建筑物内的形式，另外也有少量的箱式牵引变电所。

牵引网包括接触网与回流网。接触网有架空接触网和接触轨两种悬挂方式。大多数工程利用走行轨兼作回流网，少数工程单独设置回流轨。

5. 动力照明供电系统

动力照明供电系统的功能是将交流中压电压降为交流 380/220 V 电压，为运营需要的各种机电设备提供低压电源。它包括降压变电所、动力照明配电系统。

根据设置的位置不同，降压变电所可以分为车站降压变电所、车辆段或停车场降压变电所、控制中心降压变电所；根据主接线的形式不同，降压变电所又可以分为一般降压变电所、跟随式降压变电所。当降压变电所与牵引变电所合建时，将形成牵引降压混合变电所。另外，有的地面线路采用了箱式降压变电所。

6. 杂散电流腐蚀防护系统

杂散电流腐蚀防护系统的功能是减少因直流牵引供电引起的杂散电流并防止其对外扩散，尽量避免杂散电流对现代有轨电车系统本身及其附近结构钢筋、金属管线的电腐蚀，并对杂散电流及其腐蚀防护情况进行监测。尽管杂散电流腐蚀防护系统涉及多个专业，但由于直流牵引供电系统是产生杂散电流的根源，因而通常将杂散电流腐蚀防护系统归由供电系统设计。

7. 电力监控系统

电力监控系统的功能是实时对现代有轨电车系统各变电所、接触网设备进行远程数据采集和监控。在现代有轨电车控制中心，通过调度端、通信通道和执行端（变电所综合自动化系统），对主要电气设备进行遥控（含遥调）、遥信、遥测，实现对整个供电系统的运营调度和管理。

4.2.2 系统主要设计原则

尽管对于现代有轨电车系统来说，供电子系统的重要性不言而喻，然而目前国内尚未形成关于供电系统设计的统一标准，在设计时只能参考传统轨道交通的相关设计标准。总的来说，根据系统总体功能及要求，在进行现代有轨电车供电系统设计时应遵守以下原则，并综合供电方式、供电制式、电压等级和运行模式等几方面确定最终方案。

① 供电系统规模及主要设施的数量和位置按满足远期运行高峰时段的用电负荷要求设计。

② 供电系统采用电源开闭所形式供电，每座电源开闭所引入 1 路中压电源，中压环网设置联络开关。

③ 牵引变电所的分布除了保证牵引供电的可靠性外，还应结合车辆功率、行车组织、线路条件综合考虑，充分利用变电所的供电能力，以避免投资的浪费。

④ 为保证旅客的安全，每个车站设 1 套轨道电位限制装置。

⑤ 杂散电流防护应按照“以堵为主，以排为辅，堵排结合，加强监测”的原则设计。

4.3 供电方式及电源变电所运行方式

现代有轨电车系统需从城市电网取得外部电源，故现代有轨电车供电系统可以简单地分成外部电源与内部系统。供电方式即选择的外部电源方案。对应现代有轨电车系统从城市电网获取电能的方式，目前国内外城市电网对现代有轨电车系统供电的方式一般可归纳为三种类型，即集中式供电、分散式供电和混合式供电。

由于供电方式是制约现代有轨电车供电系统的重要因素，会直接影响整体工程的成本和供电能力的最优化利用，故外部电源供电方案的选择应结合城市电网、电源路径、电网规划、道路现状及规划断面情况、运营组织密度、运营车辆优势等多方面因素，从不同角度通过经济、技术综合比较后确定，以便尽可能提高现代有轨电车的能量利用率和满足节能环保要求。

4.3.1 集中式供电

集中式供电，是指由专门设置的主变电所降压后集中向牵引变电所及降压变电所统一供电的外部供电方式，需专门设置 35 kV 及以上的主变电所，如图 4-1 所示。每个主变电所有两路独立的进线电源。主变电所进线电压一般为 110 kV，经降压后变成 35 kV 或 10 kV（也可以是 20 kV）。牵引变电所、降压变电所均有两个独立的引入电源。

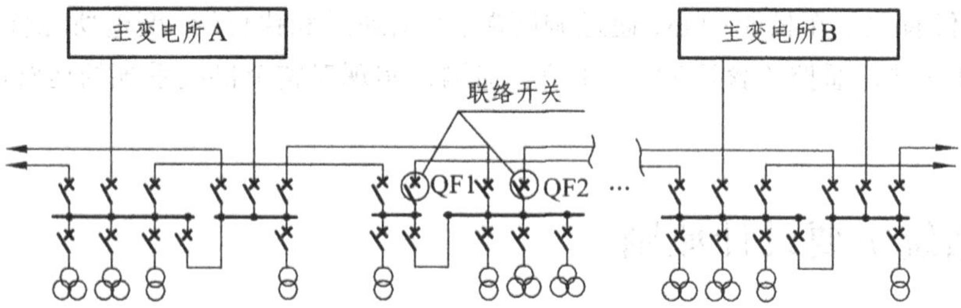

图 4-1 集中式供电示意图

集中式供电的主要特点如下：

① 在现代有轨电车沿线建设专用主变电所，集中为牵引变电所及降压变电所供电。

② 现代有轨电车供电系统从城市电网引入高压电源，与城市电网接口比较少，每座主变电所只从城市电网引入两路独立的进线电源。外部电源电压等级一般为 110 kV。

③ 现代有轨电车供电系统相对独立，自成系统，便于运营管理。

4.3.2 分散式供电

所谓分散式供电，是指沿线分散引入城市中压电源直接（或通过电源开闭所间接）为牵引变电所及降压变电所供电的外部供电方式，如图 4-2 所示。由于城市电网 35 kV 电压级趋于淘汰，因而分散式供电一般从城市电网引入 10 kV 中压电源，这要求城市轨道交通沿线有足够的电源引入点及备用容量。从沿线就近引来的城市电网中压电源，经电源开闭所母线向牵引变电所和降压变电所提供中压电源。一般情况下，两个电源开闭所之间需要建立电源联系，即两个电源开闭所之间的供电分区间通过双环网电缆进行联络。

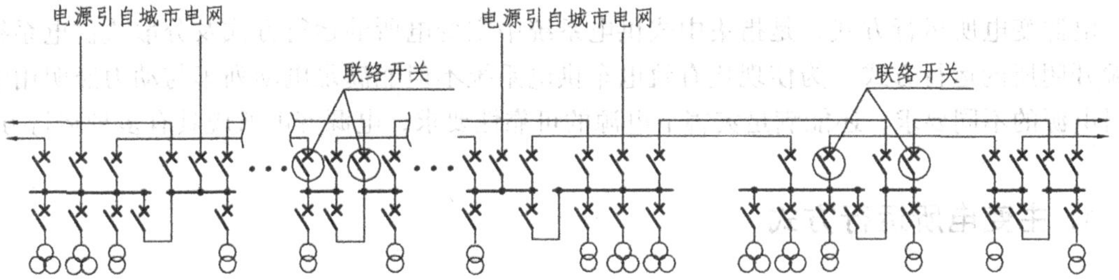

图 4-2　分散式供电示意图

分散式供电的主要特点如下：

① 在现代有轨电车沿线，直接从城市电网分散地引入多路中压电源作为现代有轨电车电源。

② 现代有轨电车供电系统从城市电网引入中压电源，与城市电网接口比较多，平均每 4～5 个车站就要引入两路电源。外部电源电压等级多为 10 kV 电压级，也有少量的 35 kV 电压级。

③ 现代有轨电车供电系统与城市电网关系紧密，独立性差，运营管理相对复杂。

4.3.3　混合式供电

所谓混合式供电，多指以集中式供电为主，以分散式供电为辅的供电方式，如图 4-3 所示。混合式供电是介于集中式供电与分散式供电之间的一种结合方案，根据城市电网现状、规划以及现代有轨电车系统自身的需要吸收了集中式外部电源方案与分散式外部电源方案的各自优点，系统方案灵活，供电系统更加完善和可靠。

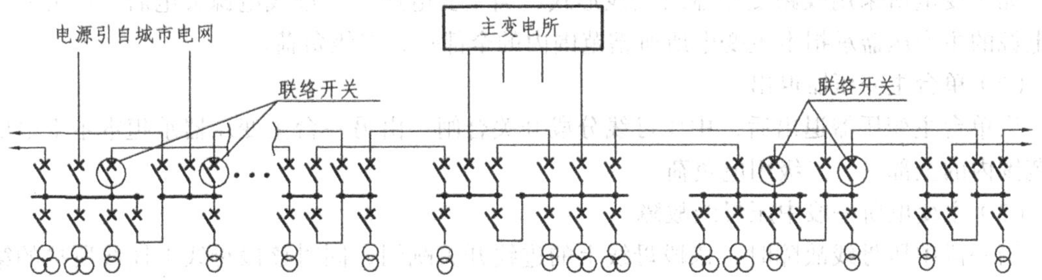

图 4-3　混合式供电示意图

当构建集中式供电方案时，在主变电所设置一定的情况下，如果线路末端中压网络压降不能满足要求，则可以从城市电网引入中压电源作为补充，这就构成了以集中式供电为主的混合式供电方案。而当构建分散式供电方案时，如果沿线有现代有轨电车供电子系统的主变电所可以资源共享，那么也可以从该主变电所引入中压电源，作为城市电网中压电源点的补充，这就构成了以分散式供电为主的混合式供电方案。

4.3.4 电源变电所运行方式

电源变电所运行方式，是指集中式供电系统中主变电所的运行方式及分散式供电系统中电源开闭所的运行方式。为使现代有轨电车供电系统不但能满足电动列车与动力照明用电设备对电源的不同要求，还能满足灾害下电源的可靠性要求，电源变电所应具有多种运行方式。

1. 主变电所运行方式

为减少占地，改善环境质量，可通过改进布置方式，简化接线和设备选型等措施实现变电所户内化、小型化，同时在特别困难的地段还可将主变电所与其他建筑物混合建设，或建设地下主变电所。主变电所有三种主要运行方式：正常运行方式、单故障运行方式、主变电所退出运行方式。两个主变电所之间的供电分区间设置环网电缆进行联络（见图 4-1）。

1）正常运行方式

在正常情况下，每座主变电所各自承担所辖范围内所有变电所的负荷，除中压母线分段开关、应急联络开关为分断状态外，其余进、出线开关均在闭合状态。

2）单故障运行方式

主变电所的单故障类型有以下三种：主变电所一个进线电源失电、单台主变压器退出、主变电所一段中压母线故障。

（1）主变电所一个进线电源失电

当主变电所一个进线电源失电后，内桥或外桥断路器合闸，由另一个进线电源向分挂在两段母线上的两台主变压器供电，承担本主变电所所辖范围内的全部一、二级负荷。

如主变电所采用线路变压器组接线形式，当主变电所一个进线电源失电后，由另一个进线电源的主变压器承担本主变电所所辖范围内的全部一、二级负荷。

（2）单台主变压器退出

当单台主变压器退出后，中压母线分段开关合闸，由另一台主变压器承担本主变电所所辖范围内的全部一、二级用电负荷。

（3）主变电所一段中压母线故障

当一段中压母线故障时，该段母线上的进线开关跳闸，同时该段母线上馈线所接的第一级变电所进线开关也应失压跳闸，主变电所的另一段中压母线继续供电。

3）主变电所退出运行方式

当一座主变电所退出后，首先应将该主变电所所有馈出开关分闸，将该主变电所和中压网络电气隔离，使该主变电所处于无电状态；其次应解除应急联络开关 QF1、QF2 的闭锁关系并合闸，此时，通过两个主变电所之间的供电分区间的联络电缆，由相邻主变电所向该主变电所供电，承担该主变电所所辖范围内一定的用电负荷。

2. 电源开闭所运行方式

电源开闭所一般不单独建设，而是与车站牵引（或降压）变电所合建，且共用中压母线。中压母线应采用单母线分段接线。电源开闭所同样有三种主要运行方式：正常运行方式、单故障运行方式、电源开闭所退出运行方式。

1）正常运行方式

在正常情况下，每座电源开闭所各自承担所辖范围内所有变电所的负荷，除中压母线分段开关为分断状态外，其余进、出线开关均为闭合状态。相邻电源开闭所之间的供电分区间通过环网电缆联络，供电分区间应急联络开关处于分闸位并与所在中压母线的进线开关、母线联络开关有闭锁关系。

2）单故障运行方式

当电源开闭所一路进线电源失电后，启动备用进线自动投入装置（后文简称“备自投”），母线分段开关合闸，由另一路进线电源承担本电源开闭所所辖范围内的全部一、二级用电负荷。

3）电源开闭所退出运行方式

当电源开闭所退出（两段中压母线无故障）后，首先应将该电源开闭所进线开关和母线分段开关全部分闸，防止向城市电网反送电；其次应解除应急联络开关的闭锁关系并合闸，此时，通过相邻电源开闭所之间的供电分区间的联络电缆，由相邻电源开闭所向该电源开闭所供电，承担该电源开闭所所辖范围内一定的用电负荷。

此时，根据退出后的电源开闭所所辖范围内的用电负荷大小，需要界定左右相邻电源开闭所的供电范围。为避免合环运行，控制中心应严格管理新供电分界点的维护和操作。

4.4 中压网络

中压网络不是现代有轨电车供电系统中独立的子系统，但它是供电系统设计的核心内容，涉及外部电源方案、主变电所的位置及数量、牵引变电所及降压变电所的数量、牵引变电所与降压变电所的主接线等。国内通常采用单环网或双环网，内部结构形式涉及中压网络供电安全准则及其运行方式。

根据中压网络功能的不同，将其分为牵引供电网络和动力照明供电网络。为牵引变电所供电的中压网络称为牵引供电网络，简称牵引网络；为降压变电所供电的中压网络称为动力照明供电网络，简称动力照明网络。当牵引、动力照明混合网络采用同一电压等级，并通过公用电源电缆同时向牵引变电所、降压变电所提供中压电能时，供电系统的整体性比较好；

而牵引、动力照明独立网络既可采用不同的电压等级，也可以采用同一个电压级，当牵引网络与动力照明网络相对独立时，彼此影响较小。

4.4.1 网络特点及构成原则

电压等级是中压网络的重要属性之一。我国现行中压配电标准电压等级有：35 kV、20 kV、10 kV、6 kV 和 3 kV，而国际标准电压等级还有 33 kV。面对众多的电压等级，需综合分析线路走向、站点设置、外部电源条件、设备供应情况等诸多因素，经技术、经济比较后确定现代有轨电车中压网络采用的电压等级。

1. 不同电压等级的中压供电网络的特点

① 35 kV 中压网络：国家标准电压级；输电容量较大，距离较长；设备来自国内；设备体积较大，占用变电所面积较大，不利于减小车站体量；设备价格适中；国内没有环网开关，因而不能用相对于断路器柜价格较便宜的环网开关，构成接线与保护简单、操作灵活的环网系统。

② 33 kV 中压网络：国际标准电压级；输电容量较大，距离较长，基本与 35 kV 一致；设备来自国外，不利于国产化；国外开关设备体积较小、价格较高；国外 C-GIS 产品有环网单元。

③ 20 kV 中压网络：国际标准电压级；输电容量及距离适中，比 10 kV 系统大；设备完全实现国产化；引进国外技术的开关设备，体积较小，占用变电所面积远小于国产 35 kV 设备，有利于减小车站体量，节省土建投资；设备价格适中；有环网单元，能构成接线与保护简单、操作灵活的环网系统。

④ 10 kV 中压网络：国家标准电压级；输电容量较小，距离较短；设备来自国内；设备体积适中；设备价格较低；环网开关技术成熟、运营经验丰富，可用其构成保护简单、操作灵活的环网系统。

2. 网络可靠性要求

由于中压网络是向牵引变电所或降压变电所输送电能的通道，为保证供电的连续性，网络必须具备良好的供电可靠性，具体要求如下：

① 中压网络负荷转移能力必须满足 *N*-1 安全准则。

② 主变电所（电源开闭所）失去任何一回进线或一台主变压器而降低供电能力时，中压网络应具有转移一、二级负荷的能力。

③ 主变电所（电源开闭所）的中压一段母线因故退出时，中压网络应具有转移其一、二级负荷的能力。

3. 中压网络构成原则

中压网络的构成形式涉及很多方面，在电压等级确定的前提下，应遵循以下原则：

① 满足安全可靠的供电要求。

② 每一个变电所均应有两个独立电源。

③ 满足潮流计算要求，即设备容量及电压降满足要求。

④ 满足负荷分配平衡的要求。

⑤ 供电分区应就近引入电源，尽量避免反送电。

⑥ 具有良好的经济指标。

⑦ 满足继电保护的要求。

⑧ 系统接线方式尽量简单。

⑨ 全线牵引变电所、降压变电所的主接线尽量一致。

⑩ 满足运行管理、倒闸操作的要求。

⑪ 满足设备选型的要求。

4.4.2 中压网络主要构成形式

对于集中式供电系统，牵引网络和动力照明网络可以采用相对独立的形式，即牵引、动力照明独立网络，也可以共用混合网络。对于分散式供电系统，则采用牵引、动力照明混合网络。

1. 集中式供电的牵引和动力照明独立网络

1）牵引网络的接线方式

牵引网络的常用接线方式有 A、B、C、D 四种类型，如图 4-4 所示。

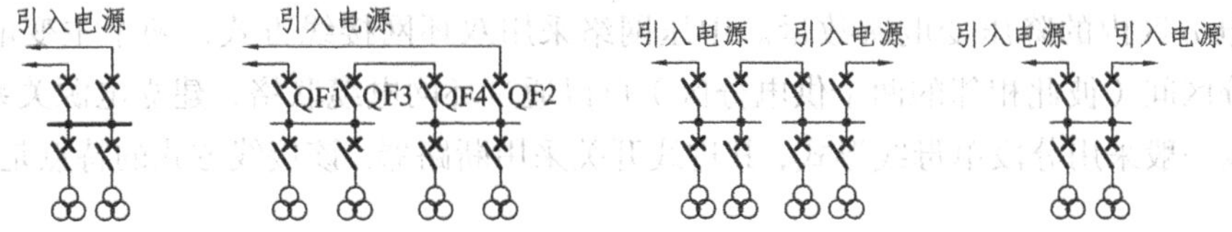

图 4-4　独立的牵引网络的接线方式

A 型：牵引变电所主接线为单母线。牵引变电所的两个独立电源来自同一个主变电所的不同母线。牵引变电所的进线与出线均采用断路器。该类型接线适用于位于线路始末端及紧邻主变电所的牵引变电所。

B 型：两个牵引变电所为一组，牵引变电所主接线均为单母线。这一组牵引变电所的两个独立电源来自同一个主变电所的不同母线，每个牵引变电所均从主变电所接入一路主电源，两个牵引变电所通过联络电缆实现电源互为备用。牵引变电所的进线与出线均采用断路器。该类型接线适用于位于线路始末端的牵引变电所。

C 型：两个牵引变电所为一组，牵引变电所主接线均为单母线。这一组牵引变电所的两个独立电源来自不同的主变电所，左侧牵引变电所从左侧主变电所接入一路主电源，右侧牵引变电所从右侧主变电所接入一路主电源，两个牵引变电所通过联络电缆实现电源互为备用。牵引变电所的进线与出线均采用断路器。该类型接线适用于位于两个主变电所之间的牵引变电所。

D 型：牵引变电所主接线为单母线。牵引变电所的两个独立电源来自左右两侧不同的主变电所。牵引变电所的进线与出线均采用断路器。该类型接线适用于位于两个主变电所之间的牵引变电所。

B、C 型接线方式的备用电源投入方式比较复杂。现以 B 型接线为例进行分析。

QF1、QF2 分别为两个牵引变电所的主电源开关，QF3、QF4 分别为两个牵引变电所的备用电源开关。为避免变电所合环运行，QF1、QF2、QF3、QF4 不得同时处于合闸状态。假设 QF1、QF2、QF3 同时处于合闸状态，当 QF1 因进线电源失压跳闸后，QF4 合闸，以保障该牵引变电所正常运行，所以这两个牵引变电所之间需要建立联锁关系。

2）动力照明网络的接线方式

动力照明网络的基本接线方式如图 4-5 所示。

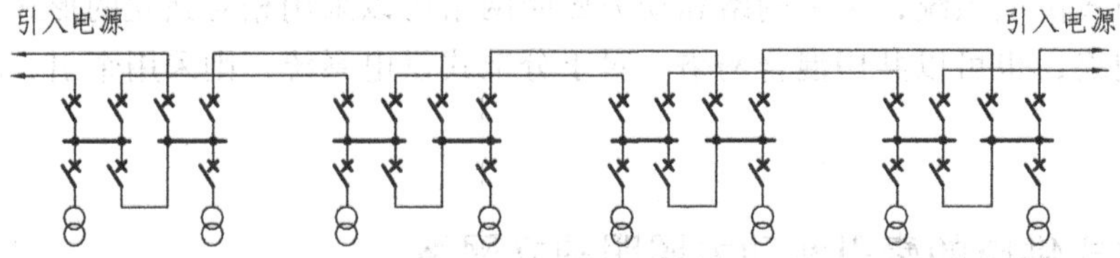

图 4-5 独立的动力照明网络的接线方式

这种接线方式将全线的降压变电所分成若干个供电分区，每一个供电分区均从主变电所（如 35/10 kV 主变压器）就近引入两个独立电源。根据负荷力矩、电压等级及节能的需要，确定每个供电分区内的降压变电所数量。中压网络采用双环网接线方式，两个主变电所各自负责的供电分区间（彼此相邻的两个供电分区）可以通过环网电缆联络，建立电源关系。降压变电所主接线一般采用分段单母线形式，其进线开关采用断路器。该接线方式的特点是运行灵活。

2. 集中式供电的牵引和动力照明混合网络

当牵引网络与动力照明网络采用同一个电压等级时，就可以采用牵引和动力照明混合网络。其基本接线方式如图 4-6 所示。

这种接线方式将全线的牵引变电所及降压变电所分成若干个供电分区，根据负荷力矩、电压等级及节能的需要，确定每个供电分区内的牵引变电所和降压变电所的数量。每一个供电分区均从主变电所的不同母线就近引入两个中压电源。中压网络采用双线双环网接线方式。

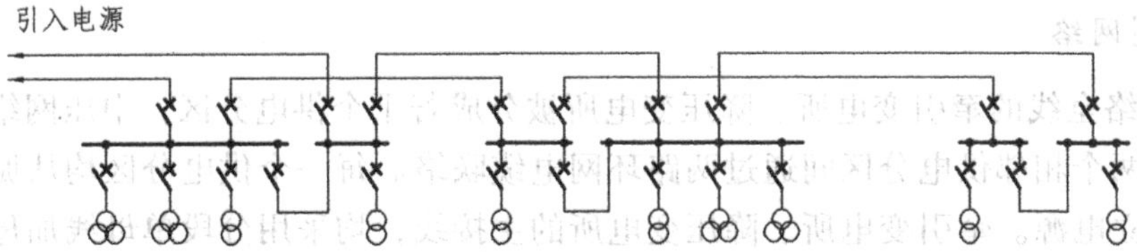

图 4-6　牵引和动力照明混合网络的接线方式

牵引降压混合变电所、牵引变电所的主接线采用分段单母线加母线分段开关形式。降压变电所的主接线可采用分段单母线加母线分段开关形式，也可以取消母线分段开关。对于同一条有轨电车线路的降压变电所，其主接线应尽量一致。

同一个主变电所供电范围内的供电分区间可以不设联络电缆（尤其是当这些供电分区分别只有一个牵引变电所时）。

3. 分散式供电的中压网络

对于分散式供电系统，中压网络采用牵引和动力照明混合网络，其基本接线方式可以分成 A 型、B 型、C 型三种类型，分别如图 4-7、图 4-8、图 4-9 所示。

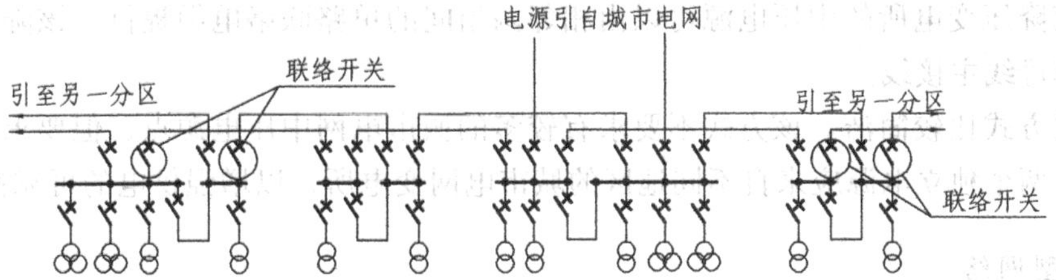

图 4-7　A 型网络

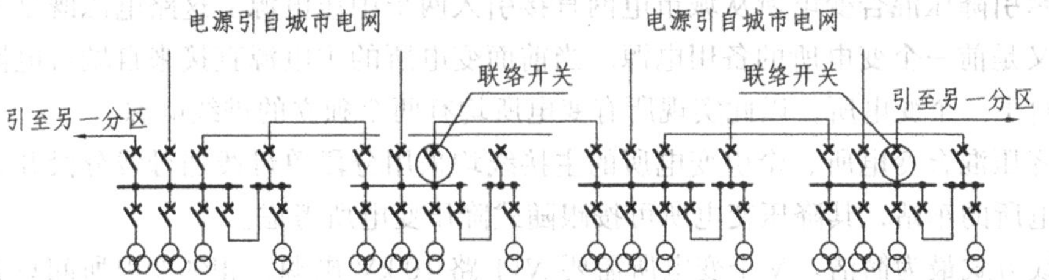

图 4-8　B 型网络

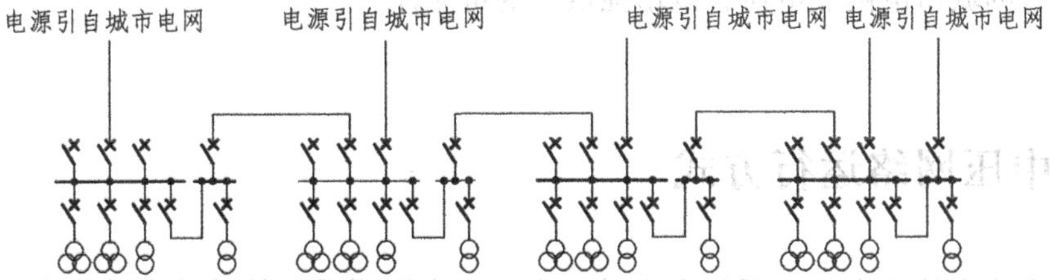

图 4-9　C 型网络

1）A 型网络

A 型网络全线的牵引变电所、降压变电所被分成若干个供电分区，中压网络采用双环网接线方式，两个相邻供电分区间通过两路环网电缆联络。每一个供电分区均从城市电网就近引入两个独立电源。牵引变电所、降压变电所的主接线，均采用分段单母线加母线分段开关形式。牵引变电所、降压变电所的环网进线开关均采用断路器。

该接线方式的特点是运行灵活。同一个供电分区的外部电源可以来自不同地区的城市电网变电所，也可以来自同一地区城市电网变电所的不同母线。该方式要求城市电网有比较多的中压电源点，且不存在供电能力不足问题。

2）B 型网络

B 型网络全线的牵引降压混合变电所（或牵引变电所）每两个分成一组，每一组均从城市电网引入两个独立电源，分别作为两个牵引降压混合变电所的主电源。同时，同一组的两个牵引降压混合变电所间设双路联络电缆，实现电源互为备用。相邻两组牵引降压混合变电所之间设单路联络电缆，以增强系统的供电可靠性。

牵引降压混合变电所、牵引变电所的主接线均采用分段单母线加母线分段开关形式。没有牵引变电所的地面车站，其降压变电所可按跟随式降压变电所考虑。没有牵引变电所的地下车站，其降压变电所的中压电源可以由相邻两组间的单路联络电缆提供，该降压变电所应采用分段单母线主接线。

该接线方式比较简洁。该方式不要求有较多的城市电网中压电源点，但要求每组从城市电网引来的两个独立电源应来自不同地区的城市电网变电所，以增强供电的可靠性。

3）C 型网络

C 型网络全线的牵引降压混合变电所（或牵引变电所）均从城市电网引入一个独立电源。最后一个牵引降压混合变电所从城市电网直接引入两个中压电源。这路电源既是本变电所的主电源，又是前一个变电所的备用电源。当前面变电所的主电源直接来自城市电网时，备用电源则来自下一个变电所，以此实现所有变电所均有两个独立的进线电源。

牵引降压混合变电所、牵引变电所的主接线均采用分段单母线加母线分段开关形式。没有牵引变电所的车站，其降压变电所可按跟随式降压变电所考虑。

该接线方式最为简洁。N 个变电所需要 N+1 路 10 kV 电源，相邻变电所间只有一路联络电源。该方式不要求有较多的城市电网中压电源点，但要求这些城市电网引来的中压电源应来自不同地区的城市电网变电所，以增强供电的可靠性。

4.4.3 中压网络运行方式

为保证现代有轨电车供电系统向电动列车及动力照明设备持续输电的能力，提高特殊情况下的网络输电可靠性，中压网络同样需要具有多种运行方式。

1. 单环网运行方式

单环网中压网络如图 4-10 所示。

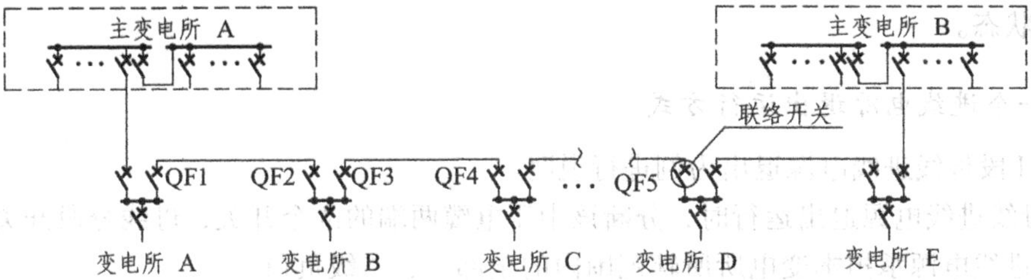

图 4-10 单环网中压网络

1）正常运行方式

正常情况下，主变电所 A（电源开闭所）一段母线和主变电所 B（电源开闭所）一段母线分别向就近的变电所提供单个电源，相邻变电所通过单回电缆连接，电源联络开关 QF5 处于分闸状态。

2）一个进线电源退出运行方式

以变电所 B 为例，由主变电所 A 向变电所 B 提供的一个进线电源（QF2）退出时，调度中心遥分该进线电源两端的两个开关 QF1、QF2，将该段电源电缆隔离。调度中心遥合位于变电所 D 的电源联络开关 QF5，由主变电所 B（电源开闭所）向变电所 B 越区供电。

3）中压母线故障运行方式

以变电所 B 为例，当变电所 B 母线故障时，该变电所进线开关 QF2 跳闸，调度中心遥分该进线电源始端的开关 QF1；调度中心遥分变电所 B 与下一级变电所 C 联络的电缆两端的两个开关 QF3、QF4，将变电所 B 故障母线隔离。然后，调度中心遥合位于变电所 D 的电源联络开关 QF5，由主变电所 B（电源开闭所）向变电所 C 越区供电。此时，变电所 B 退出运行，其余各变电所为单电源运行。

2. 双环网运行方式

双环网中压网络中，两个供电分区间设联络电源，如图 4-11 所示。

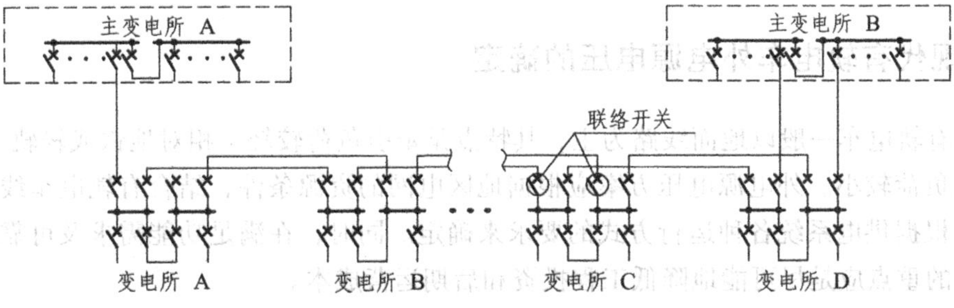

图 4-11 双环网中压网络

1）正常供电方式

正常供电方式下，主变电所（电源开闭所）为变电所提供两个独立电源，两个电源分列运行，主变电所（电源开闭所）母线分段开关、变电所 C 的联络开关及变电所母线分段开关处于断开状态。

2）一个进线电源退出运行方式

现以Ⅰ段母线进线电源退出为例进行说明。

Ⅰ段母线进线电源退出运行时，分断该中压电缆两端的两个开关，母线分段开关合闸，由Ⅱ段母线进线电源承担本变电所所辖范围内的全部一、二级负荷。

受影响的下级环接各变电所有以下两种常用运行方式：

① 备自投延时启动（延时时间比上一级略长），由上级变电所向下级变电所Ⅰ段母线提供进线电源，此时下级各变电所Ⅰ、Ⅱ段母线均保持分列运行方式。

② 备自投不启动，Ⅱ段母线分段开关不合闸，Ⅰ段母线分段开关合闸，此时，受影响的下级各变电所Ⅰ段母线均退出运行。

3）变电所一段中压母线退出运行方式

变电所一段中压母线退出时，母线分段开关被闭锁不合闸，由另一个进线电源承担本变电所所辖范围内的全部一、二级负荷。如牵引整流机组所接母线故障，则牵引整流机组退出运行。

受影响的下级环接各变电所一般采用备自投延时启动（延时时间比上一级略长）、母线分段开关合闸运行方式，此时，下级各变电所Ⅰ（Ⅱ）段母线均保持分列运行。

4）变电所两段中压母线退出运行方式

变电所两段中压母线退出时，该变电所退出运行。

当该变电所介于两个供电分区之间时，可通过调整两个供电分区的分界点，重新划分用电负荷，恢复受影响的各变电所的正常运行。如该变电所不属于供电分区末端变电所，且本供电分区无联络电源，将导致其下级环接各变电所退出运行，对线路运营造成严重影响，甚至造成运行中断。

4.4.4 供电方案优化设计

1. 现代有轨电车外电源电压的确定

现代有轨电车一般以地面线路为主，其特点是牵引负荷较轻（相对地铁或轻轨），动力照明等其他负荷较小。外电源电压方案应根据地区电网的资源条件，结合有轨电车线路的负荷特点，并根据供电系统各种运行方式的要求来确定。同时，在满足功能需求及可靠性的前提下，设计的重点应是尽可能地降低工程投资和后期运营成本。

纵观国内已建或在建的有轨电车项目，均是按照其负荷特点，采用城市电网（通常是 10～

35 kV 电压等级）直接向中压环网供电的方案。在 10 ~ 35 kV 电压等级范围内，具体选用何种电压等级，需要进行分析。

通过近似的潮流计算，10 kV 电源合理的供电半径约为 10 km。在正常运行方式下，每个供电分区长度约为 5 km；在故障运行方式下，10 kV 电源至供电分区末端供电半径不宜超过 10 km。

而根据城市轨道交通建设经验，35 kV 电源合理的供电半径约为 20 km。在正常运行方式下，每个供电分区长度约为 10 km；在故障运行方式下，35 kV 电源至供电分区末端供电半径不宜超过 20 km。

通过从输送容量、输送距离、城市电网电源点分布和供电设备投资几个方面对 10 kV 与 35 kV 外电源电压的比较（见表 4-1），可得出结论：10 kV 外电源供电对有轨电车的适应性较好，中压网络运行综合技术经济指标较优。

表 4-1　10 kV 与 35 kV 外电源电压的比较

对比项目			10 kV	35 kV	评价
输送容量	典型的有轨电车负荷密度/（$MW\cdot km^{-1}$）		0.26		10 kV 较适宜
	供电半径/km	正常运行时	5	10	
		故障运行时	10	20	
	负荷容量/MW	正常运行时	1.3	2.6	
		故障运行时	2.6	5.2	
	电能推荐输送容量/MW		0.2 ~ 4	2 ~ 10	
输送距离	电压损失率/%·（$MW\cdot km$）$^{-1}$		0.162	0.022	35 kV 电压损失小，但 10 kV 电能输送距离较合理，且电压损失水平可接受
	电压损失/%	正常运行时	0.53	0.29	
		故障运行时	2.11	1.14	
	电能推荐输送距离/km		6 ~ 20	20 ~ 50	
供电设备投资			低	高	10 kV 较低
综合经济技术经济指标			适中	偏高	10 kV 综合评价较优

注：由于近年来国家电网公司推广 20 kV 电压等级，国内某些地区已开始将 35 kV 和 10 kV 电压等级向 20 kV 电压过渡，在此情况下应优先采用 20 kV 电源供电。

2. 现代有轨电车中压环网方案

若采用了 10 kV 供电电压方案，则中压环网通常可选择单环网或双环网结构。单环网方案具有区间电缆少、接线简单、高压设备少、占地少、投资省、控制保护简单等诸多优点，在满足可靠性要求的情况下应该优先选用。因此如何界定供电可靠性要求就变得至关重要。

基于现代有轨电车以地面线路为主的特点，它具有当供电设备发生故障时便于乘客疏散的有利条件（相对于地铁或轻轨），同时又具有可能引发局部地面道路车辆阻塞的不利条件（由于线路不能全封闭）。因此中压网络结构应按照满足 *N*-1 原则校验其供电可靠性，同时采用高性能设备和配网自动化，缩短故障时恢复供电的时间，以减少可能引发的局部道路车辆阻塞。经过校验，采用双电源单环网方案（即手拉手开环运行），能够满足上述的 *N*-1 原则（见表 4-2）。为此，中压环网方案优先选择双电源单环网方案。

表 4-2　双电源单环网的 N-1 校验

<table>
<tr><th>序号</th><th>N-1 故障类型</th><th>处理措施</th><th>评价</th></tr>
<tr><td>1</td><td>进线电源失电</td><td>合联络开关转供</td><td rowspan="4">牵引负荷短时停电，其他一、二级负荷不间断供电</td></tr>
<tr><td>2</td><td>环网干线电缆故障</td><td rowspan="2">10 kV 进线跳闸、隔离故障、合联络开关转供</td></tr>
<tr><td>3</td><td>环网柜母线故障</td></tr>
<tr><td>4</td><td>牵引变压器、整流设备、直流馈线故障</td><td>牵引所退出，转为大双边供电</td></tr>
<tr><td>5</td><td>变电二次设备、通信、信号等重要负荷电源故障</td><td>蓄电池供电</td><td>不间断供电</td></tr>
</table>

3. 环网开关的选择

1）从继电保护配合的角度分析

目前国内对现代有轨电车环网开关的设置均考虑采用断路器，沿用了轨道交通工程的设计思路。在 10 kV 双电源单环网方案下，并无必要采用断路器。其理由是：从继电保护配合的角度分析，中压网络的分段开关和联络开关可采用负荷开关，因为当采用负荷开关（或分断器）时，线路上的任何一点故障，都需要变电站出口断路器跳闸，以清除故障。而实际上，采用断路器并不能解决保护配合的问题，也只能当负荷开关使用。国内部分城市电网 10 kV 出线基本采用电流速断作为一段保护，其保护定值大致分为两类：一是动作时限为 0 ~ 0.3 s，动作值约为 5 kA（如北京、上海、武汉、杭州）；二是动作时限适当延时 0.2 ~ 0.5 s，动作值为 1.5 ~ 2.0 kA（如广州、南京），如表 4-3 所示。

表 4-3　国内部分城市电网 10 kV 出线的保护动作时限

城市	电流速断保护动作时限/s
北京	0
广州	0.3
杭州	0
上海	0 ~ 0.3
南京	0.2 ~ 0.5
武汉	0 ~ 0.25

当电源电流速断动作时限为 0 s 时，由于环网干线电缆短路或环网柜母线短路等中压网络内部的故障，其故障电流可达 2 ~ 15 kA。此时，无论中压网络采用何种保护配置（包括光纤纵差），都无法在时间上或动作电流上避开上级电源。若环网柜中采用断路器，即使整定时间为 0 s，由于断路器固有动作时间分散，也无法保证环网柜中的断路器而不是上一级断路器首先动作。

当电源电流速断动作时限延时为 0.2 ~ 0.5 s 时，理论上有条件为中压网络内部故障保护插入一个级差，但事实上并无实际意义。这是由于中压网络足以耐受短时的故障电流，它可通过电源点出口断路器跳闸来清除故障，所以中压开关不必采用全断路器方式。

2）负荷开关环网柜的应用情况

国外早就大量使用负荷开关，日本、德国等国使用断路器与负荷开关的比例为 1∶5～1∶6，而我国的这个比例基本为 3∶1。近年来，国内电力部门开始广泛采用 10 kV 户外环网柜（见图 4-12）。此类环网柜采用三相联动的 SF_6 负荷开关，其额定电流可达 630 A，短时耐受电流可达 20 kA（3 s）。它具有结构紧凑、免维护、可实现配网自动化等优点。由于环网柜体积小、技术先进，起到了传统开闭所的作用，从而减少了占地面积和电缆长度，降低了整体造价和维护费用（见表 4-4）。

图 4-12　户外环网柜

表 4-4　典型的户外环网柜与开闭所的比较

对比项	环网柜	土建开闭所
功能	2 进 1 出	
柜体尺寸（宽×深×高）/mm×mm×mm	1 850×950×1 660	—
占地面积/m²	约 2	约 40

4.5　牵引供电系统

牵引供电系统包括牵引变电所和牵引网。现代有轨电车所需电能由牵引变电所提供，通过牵引网向列车供电，并利用走行轨兼作回流网，使电流返回到牵引变电所。

根据供电制式不同，现代有轨电车牵引网主要分为两种：架空接触网、接触轨（又称第三轨）。两种供电制式下常用的电压等级是国际电工委员会（IEC）推荐的 DC 1 500 V 和 DC 750 V。DC 1 500 V 相比于 DC 750 V，其供电距离更远，供电质量更高。两种供电制式的特点如表 4-5 所示。

表 4-5 两种供电制式的主要优缺点比较

供电制式	第三轨	架空接触网
优点	构造简单，可靠性高，坚固稳定，维修量小	架设在线路上空，供电安全性高
缺点	速度受限，供电安全性要求高	机械故障多发，维修量大

4.5.1 牵引供电系统运行方式

不同于轻轨和地铁，有轨电车属于地面交通，运营里程短、运量中等、用电负荷小，但作为一个公交系统，其供电可靠性依然不容忽视，因此系统运行方式分为正常运行方式和故障运行方式两种。

牵引变电所通过直流快速断路器分别向上下行牵引网供电，以保证列车安全可靠地运行。根据运行需要，牵引变电所可以双机组运行或单机组运行并对牵引网实行双边供电或大双边供电。

1. 正常运行方式

如图 4-13 所示，正常运行方式下每座变电所由两回互为备用的 10 kV 电源供电。每座牵引变电所的两套 12 脉波整流机组并联运行，构成等效 24 脉波整流器向接触网供电。正线接触网由相邻牵引变电所双边供电。

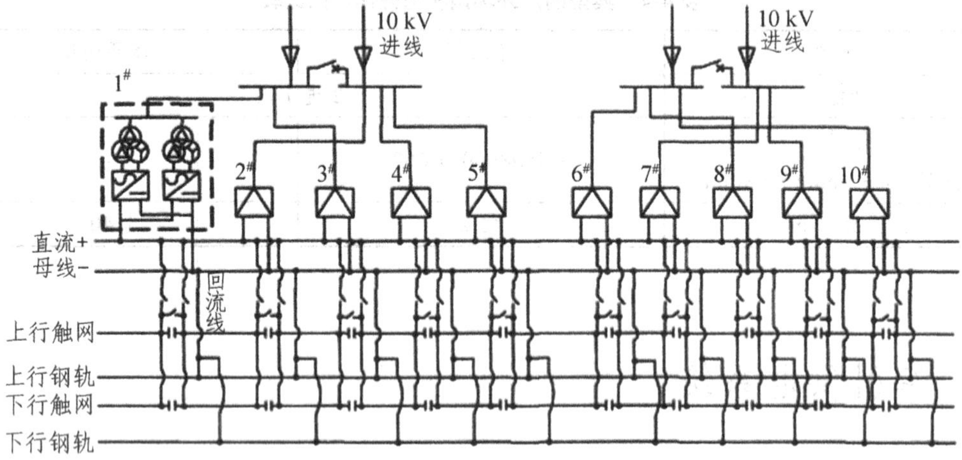

图 4-13 苏州高新区有轨电车 1 号线供电系统图

2. 故障运行方式

一座或相隔的多座牵引变电所退出运行，不影响现代有轨电车系统的运输能力。

① 牵引混合变电所的任一回 10 kV 进线电源故障，切除故障电源，合上母联分段开关，

由另一电源供电。

② 当正线牵引变电所一套整流机组故障时，另一套整流机组在其允许过负荷的情况下继续向接触网供电，保持列车正常运行。

③ 正线任一牵引变电所解列，区间联络开关合上，相邻变电所实现越区大双边供电。

3. 牵引供电计算

牵引供电计算是供电初步设计中的重要一环，其计算结果是牵引变电所容量确定、地址选择、重要开关设备选型的依据。

牵引计算内容包括牵引变电所容量、整流机组功率、馈线有效电流、触网电流、触网电压降、迷流及钢轨电位、直流侧短路电流、谐波分析等。

在工程设计中往往考虑最恶劣运行工况下系统的供电能力和安全性。在现代有轨电车供电系统中一般考虑：远期运行高峰小时内，任意一座牵引变电所解列，相邻牵引变电所越区大双边供电，上下行行车密度最大，且列车均处于启动加速状态的条件下各项供电指标是否合格，并以此作为供电方案调整的重要技术依据。

供电方案调整的重要措施包括：

① 调整牵引变电所位置，改变供电距离；

② 增大变压器、整流机组等设备容量；

③ 增大电缆导体截面；

④ 增加直流馈线。

若采取以上调整措施仍不能满足要求，则需要在紧急情况下，采取减小行车密度，降低行车速度等运行管理措施来配合。

4.5.2 牵引变电所

牵引变电所是供电系统的核心，其主要功能是将交流电能转换为直流电能，并将直流牵引电能提供给电动列车。目前国内各城市轨道交通工程主要采用房屋式牵引变电所。房屋式牵引变电所一般与车站合建，其建筑结构是车站建筑结构的一部分。为满足车站建筑结构的受力要求，变电所内需要设置梁、柱等，经常与变电所设备布置及电缆敷设冲突，使得变电所面积产生一些浪费。此外，为满足设备运输、操作维护的需要，变电所还需增加部分额外的面积，这些都使得房屋式牵引变电所占地面积较大，且与建筑及其他相关专业存在配合复杂等问题。

目前，国家大力倡导建设现代有轨电车等中小型城市轨道交通工程，此类工程房建专业一般在车站只设置简易站台，而不单独设置建筑房屋。另外，部分线路穿越主城区，而主城区内用地紧张，选址困难，这些因素都使得现代有轨电车不适宜采用传统的房屋式牵引变电所。为了满足现代有轨电车相关设计要求，各类箱式牵引变电所逐步设计投产。箱式牵引变电所具有布置紧凑，占地面积小，选址灵活，与土建工程的接口配合简单，现场安装、调试工期短，对市内景观影响较小等诸多优点，因此，现代有轨电车适宜采用箱式牵引变电所。目前，箱式牵引变电所在国内已经有了较为广泛的应用，如上海市莘闵线和共和新路城市轨道交通工程中的部分牵引变电所采用了箱式牵引变电所，天津开发区新交通项目全部采用箱式牵引变电所。

1. 箱式牵引变电所设计方案

箱式牵引变电所的设计方案主要包括主接线、平面布置、继电保护及自动装置、交直流电源等内容。

1）主接线

（1）AC 10 kV 接线

根据《城市无轨电车和有轨电车供电系统》（CJ/T1—1999）3.1.4 条的规定，有轨电车交流电源标称电压宜采用 10 kV，且现代有轨电车牵引负荷较低，分散供电方式的电源容量能够满足供电需求，因此外部电源采用电压等级为 10 kV 的分散供电方式。

10 kV 交流母线采用单母线不分段接线方式，从地区变电所引入 1 路 AC 10 kV 电源，并设 2 路出线环网分别接至相邻两个方向的变电所。10 kV 母线上设置变比为 10/0.59/0.59 的 12 脉波整流变压器 1 台，输入电压为 AC 590 V、输出电压为 DC 750 V 的整流器 1 台，变比为 10/0.4 的配电变压器 1 台。设置一组电压互感器，用于测量本段母线电压，并将此测量电压作为高压交流馈线有功功率、有功电度测量的基准电压。设置一个专用电能计量柜，用于地方供电公司计费测量。此外，设置一组避雷器，保护母线免受过电压冲击。

（2）DC 750 V 接线

根据《城市无轨电车和有轨电车供电系统》（CJ/T1—1999）3.1.5 条的规定，有轨电车系统直流标称电压为 750 V。整流器通过直流进线柜内的电动隔离开关与 750 V 正母线相连，负极则通过负极柜内的手动隔离开关与负母线连接。750 V 直流母线采用单母线不分段接线形式。设 2 回直流馈线，每回直流馈线通过直流馈线柜内的直流快速开关接至接触网上行的电动隔离开关上，在同一方向上的接触网上行和接触网下行并联，从而给上、下行接触网供电。此外，在 2 回直流馈线间设置 1 台越区电动隔离开关，正常运行时，越区隔离开关打开，当整个变电所因故障退出运行后，由两相邻变电所通过越区开关或变电所直流母线越区实现大双边供电。为保护整流器及直流母线免受过电压冲击，在整流器出口端及正母线对地间各设置 1 台避雷器。

电源牵引变电所主接线如图 4-14 所示。

2）平面布置

箱式牵引变电所设置开关柜室和整流变压器室。开关柜室内放置 10 kV 交流开关柜、750 V 直流开关柜、整流器柜、负极柜、钢轨电位限制装置、排流柜、交直流电源盘、控制信号盘及通信机柜。变电所内开关柜及控制屏均按柜背靠墙、双排面对面布置。检修方式采用柜前维护方式。现代有轨电车线路部分通常位于城区内，用地紧张，选址困难，因此选用箱式牵引变电所的布置方式是合理的。

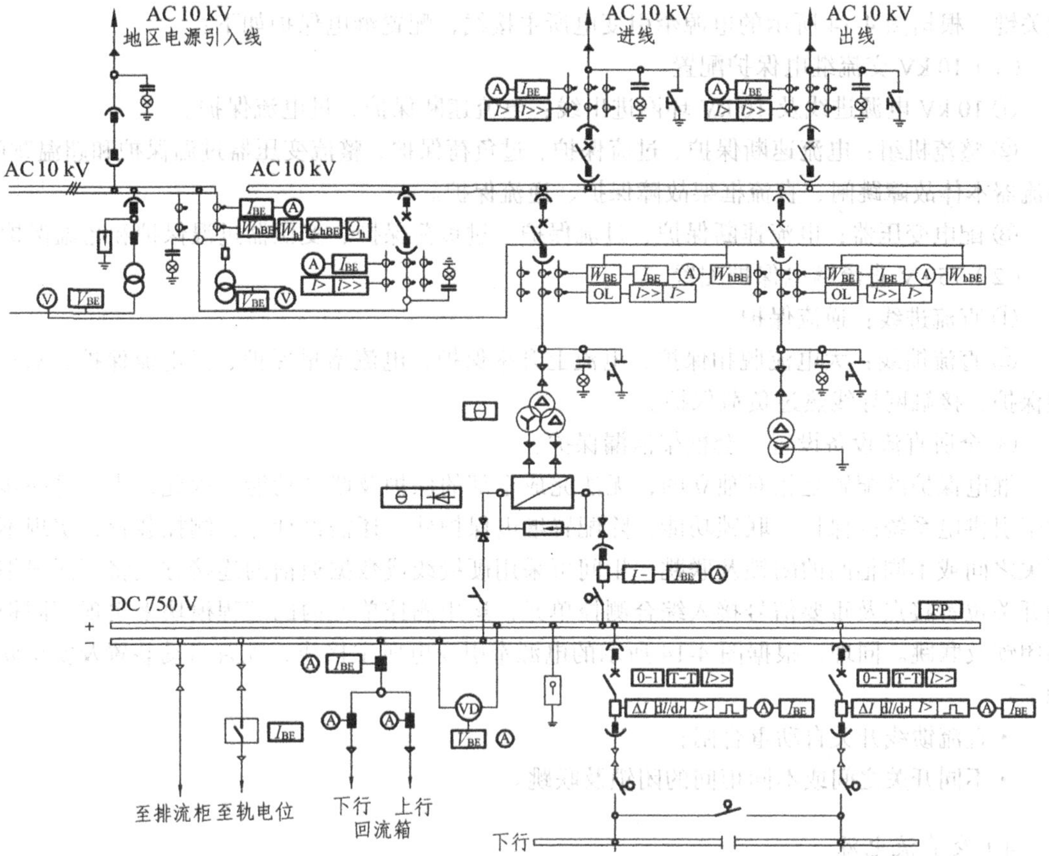

图 4-14　电源牵引变电所主接线

箱式牵引变电所平面布置如图 4-15 所示。

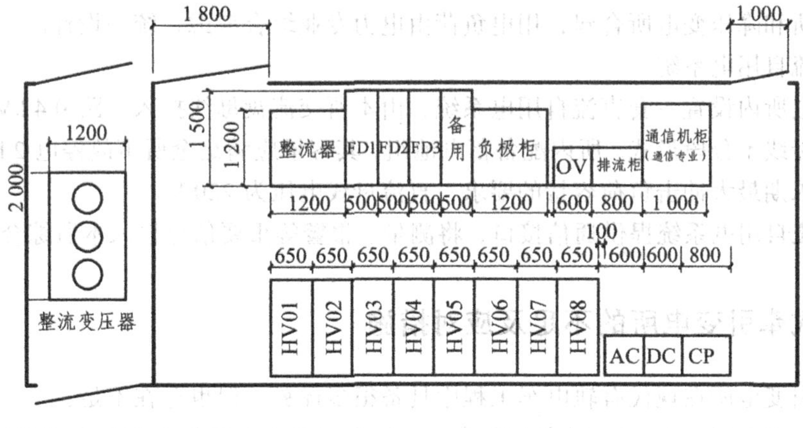

图 4-15　箱式牵引变电所平面布置图

3）继电保护及自动装置

牵引变电所采用综合自动化系统，实现对所内及本所供电范围内设备的故障切除、报警信息的发送等，以保证牵引供电系统的安全运行。在综合自动化系统中，继电保护的配置尤为关键。根据图 4-14 所示的电源牵引变电所主接线，配置继电保护如下：

（1）10 kV 交流继电保护配置

① 10 kV 电源进线及 10 kV 环网进出线：电流速断保护、过电流保护。

② 整流机组：电流速断保护、过流保护、过负荷保护、整流变压器过温保护和超温跳闸、整流器本体故障跳闸、直流框架故障保护、逆流保护。

③ 配电变压器：电流速断保护、过流保护、过负荷保护、变压器过温保护和超温保护。

（2）750 V 直流继电保护配置

① 直流进线：逆流保护。

② 直流馈线：大电流脱扣保护、电流上升率保护、电流增量保护、过电流保护、双边联跳保护、接触网导线热过负荷保护。

③ 全所直流设备设置一套框架泄漏保护。

继电保护的配置是相对独立的，无法完成全部的保护及联锁功能，因此，为了进一步完善牵引供电系统的保护、联锁功能，除配置继电保护外，还需设计综合测控装置，实现不同开关之间或不同柜间的闭锁及联跳。柜间可采用硬接线或数据通信的连接方式将不同屏柜间的开关位置接点及重要信号接入综合测控单元，运用测控单元内的编程模块来实现不同柜间的闭锁及联跳。同理，根据图 4-14 所示的电源牵引变电所主接线，配置自动装置及安全联锁如下：

- 直流馈线开关自动重合闸；
- 不同开关之间或不同柜间的闭锁及联跳。

4）交直流电源

（1）交流自用电系统

牵引变电所内设置一面交流盘。由于箱式牵引所箱体内散热主要依靠空调，尤其在夏天，空调需 24 h 连续运行，因此除正常用电外，还要额外考虑空调系统用电量。一般情况下，箱式牵引变电所和降压变电所合建，用电负荷由电力专业综合考虑，统一设计。

（2）直流自用电系统

牵引变电所内设置一套直流自用电系统，由本所交流盘母线接入一路 0.4 kV 电源。直流母线采用单母线不分段形式。所内配备蓄电池组，其容量应满足全所事故停电 2 h 的放电容量及事故放电末期最大冲击负荷容量的要求，直流母线电压为 220 V。

交、直流自用电系统提供通信接口，将测量、报警等重要信息接入本所综合自动化系统。

2. 箱式牵引变电所的不足及应对措施

箱式牵引变电所在现代有轨电车工程中具备很多优势，但也存在不足：

① 运输安装困难。箱式牵引变电所将主要的牵引变电设备集中装配在预制箱体中，采用整装方式运输。预制箱体的尺寸及重量接近国家相关标准。设计时，在满足系统功能要求的基础上，尽量选择重量较轻的设备。

② 电缆敷设困难。箱式牵引变电所一般安装在道路两侧，环网电缆、上网回流电缆及控制电缆往往需要敷设至线路中间。为敷设电缆，采用钢筋混凝土包封电缆排管内敷设，但敷

设电缆较多且要穿越车道，使得排管尺寸很大且埋深较深，导致与给排水、通信、电力、煤气管道交叉。设计时，应准确进行供电计算，在满足电缆载流量的基础上，减少电缆数量，使得排管尺寸相应减小。

③ 设备能耗较高。由于箱式牵引变电所是全封闭的，箱体内整流变、开关柜发热量较大，散热主要依靠空调系统，天气炎热时，空调需长时间运行，这样会导致能耗较高。设计时，尽量选用低损耗的牵引变设备，并选用性能优良的空调。

4.5.3 接触网供电

无论是钢轮钢轨式现代有轨电车系统还是胶轮+导轨式现代有轨电车系统，均可由架空式接触网通过电车顶部的受电弓向车辆牵引系统供电，如图 4-16 所示。接触网架设范围包括正线、正线间的渡线、折返线、停车线、出入段线以及车辆段内电化股道。

架空接触网供电是现代有轨电车使用得最多的牵引供电制式。这是一种比较成熟的供电技术，在国内外大量使用，具有安全可靠、保养维修容易、造价较低的特点。接触网采用高空架设，自然风和雨水能够对绝缘子产生清洁作用，减少了绝缘子的清洁工作量，但是其线网、线立柱等对城市景观有一定影响。

（a）胶轮+导轨（单轨式）

上海张江（弹性简单悬挂）

（b）钢轮+钢轨（双轨式）

大连 203 路（简单链型悬挂）

图 4-16 两种制式现代有轨电车的接触网供电

1. 接触网悬挂形式

现代有轨电车接触网接触悬挂根据其结构的不同分成简单接触悬挂（以下简称“简单悬挂”）和链形接触悬挂（以下简称“链形悬挂”）两大类。

简单悬挂是将一根接触线直接固定在支柱支持装置上的悬挂形式。简单悬挂方式只有导线，没有承力线，使得其结构简单，支柱高度低，支持装置承受的负荷较轻，但是其跨度小、弛度大、弹性不均匀、悬挂点有硬点，且在运行中导线会上下振荡。这种形式虽不适用于高速铁路，但能满足以中低速为主的现代有轨电车的需要。法国使用简单悬挂接触网的有轨电车的最高试验速度达到 160 km/h。

现代有轨电车接触网多采用带补偿装置的弹性简单悬挂（见图 4-17、4-18），即在接触线下锚处装设了张力补偿装置（见图 4-19），以调节接触线张力和弛度的变化。悬挂点处加装一套 8 ~ 16 m 长、呈倒 Y 形的弹性吊索，通过弹性吊索悬挂接触线，从而减少了悬挂点处产生的硬点，相应改善了悬挂点处的弹性和运行状况。另外，其跨距适当缩小，增大了接触线的张力，改善了弛度对取流的影响。

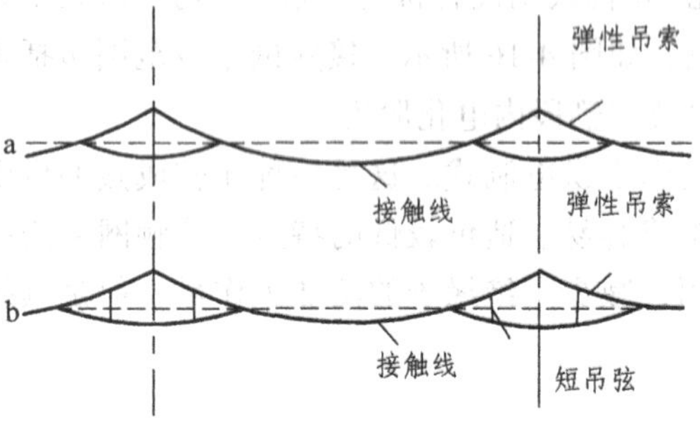

图 4-17　弹性简单悬挂

图 4-18　上海张江有轨电车弹性简单悬挂接触网

（a）棘轮+重力式

（b）弹簧/液压式

图 4-19　补偿装置

链形悬挂（见图 4-20）的接触线是通过吊弦悬挂在承力索上。承力索悬挂于支柱的支持装置上，使接触线在不增加支柱的情况下增加了悬挂点，以利用调整吊弦长度，使接触线在整个跨距内对轨面的距离保持一致。链形悬挂减小了接触线在跨距中间的弛度，改善了弹性，增加了悬挂重量，提高了稳定性，可以满足电力机车高速运行取流的要求。链形悬挂比简单悬挂具有更好的性能，但也带来了结构复杂、造价高、施工和维修任务量大等许多问题。

无论是简单悬挂还是链形悬挂，架空式接触网技术在我国均属于成熟技术，因此现代有轨电车接触网中通常以弹性简单悬挂形式为主，以简单链形悬挂形式为辅，接触网高度一般为（5 300 ±100）mm。

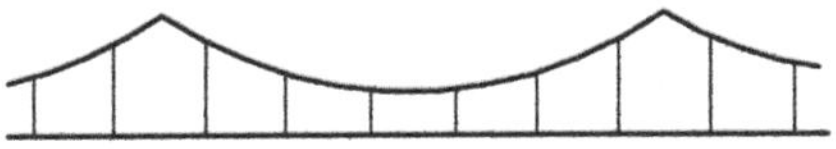
(a) 简单链形悬挂

(b) 弹性简单悬挂

图 4-20　链形悬挂

2. 接触网加强绝缘方式

为保证高效能地向有轨电车供电，在目前的技术水平下，架空接触网供电方式仍是首选。由于架空接触网设备容易受大风、雨雪、雷电等影响，发生闪络故障，造成电车停运，因此必须考虑采用有针对性的措施。尤其是现代有轨电车普遍采用上下行并联的弹性简单悬挂，若发生接触网故障将导致双线同时停运，采用有针对性的防范措施则显得更为必要。

国内现代有轨电车接触网沿用国内城市轨道交通在地面段对接触网加强绝缘并设置架空地线的方式。在该模式下，当直流绝缘子出现闪络时，理论上牵引变电所内的框架保护装置应该动作。而根据污秽试验的结果，污秽电流最多不超过 25 mA，几乎不能造成框架保护动作。事实上，从近 20 年轨道交通运营故障统计来看，由于直流污闪导致的绝缘子损坏时有发生，而框架保护并未产生动作。因此，单绝缘方式并不能有效切除闪络故障。

在国外，有轨电车接触网普遍采用加强绝缘方式，以玻璃钢复合材料腕臂和绝缘拉线作为支持装置，起到了类似双重绝缘的作用，从根本上提高了接触网的整体绝缘能力和雷电冲击耐受能力，很好地解决了闪络故障问题。同时，接触网采用加强绝缘方式又带来了重量轻、强度高、腕臂纤细、美观等诸多优点（见表 4-6）。

表 4-6　接触网加强绝缘与单绝缘的对比

对比项	加强绝缘	单绝缘
材料特性	重量轻，强度高，腕臂纤细，美观，多种颜色可选择（见图 4-21）	铝合金制品较粗壮，镀锌制品随着时间的推移逐渐氧化变黑（见图 4-22）
绝缘子闪络	整体绝缘能力和雷电冲击耐受能力强，闪络概率极低	设计为对架空地线闪络，直流框架保护装置动作，实际并不能保证切除故障，导致恢复供电慢，故障难于查找
架空地线	不必设置，有利于优化接触网景观	目前均设置
避雷线	强雷地区设置，不必设置火花间隙，可直接接地，使接触网的防雷手段更加实际有效	架空地线兼作避雷线，通过火花间隙接地
城市景观	较好	一般

图 4-21　玻璃钢腕臂加强绝缘的接触网

图 4-22　金属腕臂单绝缘的接触网

3. 接触网支柱形式及设置

1）支柱形式

现代有轨电车一般均采用钢支柱，根据结构形式可分为圆形等径支柱、锥形钢管柱和 H 型钢柱。支柱的技术及经济综合比选如表 4-7 所示。

表 4-7　支柱的技术经济性能综合比选表（同等容量）

技术参数	H 型钢柱	圆形等径钢管柱	锥形钢管柱
柱底荷载/（kN·m）	10	10	10
支柱高度/m	7	7	7
所需断面尺寸	250 mm×250 mm	ϕ299 mm（壁厚 14 mm）	ϕ299 mm（壁厚 14 mm）
相应支柱质量/kg	560	660	560
抗扭性能	差	好	好
抗弯性能	高	高	高
受力特性	有方向性	无方向性	无方向性
生产工艺	简单	简单	复杂
配套零件	统一	统一	复杂
安装	简单	简单	简单
美观性	好	好	好
维修难度	容易	容易	容易
使用寿命	长	长	长

从工程投资角度分析，H 型钢柱造价最低。但由于其支柱本身特性限制，抗扭能力差，而有轨电车线路情况复杂，支柱需要具备一定的抗扭能力，因此 H 型钢柱不适合有轨电车线路采用。等径圆形钢柱和锥形钢管柱在抗扭性能及美观性方面都能满足工程需要。同等容量下，锥形钢柱的材料利用率更高，而且造价较低，因此采用锥形钢柱是理性方案。

2）支柱设置

一般有轨电车工程均具备观光游览的作用，因此行车速度通常较低。其线路多位于市区中心较繁华地带，因此接触网支柱的设置不能影响其他车辆的正常行驶；一般只能利用有限的条件设于两线路中心位置或设于人行横道（两侧隔离绿化区域）上，而设于人行横道时又不能影响城市建筑。

① 线间距大于等于 3.8 m 的线路并行地段采用支柱立于两线路之间的方案，即一根支柱两侧分别悬挂上下行接触网（见图 4-23、4-24）。

图 4-23　接触网中间立杆

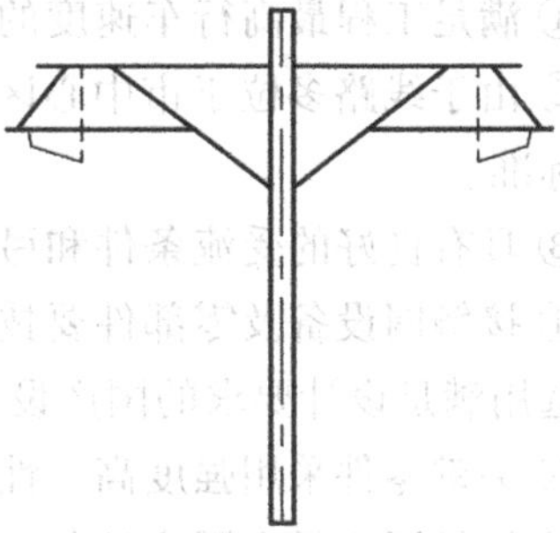

图 4-24　线路中间立柱悬挂

② 线间距小于 3.8 m 的地段采用软横跨方式，支柱设于人行横道（两侧隔离绿化区域）上，支柱基础距人行横道边约 500 mm；正线一般采用链形悬挂，特别小曲线半径地段采用简单悬挂（见图 4-25 ~ 4-27）。

图 4-25　接触网两侧立杆

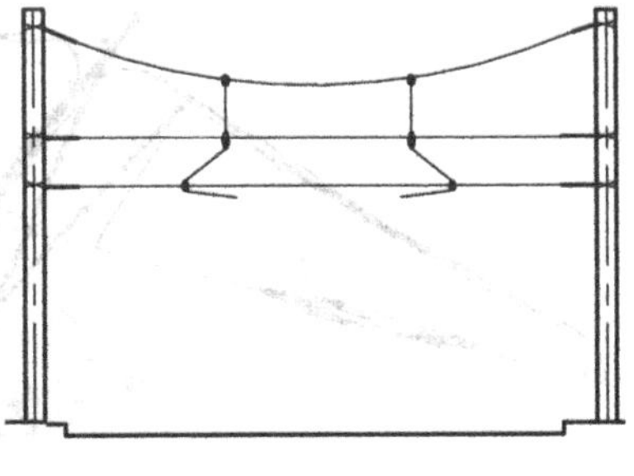

图 4-26　链型悬挂软横跨悬挂

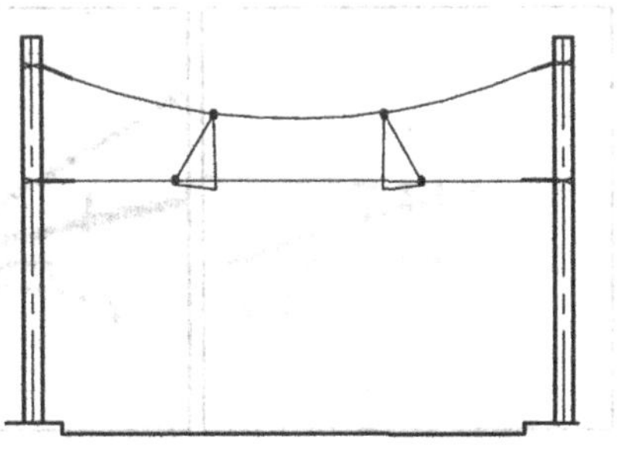

图 4-27　简单悬挂软横跨悬挂

4. 架空接触网设计原则

由于有轨电车与传统铁路和大部分地铁基本相同，都是通过车顶受电弓从架空接触网取得电能，供电电压可选用 DC 600 V、DC 750 V 或 DC 1 500 V，因此其设计原则和要求与地铁、轻轨工程基本相同，但又有所区别。

① 满足工程最高行车速度的要求，安全可靠地向机车供电。

② 由于线路多位于市中心区，与机动车、人行道等混行，为保证安全性，系统采用双重绝缘标准。

③ 具有良好的受流条件和弓网关系，其结构形式力求简单、轻型、稳定性好、便于安装。

④ 接触网设备及零部件要技术先进、安全可靠、耐腐蚀性好，力争做到不维修或少维修。优先选用满足设计要求的国产设备，以提高系统国产化率。

⑤ 关键零件采用强度高、性能好的模锻或精铸金属零件。

⑥ 接触网应最大限度地与城市景观协调一致。为提高美观性，各附加导线一般应采用电缆敷设。

⑦ 在条件允许的情况下，可考虑利用城市建筑物进行接触网的悬挂，以减少支柱的数量。

5. 新技术应用

纵观我国现代有轨电车接触网的实际发展情况，简单悬挂方式结构简单，支柱高度低，支持装承受的负荷较轻，能满足中低速为主的现代有轨电车需要，更具生命力。同时，随着现代新型有轨电车的普及，国铁接触网接触悬挂中的成熟技术以及新技术、新材料在现代有轨电车接触网工程中得到了广泛应用。例如：

① 高强度轻型钢管柱。

② 铝合金腕臂结构。

③铝管轻型定位器及限位定位器。曲线区段广泛采用了双定位方式（见图 4-28），有效地改善了小半径曲线处接触线的受力状态。

④ 锚段终端补偿装置不再采用单纯重力式而改用棘轮+重力式、弹簧式弹性张力补偿器（见图 4-19）。

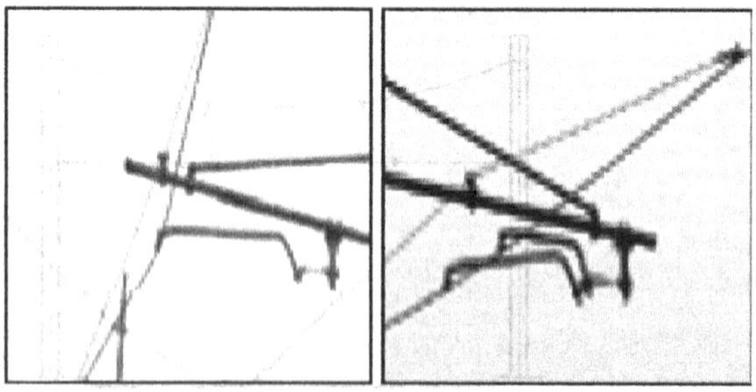

图 4-28 弹性简单悬挂—— 曲线段单/双定位

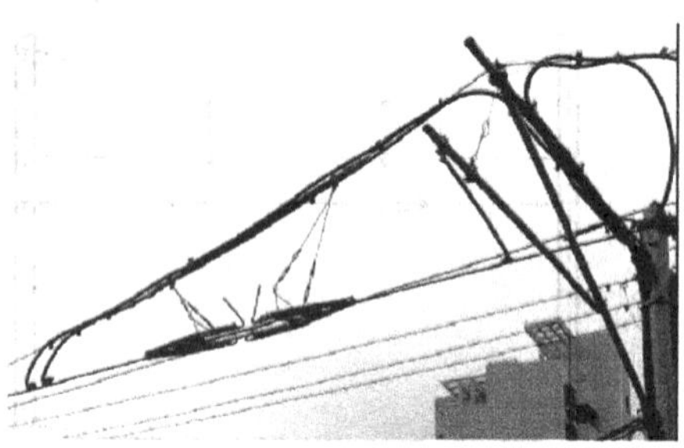

图 4-29 分段绝缘器图

⑤ 绝缘子很少采用笨重的瓷质绝缘子，大量采用轻便型的硅橡胶式绝缘子。

⑥ 分段绝缘器采用了在国铁干线上已成功推广、技术较为成熟的仿进口产品（见图 4-29）。

⑦ 道岔处双接触线采用了双腕臂及标准型的交叉定位方式，并安装了线岔（见图 4-30）。

随着技术的不断进步，接触网从设备的安全可靠性、造价到安装、维护等方面都有了本质上的飞跃，使架空接触网更适合于列车高速运行。在法国，使用简单悬挂接触网的列车最高试验速度达到 160 km/h。带电部分高出运行轨面 4 m 以上，安全性好，有明显断电标志（降下车辆的受电弓，与带电的接触网脱离），便于紧急情况处置。

4-30　简单悬挂—— 道岔

4.5.4　第三轨供电

第三轨供电是最早被采用的供电制式，其构造简单，可靠性高，坚固稳定，维修量小。北京地铁线路全部采用第三轨供电，40 多年来几乎没有什么维修，一直稳定工作至今。由于当今导电轨材料的改进，电压等级也可提高为 1 500 V，解决了采用 750 V 电压能耗偏高和变电所设置偏多等问题，在高架线路上对城市景观也不会产生不良影响。

1. 传统第三轨供电制式的缺点

传统第三轨供电技术的最大缺点是在地面线路上使用不安全，包括：

① 在电分段和道岔处需断轨，易产生电弧。

② 在隧道或高架区间内使用，一旦发生事故，如不能及时断电，人员疏散、逃生不安全。

2. 第三轨供电制式的必要性

现代有轨电车线路一般为地面线路，其传统牵引供电方式通常采用最为常见的架空接触网供电、钢轨回流的方式。虽然架空接触网供电方式结构简单、技术成熟，且具有非常成功的工程应用经验，但存在以下问题：

① 架空接触网对城市景观影响较大，造成视觉污染，尤其是交叉路口。

② 大部分城市，尤其是新城（区）在规划建设时，几乎已将管线电缆全部入地，如果采用接触网供电方式，电线将重新置于地面之上。

③ 架空接触线外露也存在着电击及挂落的危险。

如果采用第三轨供电制式的无触网供电方案，则可以有效避免以上问题，且能将有轨电车靓丽的外观融入城市道路景观中，打造一道美丽的动态城市风景线。

3. 新型接触式第三轨供电制式

新型的接触式第三轨供电制式基本吸纳了接触网供电制式和传统第三轨供电制式的优点，同时回避了传统第三轨供电制式的缺点，是一种值得研究并推广的新供电制式，特别是对那些安全和景观要求比较高的地方更适合。

接触式地面第三轨供电制式 APS（Aesthetic Power Supply，其中 Aesthetic 为审美、美学、美观的意思）最早应用于法国波尔多有轨电车工程，其初衷是为了不破坏线路途经的建于 1882 年的老桥景观。由于现代有轨电车并非独立路权，这种供电制式主要为了避免行人发生触电事故，但不同于传统的第三轨供电。它的第三轨建造在两轨之间，但并非连续的导电轨，而是 8 m 导电段+3 m 绝缘段+8 m 无电段，每隔 22 m 设置一嵌入式电源箱。只有当列车行驶到此区段时，下方的供电盒才会给导电轨供电，因此对跨越轨道的行人不会构成危险。这种技术为阿尔斯通公司独有，且经国外的实践证明，这种供电制式应该属于基本成熟的技术。此外，安萨尔多也有自己独创的一套接触式第三轨供电技术（TramWave）。

1）APS 的构造和工作机理

（1）APS 的构造

APS 的构造特点是供电仍采用第三轨，但第三轨埋设在两股钢轨之间，轨道面与第三轨面均与地面持平。第三轨由长 3 m 的小绝缘段分成很多导电段，但每节导电段的长度规定不得大于列车长度，且应尽可能短（见图 4-31）。在导电段下方相应长度内埋设有感应电路，当列车通过时，接收到设于车辆底部集电靴处的天线发出的信号，该导电段即行供电，其他区段处于接地状态，与走行钢轨连接，电压为零（见图 4-32）。

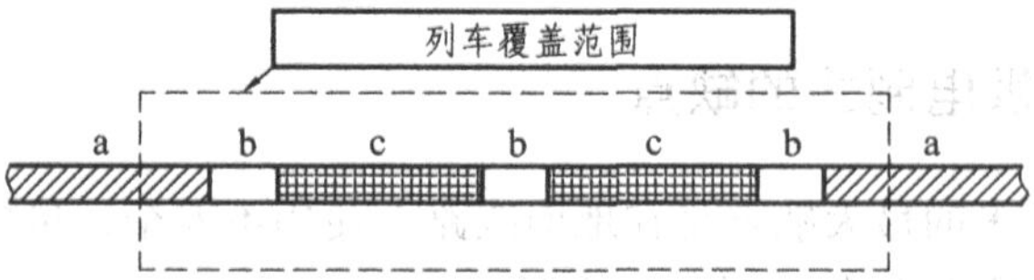

图 4-31　导电段示意图

a—无电段；b—绝缘段；c—供电段

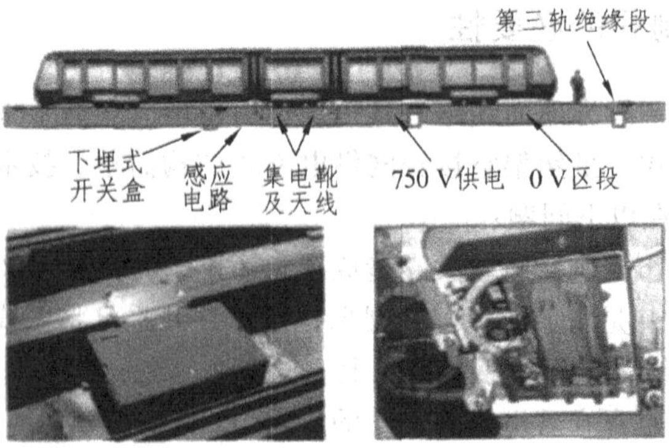

图 4-32　供电区段示意图

APS 第三轨适合敷设在各种轨道路面内，如混凝土、碎石、砖石及草地等路面（见图 4-33）。

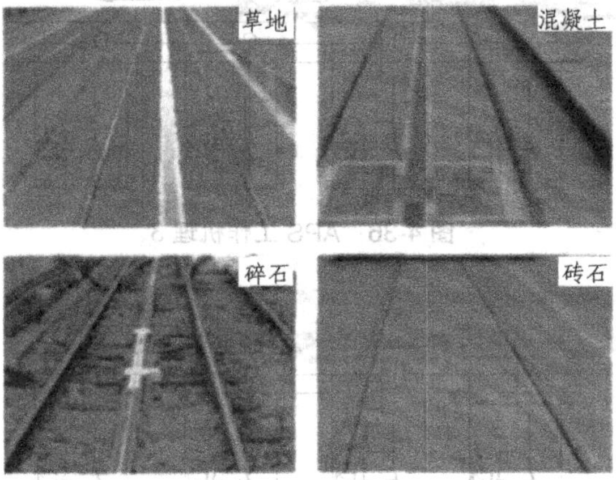

图 4-33　APS 第三轨可适应的各种轨道路面

（2）APS 的工作机理

① 导电段 A 通电，列车通过 2 个集电靴受流，走行轨回流，此时导电段 B、C 和 D 无电，如图 4-34 所示。

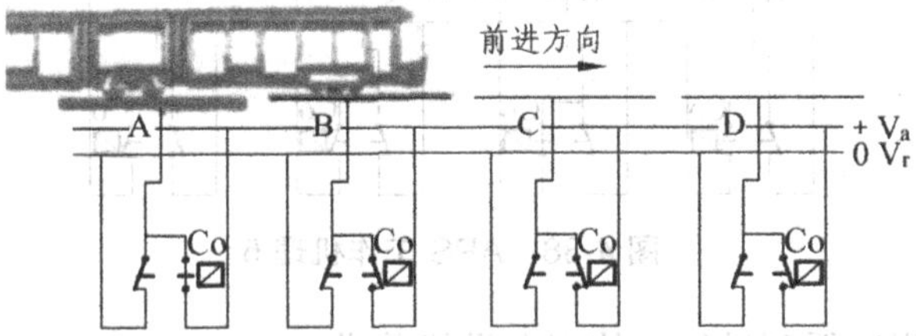

图 4-34　APS 工作机理 1

② 列车前面的集电靴进入导电段 A 和 B 之间的绝缘段，列车通过后面的集电靴继续受电，此时导电段 B、C 和 D 无电，如图 4-35 所示。

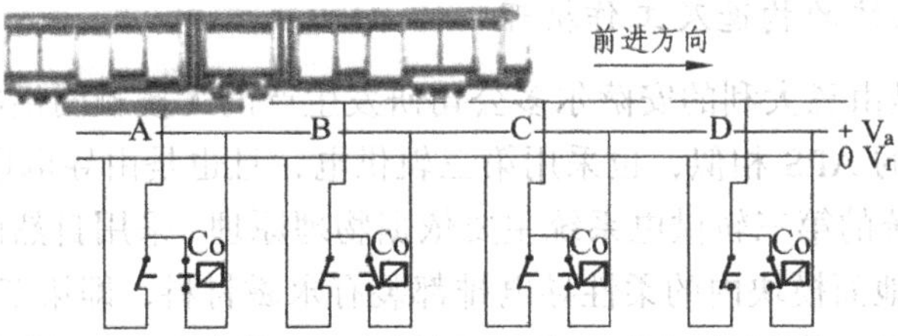

图 4-35　APS 工作机理 2

③ 导电段 B 检测到列车，与导电段 A 一起向列车供电，此时导电段 C 和 D 无电，如图 4-36 所示。

④ 列车后面的集电靴进入导电段 A 和 B 之间的绝缘段，导电段 A 检测不到列车即停止供电，导电段 B 通过列车前面的集电靴向列车供电，此时导电段 A、C 和 D 无电，如图 4-37 所示。

⑤ 列车的两个集电靴进入导电段 B，共同向列车供电，此时导电段 A、C 和 D 无电，如图 4-38 所示。

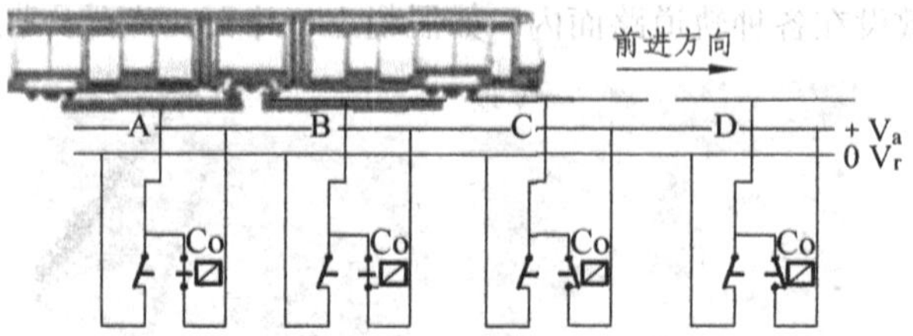

图 4-36　APS 工作机理 3

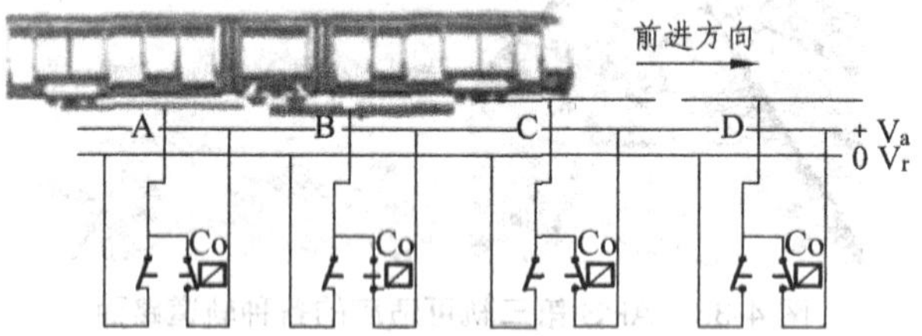

图 4-37　APS 工作机理 4

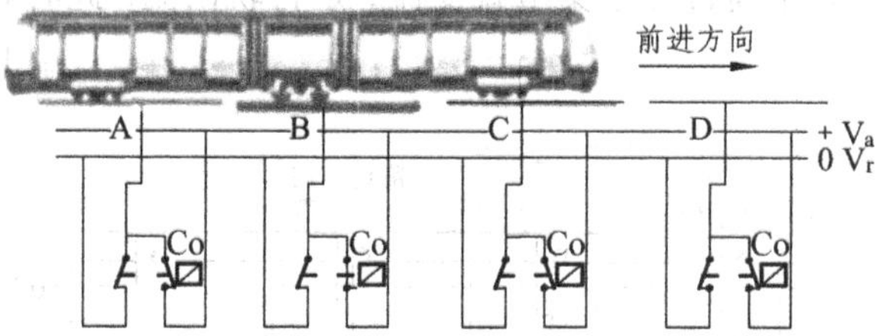

图 4-38　APS 工作机理 5

APS 供电按以上程序循环进行，使列车沿线前进。

可见，因 APS 供电的第三轨埋设在地下，该系统不用在地面设立电杆，且不用在线路上空架设线网，可取得不影响城市景观的效果。同时，由于第三轨分段供电，带电的第三轨均处于列车覆盖的底部，其他地段第三轨均在电压为零的无电地区，十分安全。

2）TramWave 系统的构造及工作机理

TramWave 系统是由意大利的安萨尔多公司研发生产的无接触网供电型有轨电车系统，其供电方式与阿尔斯通的 APS 相似，也采用第三轨供电，且也是由导电段和绝缘段组成的。不同的是 TramWave 系统的第三轨供电系统主要依据物理原理，采用自然磁力技术：安装在车辆转向架上的受电靴与地面模块内的柔性导电排都装有永磁材料，即第三轨内部装有 1 根分段可自动起伏的磁性铜条，车辆底部装有磁性受流器，当受电靴经过模块供电节表面时，模块内的柔性导电排受磁力吸引上升，导通供电电源正极，模块表面带电，受电靴通过与模块表面接触将电力引入车内。当受电靴离开模块供电节表面后，柔性导电排受重力作用，回落到与安全负极相接触的位置，模块表面失电，并保证模块供电节表面与安全负极相连。

具体来说，TramWave 系统供电由以下两种状态交替进行：

（1）受流器完全收起状态

磁性的受流器在距离受电轨道较高的位置，没有足够的吸引力吸起地面受电系统分段模块中的活动金属块，无法接通供电系统，此时受电轨道表面没有电流接通。

（2）受流器完全释放状态

随着受流器向地面受电轨道的不断接近，吸引力增加，地面受电系统分段模块中的活动金属块逐渐上升。当受流器与受电轨道完全接触时地面轨道受电系统分段模块中的活动金属块完全到达工作位置，激活电力供应系统，开始为车体供电。

为了保障供电的安全性，除采用分段的绝缘轨将导电轨相隔断外，该系统还安装了电源安全负极，以确保即使雨水浸泡轨道时，仍能保证行人及社会车辆的安全。TramWave 地面供电系统如图 4-39 所示。

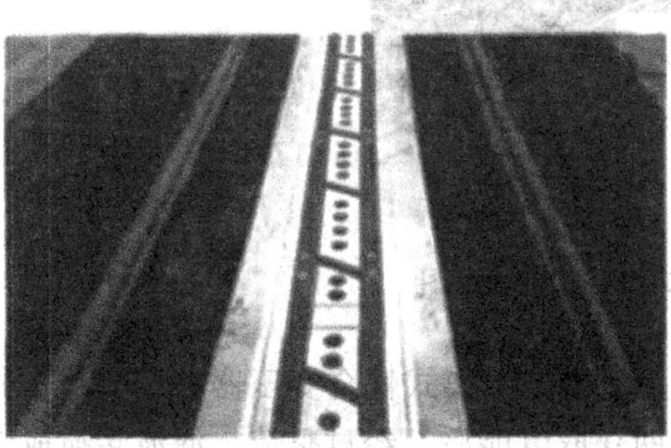

（a）

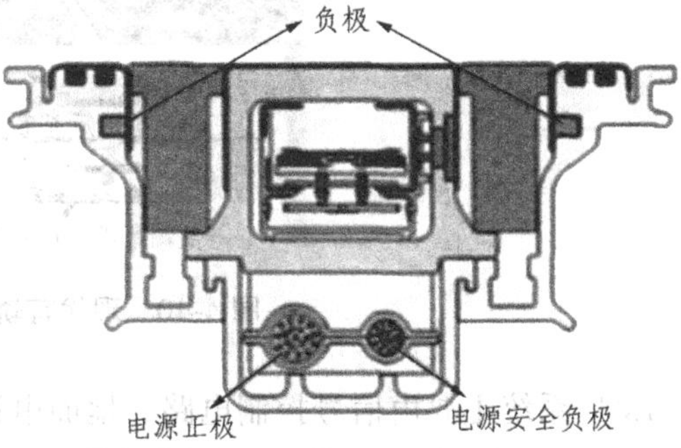

（b）

图 4-39　TramWave 地面供电系统示意图

此供电技术已在意大利那不勒斯市进行应用，且前期进行了大量的防水、抗碾压的试验。目前 TramWave 系统供电技术已被中国北车大连机车厂引进，且在珠海市建立了生产基地。

4.5.5　供电新技术

随着城市发展规划对现代有轨电车建设要求的提高，对城市景观及行人、车辆影响较大的供电制式迫切需要具有更好景观效果、更高安全性和可靠性的新技术的产生。

1. 电磁感应输电技术

电磁感应输电（Electromagnetic induction Power Transmision，EPT）以磁场为媒介，利用变压器耦合，通过初级和次级线圈感应产生电流。电磁场可以穿透一切非金属的物体，电能可以隔离很多非金属材料进行传输，从而将电能从传输端输送到接收端，实现无电气连接的电能传输。电磁感应传输功率较大，能达几百千瓦，但由于磁场向四周辐射导致能量大量散失，因此传输效率相对较低。此外，电磁感应原理的应用受制于过短的供电端和受电端距离，传输距离一般在 10 ~ 50 cm。

EPT 系统是以耦合的电磁场为媒介实现电能传递的。由于目前分离式耦合变压器供电端和受电端的距离为 10 ~ 50 cm，而有轨电车车底距离地面约 40 cm，通过系统安装结构的优化设计，理论上可适用于有轨电车的输电。

有轨电车所用的 EPT 系统，是通过预先埋设于地表的变压器一次线圈与固定于车辆底盘上的变压器二次线圈的电磁耦合来传输电能，其示意图如图 4-40 所示。

图 4-40　现代有轨电车 EPT 系统示意图

EPT 系统主要由信号控制电路、地面电源侧发射端、分离式耦合变压器和车辆侧接收端组成，其原理如图 4-41 所示。电源侧发射端从电网获取电能后，经过整流、滤波转换成直流电，然后输入逆变器中进行高频逆变，产生的高频交变电流在信号控制电路的控制下，经过一次侧补偿电路后进入原边绕组，在临近空间产生高频交变磁通；位于车辆底盘的副边绕组，在靠近原边绕组空间通过感应耦合高频交变磁通，获取感应电动势，同时信号控制电路对整流滤波以及功率调节进行控制，从而实现向车载储能系统充电。EPT 系统本质上相当于变压器的疏松耦合系统，其一次侧、二次侧之间是通过电磁感应来实现电能传输的。由于气隙导致的耦合系数的降低，可以通过提高一次侧输入电源的频率加以补偿。

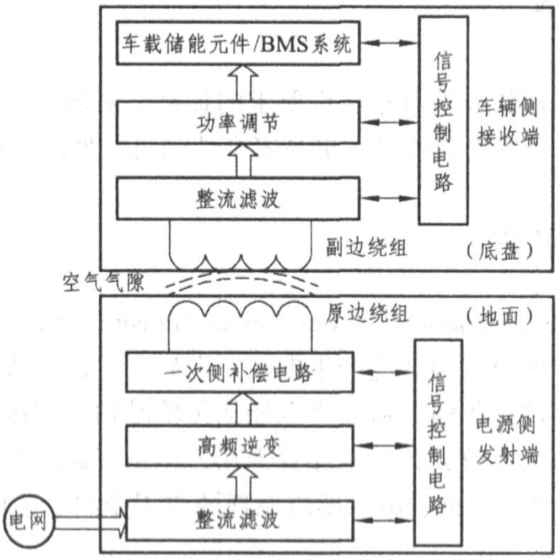

图 4-41　现代有轨电车 EPT 系统原理图

虽然现代有轨电车 EPT 系统具有方便、快捷的优点，将是未来移动设备能量输送的发展趋势。但 EPT 目前还处于研发和探索阶段，在产业化方面还有大量的工作要做。根据当前能源匮乏的实际情况，推动现代有轨电车实现大功率电磁感应输电技术的产业化发展很有必要。

2. 储能式供电技术

现代储能式有轨电车是现代电动汽车理念在有轨电车系统中的延伸与发展。由于其对城市景观几乎不会产生影响，符合现代有轨电车作为城市新型轨道交通工具的定位要求，因此随着现代储能技术如超级电容、锂电池以及现代电力电子技术及其控制技术的发展，储能式牵引供电技术有了跨越式发展。

根据所选取的储能元件及其工作原理的不同，储能式供电一般分为超级电容供电、蓄电池供电、超级电容+蓄电池供电三大类。

1）超级电容供电

超级电容采用双电层原理，一般选用石墨电极，正电荷与负电荷分布在同一界面的两侧，正负电荷以极小的间隙排列在相反的位置上，这个电荷分布层叫作双电层，因此电容量非常大。随着超级电容器的放电，正、负极板上的电荷被外电路泄放，电解液界面上的电荷相应减少（见图 4-42）。

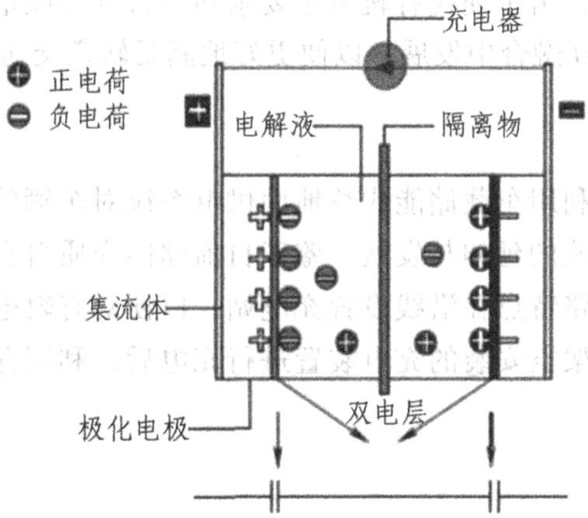

图 4-42　超级电容供电原理

超级电容的充放电过程始终是物理过程，内阻很低，充放电流可达数千安培，充电速度快。可将单体超级电容器进行串并联组合，配置双向变流器及控制装置，应用于列车的牵引供电。在已投入运营的沈阳浑南新区现代有轨电车局部线路上，采用了超级电容供电技术。

超级电容供电的核心特征为：充电电流大，充电速度快，在充、放电过程中电极损耗较小，循环寿命较长。单个超级电容储能模块的最大持续充电电流能够达到 500 ~ 600 A，可根据车辆参数和线路条件来确定储能模块的数量，整车的连续充电电流为 1500 ~ 2 400 A。采用恒定功率充电时，充电时间能够与车辆停站时间较好地结合，控制在 25 ~ 30 s 以内。超级电容供电可满足现代有轨电车按固定线路循环运行、线路中不允许车辆长时间停留的要求。

2）蓄电池供电

车载动力蓄电池正极采用锂离子金属聚合物电极的居多，具有充电快速、充放电效能高、单电池电压高、电能密度高等优点。蓄电池利用正、负极之间的氧化还原反应，靠锂离子的移动完成装置的充、放电过程。锂离子蓄电池的充、放电过程均为氧化还原反应，单位体积质量下储存电量较高，通过单体蓄电池的串并联组合，配置双向变流器和控制装置，应用于列车牵引供电。

蓄电池供电技术的核心特点是储存的能量高，近年来在公共交通领域应用较多。对于轴重有限的车辆而言，加装储能装置意味着降低有效载客能力。在相同的安装空间和载荷条件下，蓄电池装置存储的能量是超级电容的 5～6 倍以上。由于受到充电电流的限制（一般不超过 800 A），蓄电池在车站充电的时间略长，若完全利用停站时间充电，则需要在首末站进行较长时间的补充充电（分钟级）。

3）超级电容+蓄电池供电

超级电容储能与蓄电池储能可组合使用，构成超级电容+蓄电池供电，两种储能系统分别满足不同的列车功率需求。通过在可靠电源处的短时高功率充电，快速获得电源并储存，在列车运行时根据牵引电机的需求提供正向脉冲功率，制动时接受反向脉冲功率，这对储能装置在稳定电压条件下的电流指标要求较高。超级电容的功率特性突出，蓄电池的能量特性更优。在技术发展的过程中，由于现代有轨电车要求功率特性与能量特性并重，所以超级电容和蓄电池供电技术也在相互融合中发展，以便更好地满足轨道交通的牵引供电需求。

4）配套设施

储能式牵引供电技术利用车载储能代替地面供电系统对车辆的实时供电，是现代电动汽车技术在现代有轨电车系统的延伸与发展。鉴于目前储能介质自身储能容量的限制，现代储能式有轨电车需要根据线路特点在沿线设置充电站，以便对有轨电车及时、快速充电。车辆可以利用停站时间，通过架空安装的充电装置进行充电后，利用存储的电能驱动车辆运行，如图 4-43 所示。

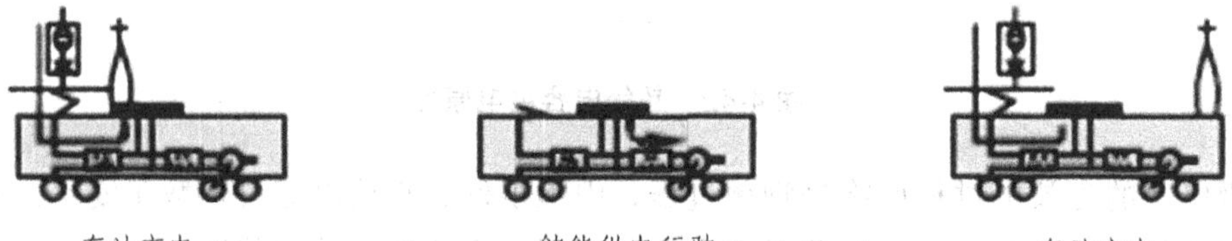

图 4-43 储能式车辆运行

针对目前半专有路权的现代有轨电车系统，在交叉路口采用储能式牵引供电系统供电存在风险，因此需要合理设置车站及其充电站的位置，合理配置车载储能装置的容量。

从目前国内外 100%低地板车辆的顶部安装空间来看，用于放置储能装置的空间为 3～4 m^3。根据目前储能技术的现状，超级电容的容量可以配置到 13～18 kW·h，蓄电池的容量可以配置到 160～220 kW·h（含冷却系统）。在工程中，容量配置宜根据区间最大净能耗、允许停站时间并遵循以下原则进行综合考虑：

① 满足最大区间能耗要求，包括极端情况。

② 使储能元件处在健康工作状态。

③ 使单辆车运行一个完整交路后，能量损耗与能量补充能够基本平衡。

3. Primove 系统

Primove 系统是由庞巴迪公司研发的一种现代有轨电车无触网供电方案，其工作原理为：采用 DC 750 V 供电电缆，每 9 m 设置 1 个逆变器，以控制电缆供电。逆变器将直流电转变为 20 kHz，AC 400 V 电压，通过敷设在轨道中间的 3 条并行电缆产生初级感应磁场；通过安装在车辆底部的集电器，产生次级感应磁场，次级感应磁场再将 AC 400 V 电压转变为 DC 600 V 电压供给车辆的牵引系统。同时，车顶的两端配有 2 个锂电池组，每个电池组的性能为：电压为 533 V，容量为 49 kW·h，质量为 630 kg。按照庞巴迪公司的推荐，一条线路铺设 6%～9%的 Primove 系统，一般铺设在车站及交叉口的进口端，即在铺设 Primove 系统段由供电电缆供电，同时向车顶蓄电池组充电，其余段则由车顶蓄电池组进行供电。因此，其供电原理与超级电容+蓄电池方案相似，只是充电方式不同而已。Primove 系统原理如图 4-44 所示。

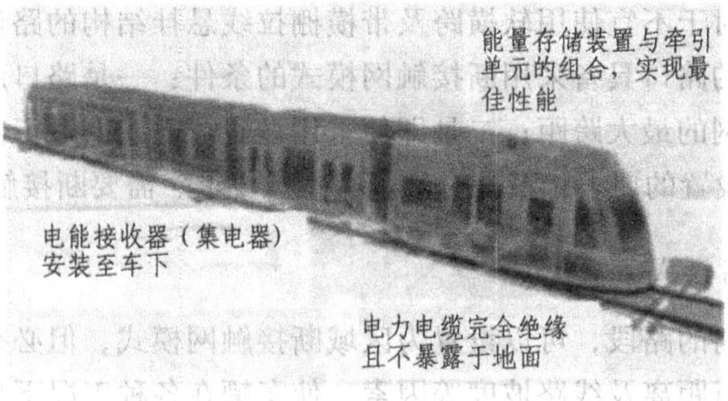

图 4-44　Primove 系统原理图

4.5.6　供电技术综合方案

综合比较各种供电方式，接触网供电技术虽然对城市景观有一定影响，但其技术成熟可靠、运用时间久、维护经验丰富，而无触网供电技术相对不够成熟，且造价很高，运营维护经验不足。两种方案可根据需要取长补短，组合使用。

1. 断接触网模式

所谓断接触网模式，即部分路段不架设接触网，车辆利用车载电池或车载电容所提供的电能行驶，以达到景观美化、交通组织便捷等方面的要求（见图 4-45）。断接触网模式的采用，首先需要保证行车的安全性及可靠性。

根据现代有轨电车设置的需要，断接触网模式可分成两类：路口断接触网模式与区域断接触网模式。

图 4-45　断接触网模式

1）路口断接触网模式

根据景观要求，对于不宜使用软横跨及带横棚拉线悬挂结构的路口，可以考虑采用断接触网模式。以下情况的路口具备采用断接触网模式的条件：一是路口两侧停止线的间距大于相应线路情况下接触网的最大跨距；二是即使采用设置行人二次过街安全岛的方式，也无法满足接触网最大跨距设置的要求；三是对景观有特殊要求、需要断接触网的路口。

2）区域断接触网模式

对于景观要求较高的路段，可以设置为区域断接触网模式，但必须综合考虑车载电池或电容的容量、车辆通行距离及线路坡度等因素，使车辆在各种工况下均可顺利通过。在这种情况下，可以在该区域范围内设置充电装置，以实现车辆的可靠通过。是否采用此方案，要依据车辆特性、行车组织及运营管理来综合考虑。

2. 断接触网设置

设置断接触网的目的是使车辆平滑地在有电区与无电区之间过渡。当上下行分别采用单根接触线、上下行共用一根架空地线时，可以采用如图 4-46 所示设置方式来实现平滑过渡。

1）机械特性分析

在图 4-46 中，1—2 跨为下锚跨，实现接触线的下锚；2—3 跨为抬高跨，实现接触线的抬高。在 3 号支柱处，左右线接触网均设置分段绝缘器，从而使下锚跨与抬高跨无电；2 号支柱接触悬挂须做抬高处理，其抬高高度要高于车辆受电弓的最大抬升高度，从而实现受电弓在 2—3 跨间滑行时与接触线脱离或接触；1 号支柱进行接触网下锚。采取这种接触网设置方式，可以实现车辆受电弓不降弓地通过断接触网路口，并且使车辆在有电区与无电区之间平滑过渡。

对于区域断接触网模式，若该区域内设置架空式充电装置，则车辆在到达充电装置前需降受电弓，以避免受电弓与充电装置碰撞而造成损伤。

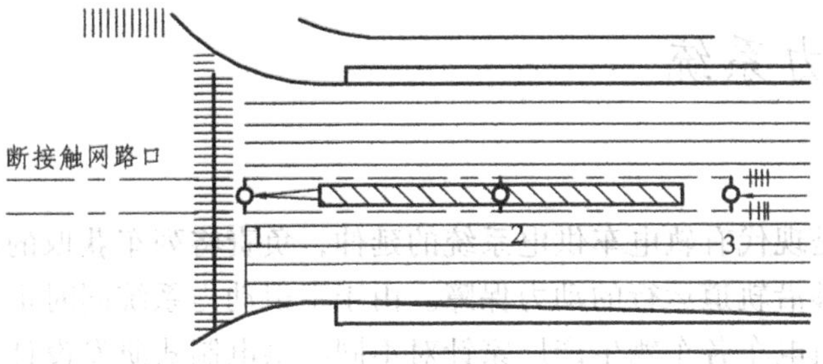

图 4-46　断接触网设置方式

2）电气特性分析

车辆通过时包括两种工况：其一为车辆向路口方向行驶，当经过抬高跨时，受电弓随着接触线坡度逐渐抬升，直至达到最大抬升高度，此时受电弓与接触线分离，车辆从受电弓经过分段绝缘器后就使用车载电池或车载电容提供的电能运行；其二为车辆从路口方向驶来，当经过抬高跨时，受电弓与接触线接触，且随着接触线坡度的逐渐降低，至分段绝缘器处与正常工况的接触线接触。下面就对车辆通过断接触网处的分段绝缘器的工作原理进行分析。车辆电气主回路的工作原理如图 4-47 所示。

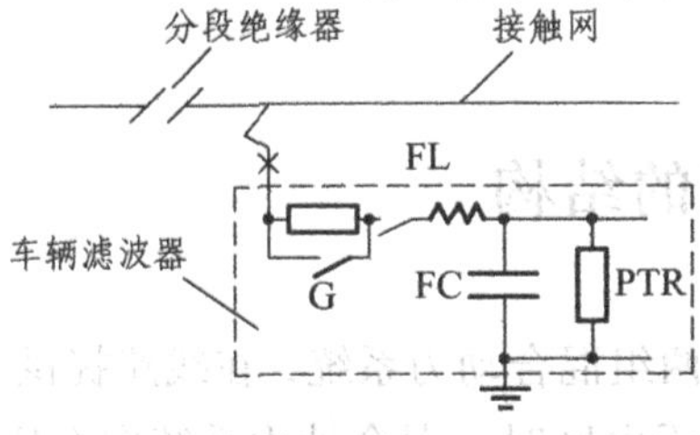

图 4-47　车辆电气主回路的工作原理

在车辆受电弓升弓受电时，主电路得电，在线路断路器投入约 0.5 s，车辆滤波电容器 FC 充电完成，同时 G 闭合。在这种条件下，当门极信号被输出时，VVVF 逆变器工作，牵引电动机提供牵引扭矩命令，列车启动牵引工作；当受电弓经过接触网无电区时，滤波器电容 FC 通过并联的电阻 PTR 进行放电，列车失去电源，停止向接触网取流的牵引工作。

当列车从有电区驶来时，车辆受电弓在经过分段绝缘器处与无电区接触网接触的过程中，因为抬高跨与下锚跨均未接地，所以无电区接触网在列车行驶中有一定的电容电压。在车辆受电弓通过抬高跨离开接触网的瞬间会产生拉弧现象，从而损坏受电弓与接触线；在受电弓从分段绝缘器有电区向无电区过渡的瞬间会产生拉弧，从而损伤分段绝缘器与受电弓；在车辆从无电区向有电区过渡时，则不存在相应的拉弧问题。基于上述原因，对车辆提出如下要求：在车辆受电弓从有电区向无电区滑行经过分段绝缘器时，车辆受电弓停止从接触网取流，以防止损伤接触网、受电弓与分段绝缘器。经过以上对机械特性、电气特性的分析可知，车辆可以平滑地在有电区与无电区之间过渡而不会产生接触网硬点。但是，在车辆从有电区向无电区过渡时，将有产生拉弧的风险。这种风险可以通过在车辆受电弓经过分段绝缘器前停止取流来规避，进而保证车辆经过断接触网处分段绝缘器时的电气安全和可靠通过。

4.6 牵引动力系统

牵引动力系统是现代有轨电车供电系统的延伸，负责将列车获取的电能转化成驱动能，是现代有轨电车能够沿轨道运行的动力保障。由于牵引动力系统同时也是电动列车的关键组成部分，由现代有轨电车各车辆生产厂家针对不同的供电制式研发设计，其系统组成及原理不尽相同。以下仅以车辆混合动力系统为例简单介绍。

4.6.1 混合动力系统的优点

现代城市有轨电车作为走在铁轨上的“大巴”，其启动、制动频繁，制动能量的及时回收和利用就显得格外重要。采用超级电容及蓄电池的混合动力系统，在车辆频繁启动、制动或通过无电区时，系统中的超级电容充分发挥其充、放电速度快，放电电流大等特点，其充、放电过程减少了电能的消耗产热，同时也避免大量电能回馈电网造成的谐波污染，进而使现代城市有轨电车成为名副其实的绿色交通工具。

4.6.2 混合动力系统的结构

在两个中间车上分别安装两组混合动力系统，在线路提供 DC 750 V 正常供电情况下，混合动力系统快速充电；当通过无电区时，混合动力系统向车辆牵引与辅助系统回馈电能。混合动力系统储存的电能可保证车辆以 1.2 km/h^2 的加速度加速到 25 km/h，然后以这个速度运行半个小时。图 4-48 所示为现代城市有轨电车混合动力系统分布情况。

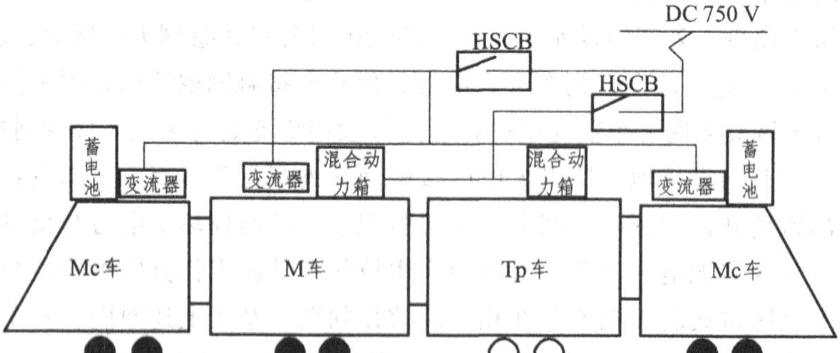

图 4-48　车辆混合动力分布情况

当车辆制动时，超级电容作为大比功率的储能设备，能够瞬间将部分制动能量吸收；在车辆启动时，超级电容将能量释放。这样在车辆频繁启动、制动的过程中，能够避免将大量能量消耗在制动电阻或回馈电网造成电网的谐波危害。

由超级电容与蓄电池组成的混合动力系统，将蓄电池比能量大和超级电容器比功率大的特点相结合，无疑大大提高了电力储能装置的性能。超级电容与蓄电池并联使用，可以增强混合电源的负载适应能力，特别是对于大功率脉动负载，超级电容与蓄电池并联混合使用，能够降低蓄电池的内部损耗，延长其放电时间，增加使用寿命。超级电容的存在还可以缩小电源的体积，改善可靠性和经济性。

混合动力系统主要由双向 DC/DC 变换器、超级电容和蓄电池组成。

1. 双向 DC/DC 变换器

如图 4-49 所示，DC/DC 双向变换器有两种工作模式，即正向工作模式和反向工作模式。当电能正向传输时，V_1 向 V_2 供电，即变换器将 DC 750 V 的网压降到 DC 480 V，为混合动力系统蓄电池及超级电容充电；当能量反向传输时，变换器将混合动力系统 DC 480 V 电压升到 DC 750 V，将电能回馈给车辆牵引及辅助系统，保证车辆正常运行。

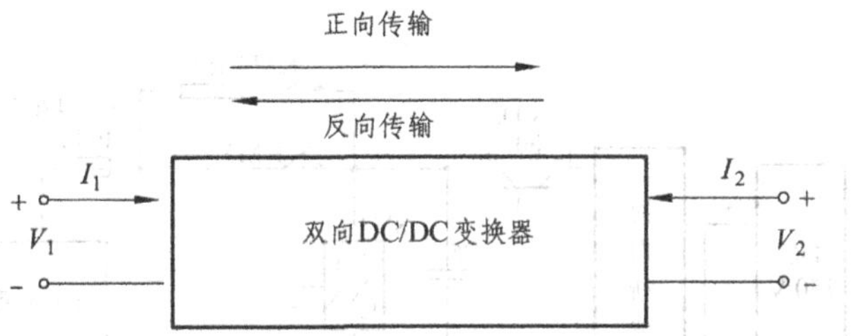

图 4-50 双向 DC/DC 变换器示意图

2. 蓄电池

混合动力系统所用蓄电池通常选用锂电池。锂电池具有能量密度较高、耐充放电、自放电率低、无记忆效应、高低温适应性强等优点，同时锂电池又具备高功率承受能力，便于车辆平时的高强度的启动加速。

蓄电池组选用单体额定电压为 3.2 V、额定容量为 3.2 A·h 的锂电池。蓄电池组采用“150 串 13 并”的形式。通过计算，蓄电池能够满足车辆断电时以 25 km/h 的速度运行半个小时。

3. 超级电容

尽管混合动力系统采用了锂离子电池组作为车辆通过无电区域的动力电源，但是有轨电车牵引系统对储能系统的能量密度和功率密度要求较高，如果单独采用蓄电池组不能满足车辆在这两方面的要求。

同时，在车辆启动、加速时，电池要经常遭受大放电电流的冲击，电池寿命将因此急剧衰减，如果频繁更换蓄电池，这对成本控制也是一个极大的考验。

另外，蓄电池所需充电时间较长，车辆在制动时产生的能量不能及时有效的回收，也是单一使用蓄电池组所存在的重大缺点。

超级电容与锂离子蓄电池联用作为车辆的动力系统，在车辆正常行驶过程中，超级电容提供车辆需要的峰值功率。与此同时，通过 DC/DC 变换器控制系统，可以实现制动能量回收。

另外，超级电容还通过控制系统从蓄电池系统快速充电，并为车辆下一次对峰值功率要求做好准备。因此，可以看出，在混合动力系统中，超级电容的存在减少了蓄电池的功率负荷，避免了大电流冲击蓄电池，延长了蓄电池寿命。

4.6.3 混合动力系统工作原理

混合动力系统工作原理如图 4-50 所示。混合动力系统为双向 DC/DC 电源系统，当车辆正常运行时，双向斩波器将 DC 750 V 网压转换成两路 DC 480 V 分别给蓄电池、超级电容充电；当通过无电区时，系统可以将超级电容、蓄电池的电压转换成 DC 750 V 的电压回馈车辆牵引及辅助供电系统。

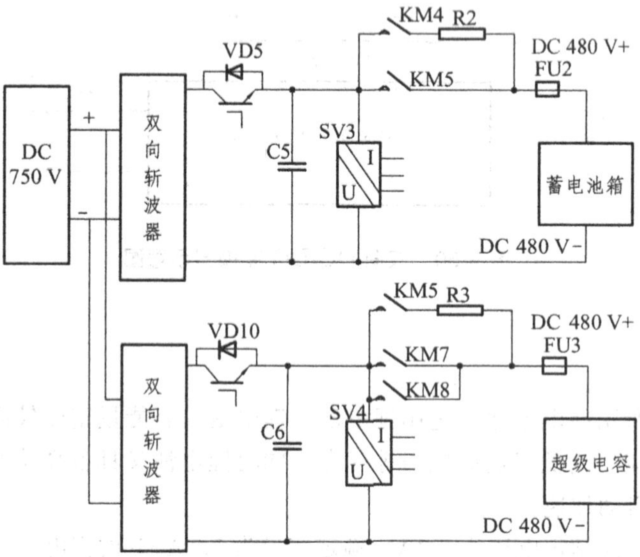

图 4-50　混合动力系统工作原理示意图

4.7 杂散电流腐蚀防护系统

利用走行轨回流的直流牵引供电系统存在杂散电流腐蚀防护问题。杂散电流也被称为“迷流”，是列车运行时，牵引电流沿钢轨流回牵引变电所时在钢轨上产生电压降，使回流钢轨与大地之间产生电位差而引起泄漏电流（即杂散电流）。杂散电流会导致土建结构钢筋及其他地下金属管线产生电化学腐蚀（即杂散电流腐蚀）。为确保现代有轨电车能够长期、安全地运行，必须采取有效措施减少杂散电流及腐蚀的危害。

4.7.1 杂散电流腐蚀机理

现代有轨电车直流牵引供电方式所形成的杂散电流及其腐蚀部位如图 4-51 所示。图中的 I 为牵引电流，I_x、I_y 分别为走行轨回流和泄漏的杂散电流。由图可知，现代有轨电车系统杂散电流所经过的路径可概括为以下两个串联的腐蚀电池。

① 钢轨 A（阳极区）→道床、土壤 B→金属管线 C（阴极区）；

② 金属管线 D（阳极区）→土壤、道床 E→钢轨 F（阴极区）。

当现代有轨电车杂散电流由图中两个阳极区（钢轨 A 和金属管线 D）流出时，该部位的金属（Fe）便会与周围电解质发生电解作用，此处的金属即会遭到腐蚀。发生腐蚀的氧化还原反应可分为两种：当金属（Fe）周围的介质是酸性电解质（即 $pH<7$）时，发生的氧化还原反应是析氢腐蚀；当金属（Fe）周围的介质是碱性电解质（即 $pH\geqslant7$）时，发生的氧化还原反应是吸氧腐蚀。两种腐蚀反应通常生成 $Fe(OH)_2$，并在钢筋表面或介质中析出，部分还可以进一步被氧化形成 $Fe(OH)_3$。生成的 $Fe(OH)_2$ 继续被介质中的 O_2 氧化成棕色的 $Fe_2\cdot2\times H_2O$（红铁锈的主要成分），而 $Fe(OH)_3$ 可进一步生成 Fe_3O_4（黑铁锈的主要成分）。

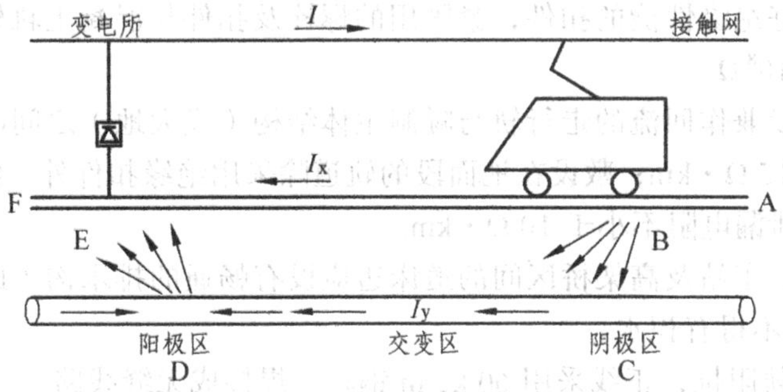

图 4-51 杂散电流腐蚀机理图

杂散电流腐蚀一般具有以下特点：腐蚀度高；腐蚀集中于局部位置；有防腐层时，往往集中于防腐层的缺陷部位。

4.7.2 杂散电流防护对策及措施

1. 防护对策

对杂散电流腐蚀的防护应按照“以防为主，以排为辅，防排结合，加强监测”的原则进行，其防护方法包括“防、排、测”三个方面。

① 防——隔离、控制所有可能的杂散电流泄漏途径，减少杂散电流进入轨道交通系统的主体结构、设备及与其相关的设施。

② 排——组成杂散电流的收集网系统（即排流网系统）。此系统为杂散电流从钢轨上泄漏后遇到的第一道电阻较小的回流通路，它可将杂散电流尽量限制在本系统内部，阻止其继续向系统以外的地方泄漏。

③ 测——设置线路的杂散电流监测系统，监视可能产生的杂散电流的大小，为轨道交通的运营维护提供依据。

在设计防护系统时，若杂散电流腐蚀防护与系统安全接地两者的设计发生矛盾，应优先满足安全接地的有关要求。同时在保证杂散电流腐蚀防护有效实施的基础上，应尽量减少工程和设备的投资。

2. 防护措施

杂散电流腐蚀是由于采用了走行轨回流的直流牵引供电方式产生的，因此其防护首先应增加钢轨对地的绝缘电阻，减小泄漏电流；其次是降低回流钢轨的阻抗，减小回流钢轨上产生的电压降。

① 加大回流钢轨与道床及主体结构之间的绝缘，走行钢轨采用点支承并加强支承点绝缘能力。为此，敷设要求为：

• 采用具有良好绝缘性能的扣件，紧固用的螺栓及扣件与混凝土轨枕之间的绝缘电阻在干燥情况下应大于 $10^8\ \Omega$。

• 敷设在地下段兼作回流的走行轨与隧洞主体结构（或大地）之间的过渡电阻值，对于新建线路不应小于 15 Ω · km；敷设在地面段的轨道除采用绝缘扣件外，绝缘材料要求抗紫外线照射，轨道对地泄漏电阻不小于 10 Ω · km。

• 在地下隧道、车站及高架桥区间的道床边应设有畅通的排水沟（此沟不应设在上、下行轨道之间），沟内不得有积水。

② 降低回流钢轨阻抗，正线采用 60 kg/m 钢轨，焊接成无缝线路。

③ 加强相关管线等的防护措施。对平行于回流钢轨敷设的金属管道、电缆，在出入地下隧道区间、车站时应与隧道、车站的主体结构钢筋在电气上进行绝缘处理。高架桥梁与桥墩之间实现电气绝缘，限制杂散电流通过桥墩泄漏至大地，防止对城市公用设施产生电化学腐蚀。

4.7.3 杂散电流腐蚀防护设计

1. 杂散电流排流系统

杂散电流排流系统是沿走行轨下纵向设置杂散电流收集网，将泄漏到走行轨以外的杂散电流通过收集网排流电缆、排流柜等引回至各牵引变电所的负母排。

在地下隧道区间及地下车站，可采用道床内面层的若干根主钢筋与电气连接，并在伸缩缝两侧以铜芯电缆连接，组成完整的杂散电流收集网。该网与主体结构钢筋不能相连。在高架桥区间，可利用桥梁上部结构钢筋电气的连接，作为杂散电流收集网。高架桥梁和桥墩之间应实施电气绝缘。

在牵引变电所内设杂散电流排流柜，其一端和牵引整流装置的负母排相连，另一端与杂散电流收集网相连。每台排流柜设置多路排流回路，排流柜的每一排流回路应能控制排流电流大小，并具有超限报警功能。

为了防止杂散电流对收集网本身产生电化学腐蚀，对收集网的总截面有一定的要求，使腐蚀限制在钝化范围内。

2. 杂散电流监测系统

杂散电流的监测是通过测量回流钢轨对地的电位和轨道单位长度内的泄漏电阻，推算出轨道单位长度内的泄漏电流，从而得到轨道某一段泄漏电流的总量。因此，通过测量回流钢轨的对地电位，以及对隧道、高架桥及车站主体结构钢筋、排流钢筋的电位等，可以判断杂散电流的大小，以便采取适当的排流措施。

杂散电流监测系统由参比电极、排流网测试引出点、结构钢筋测试引出点、走行钢轨电位测试引出点、监测点接线盒、电位测量箱以及测量仪器装置等组成。监测点接线盒如图 4-52 所示。

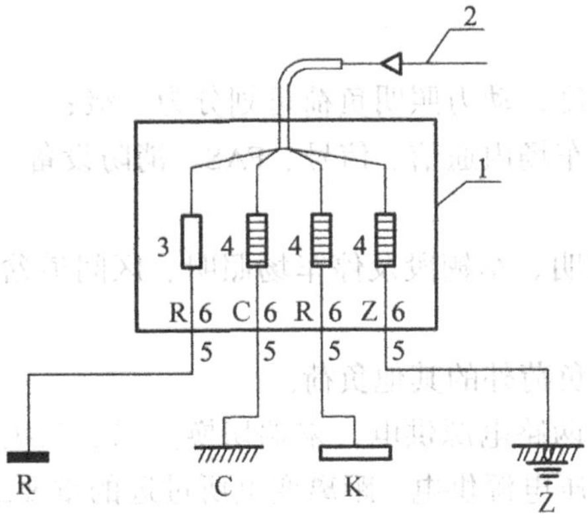

1—监测点接线盒；2—测量电缆；3—熔断器；4—活动式短接导线或铜片；5—测量连接线；6—接线端子 R—走行轨；C—结构钢筋；K—排流钢筋；Z—参比电极

图 4-52 监测点接线盒示意图

为方便测试，在每个车站的适当位置设置杂散电流电位测量箱，将该车站及两端区间的相关测试点通过电缆引入电位测量箱内。为保证测量精度，电压表的输入阻抗要大，电流表的输入阻抗要低，较为理想的是采用具有测试钢轨泄漏电阻和自动记录存储功能的微机型综合测试装置。平时巡视检查时，应采用便携式的仪器。

参比电极是测试大地基准电位的重要元件。测量用参比电极应设在与被测点接近的地方，测量引线应采用短引线。在地下车站站台层两边外侧设置一定数量的参比电极，施工时可采取现场钻孔安装。在隧道上、下行区间外侧设置 2 ~ 3 个参比电极，安装时可利用隧道管片的注浆孔，在矩形隧道部分可现场钻孔安装，在高架桥区间适当位置可采用埋入法安装。

3. 完善运营管理

杂散电流腐蚀防护系统的设计是一个不断完善和持续改进的过程，因此运营后的监测记录将为系统优化提供最真实的数据。通过对数据的分析与计算，将为杂散电流分布、数学模型建立以及计算机仿真等奠定基础，其意义重大。

4.8 动力照明供电系统

动力照明系统实现降压变配电功能，包括降压变电所与动力照明配电系统。降压变电所将进线电源降压后变成低压 380/220 V 电源，再经低压配电系统供给车站、车辆段（停车场）、控制中心的动力照明设备使用，以保证车站设备和照明系统的正常运行。

4.8.1 负荷分级

根据用电设备的重要程度，动力照明负荷可划分为三级：

一级负荷有车辆段及停车场内通信、信号、FAS、消防设备、应急照明、变电所用电、接触网报警装置等。

二级负荷有沿线车站照明、车辆段及停车场照明、区间道岔转辙设备、车辆段重要的检修设备等。

三级负荷为除一、二级负荷外的其他负荷。

一级负荷由变电所提供两路电源供电，末端切换。二、三级负荷由双电源变电所或接在环网上的变电所提供一回低压电源供电。距离变电所过远的重要二级负荷提供两回线路供电。

4.8.2 降压变电所

降压变电所是现代有轨电车运营安全、行车安全、防灾安全以及应急处理等动力照明供电的保障，有独立式、跟随式、混合式三种类型，可采用与车站合建式、单建式、箱式三种建筑形式。

降压变电所和牵引变电所同等重要。降压变电所的位置应靠近负荷中心，考虑电缆进出方便、设备运输方便。应综合考虑低压用电负荷的分布、大小、车站规模等因素后合理确定车站降压变电所的数量及位置。

1. 车辆段降压变电所

车辆段（停车场）占地规模大，设置了综合维修基地以及综合办公楼等，总的低压用电量比较大且用电负荷分散。一般设置两座降压变电所，其中一座与车辆段牵引变电所合建，主要为办公区、信号楼等提供低压电源。另一座为跟随式降压变电所，为维修车间、停车库及邻近场所提供低压电源。

2. 控制中心降压变电所

在实际工程中，控制中心大楼除了有调度指挥功能外，一般还具有办公功能，其中办公建筑面积还会占大部分。控制中心大厅及其设备区服务于线路、车站、车辆段、停车场等全部场所的运营与管理，在运营中具有非常重要的地位，它对电源安全性和可靠性的要求很高。控制中心大厅及设备区的低压用电量并不大，但如考虑办公等其他功能需求，低压用电量将增大许多。

控制中心大楼设置一个降压变电所，可以满足低压用电负荷的需要。考虑到办公等功能的用电需要，配电变压器容量要适当增大。控制中心降压变电所不宜与正线降压变电所合建，目的在于充分保障控制中心供电的独立性、安全性和可靠性。

3. 车站及区间降压变电所

与其他城市轨道交通不同，主要采用半独立或混合路权的现代有轨电车通常运行于城区范围的地面线路，可不考虑区间照明而借助城市照明系统。而正线车站形式多为建筑规模较小的地面开放式，用电负荷较小，可多站共用一座降压变电站或直接引入城市低压电源。

4.8.3 中压主接线

降压变电所中压主接线形式与降压变电所的位置，中压网络构成形式、运行方式、服务对象有关，由交流中压开关设备、配电变压器、交流低压开关设备等几部分组成。主接线应满足可靠性、灵活性和经济性的基本要求，一般为分段单母线，根据系统运行需要，可设或不设母线分段开关，而跟随式降压变电所一般采用线路-变压器组接线。

1. 分段单母线接线（设母线分段开关）

降压变电所中压电源侧为分段单母线，设母线分段开关。母线分段开关可手动或自动操作。降压变电所在两段母线上各设一台配电变压器，其接线组别采用 Dyn11，如图 4-53 所示。

正常运行时，两个独立的进线电源同时供电，两台变压器分列运行，负载率应尽量接近。非正常情况下的运行方式如下：

① 一个进线电源 QF1（QF2）失电退出后，根据低压负荷情况自动或手动切除三级负荷，另一台配电变压器 TM2（TM1）承担本降压变电所全部一、二级负荷的正常用电。

② 一个进线电源 QF1（QF2）失电退出后，分段开关 QF5 投入运行，由另一个进线电源 QF2（QF1）向本降压变电所的两段母线供电。

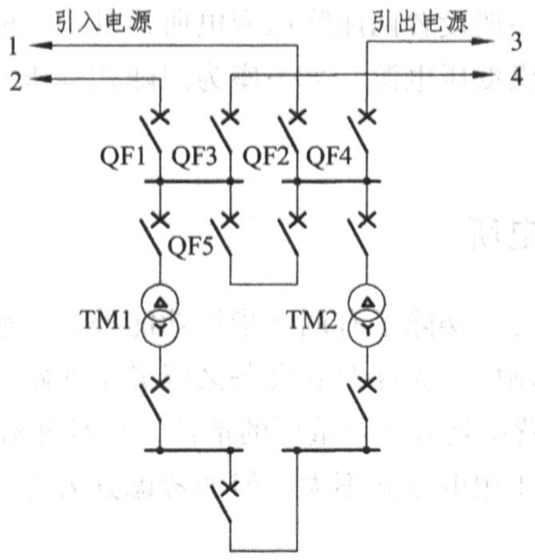

图 4-53　分段单母线接线示意图（1）

③ 两个进线电源 QF1、QF2 失电退出后，通过调度指令进行倒闸操作，由相邻变电所反向提供中压电源 QF3、QF4。采用这种方式时，倒闸操作需要一定的时间，在倒闸期间，本降压变电所暂时退出，对线路运营有短时间的影响。

④ 当一段母线退出后，闭锁分段开关 QF5 发挥作用，分段开关不投入运行，另一段母线继续运行。根据低压负荷的使用情况，自动或手动切除三级负荷，另一段母线上的配电变压器承担本降压变电所全部一、二级负荷的正常用电。

⑤ 当一台配电变压器 TM1（TM2）退出后，根据低压负荷情况自动或手动切除三级负荷，另一台配电变压器 TM2（TM1）承担本降压变电所全部一、二级负荷的正常用电。

2. 分段单母线接线（不设母线分段开关）

降压变电所中压电源侧为分段单母线，不设母线分段开关。降压变电所在两段母线上各设一台配电变压器，变压器接线组别采用 Dyn11，如图 4-54 所示。

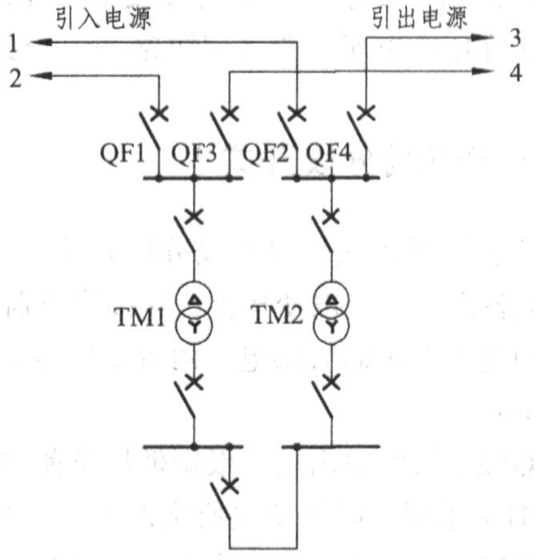

图 4-54　分段单母线接线示意图（2）

正常运行时，两个独立的进线电源同时供电，两台变压器分列运行，负载率应尽量接近。非正常情况下的运行方式如下：

① 一个进线电源 QF1（QF2）失电退出后，根据低压负荷情况自动或手动切除三级负荷，另一台配电变压器 TM2（TM1）承担本降压变电所全部一、二级负荷的正常用电。

② 一个进线电源 QF1（QF2）失电退出后，通过调度令进行倒闸操作，由相邻变电所反向提供中压电源 QF3（QF4）。采用这种方式时，倒闸操作需要一定的时间。在倒闸期间，本降压变电所的全部一、二级负荷由另一段母线上的配电变压器承担。

③ 当一段母线或配电变压器 TM1（TM2）退出后，运行方式和设置母线分段开关的分段单母线接线相同。

④ 两个进线电源 QF1、QF2 失电退出后，通过调度令进行倒闸操作，由相邻变电所反向提供中压电源 QF3、QF4。采用这种方式时，倒闸操作需要一定的时间。在倒闸期间，本降压变电所暂时退出，对线路运营有短时间的影响。

3. 线路—变压器组接线

线路—变压器组接线是由带熔断器的负荷开关（或断路器）和配电变压器组成，如图 4-55 所示。

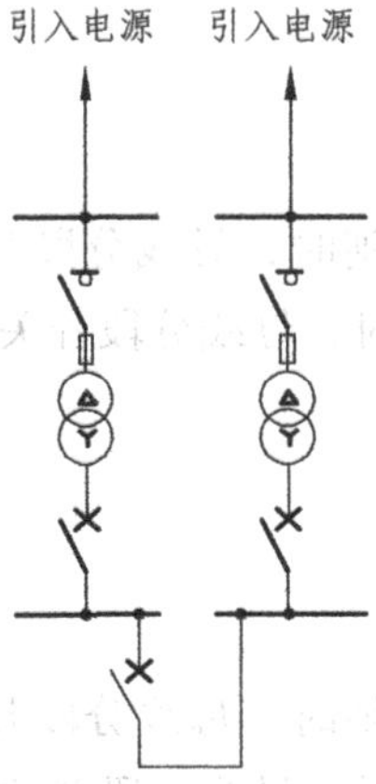

图 4-55　线路—变压器组接线示意图

正常运行时，两个独立的进线电源同时供电，两台变压器分列运行，负载率应尽量接近。当一个进线电源失电或一台配电变压器退出后，根据低压负荷的使用情况，自动或手动切除三级负荷，本段的配电变压器容量满足本降压变电所全部一、二级负荷的正常用电需要。

4.8.4　低压主接线

动力照明配电系统直接面向低压用户，从用电设备负荷分类来讲，一、二级负荷占绝大多数，对低压电源的可靠性要求高，可采用分段单母线接线，设母线分段开关，如图 4-56 所示。两段低压母线上的负荷应尽量均衡分配，与配电变压器安装容量相匹配。

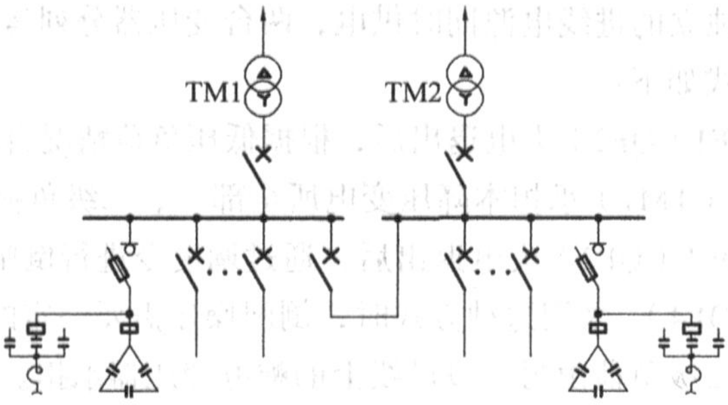

图 4-56 低压主接线示意图

正常运行时两个独立的低压进线电源同时供电，两段母线分列运行。当一个低压进线电源失压时，进线开关与母线分段开关可以采用“自投自复、自投手复、手投手复”等投入方式。

1. 自投自复运行方式

当一个低压进线电源失压延时跳闸时，母线分段开关自动投入，另一个低压进线电源向两段母线供电。该低压进线电源来电时，母线分段开关自动分闸，该低压进线开关自动合闸，恢复正常运行方式。该方式属于常用的一种运行方式。

2. 自投手复运行方式

当一个低压进线电源失压延时跳闸时，母线分段开关自动投入，另一个低压进线电源向两段母线供电。该低压进线电源来电时，母线分段开关手动分闸，该低压进线开关手动合闸，恢复正常运行方式。

3. 手投手复运行方式

当一个低压进线电源失压延时跳闸时，母线分段开关手动投入，另一个低压进线电源向两段母线供电。该低压进线电源来电时，母线分段开关手动分闸，该低压进线开关手动合闸，恢复正常运行方式。

4.8.5 低压配电形式

低压配电常用形式：树干式配电、放射式配电与链式配电。

1. 树干式配电形式

一般情况下，当大部分用电设备为中小容量且无特殊要求时，可以采用树干式配电形式，如图 4-57 所示。

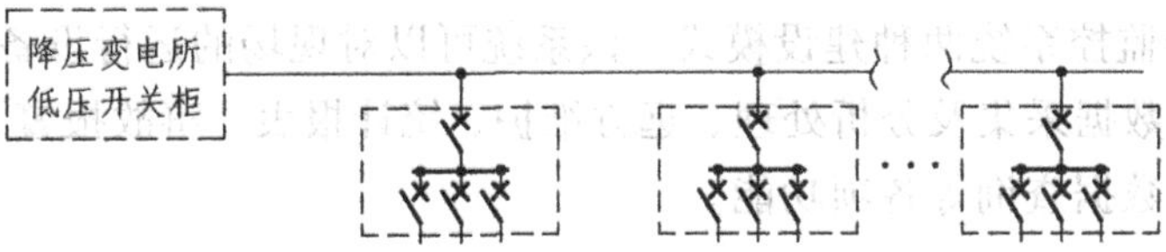

图 4-57　树干式配电示意图

树干式配电形式的配电级数较多，某级发生故障时，可能会引起降压变电所低压开关柜馈出开关越级跳闸，从而影响了其他设备的正常用电，降低了配电系统的可靠性和安全性。

2. 放射式配电形式

当用电设备为大容量，或负荷性质重要，或在有特殊要求的场所内时，可采用放射式配电形式，如图 4-58 所示。

放射式配电形式属于降压变电所低压开关柜馈出开关与下级电源开关之间一对一的电源关系，是否越级跳闸的后果是相同的，都面临用电设备退出、断电维修等问题。

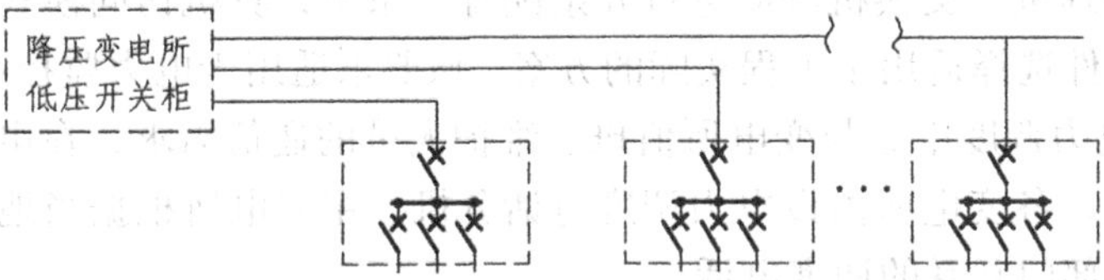

图 4-58　放射式配电示意图

3. 链式配电形式

对距降压变电所较远，而彼此相距很近、容量很小的次要用电设备，可采用链式配电形式，如图 4-59 所示。

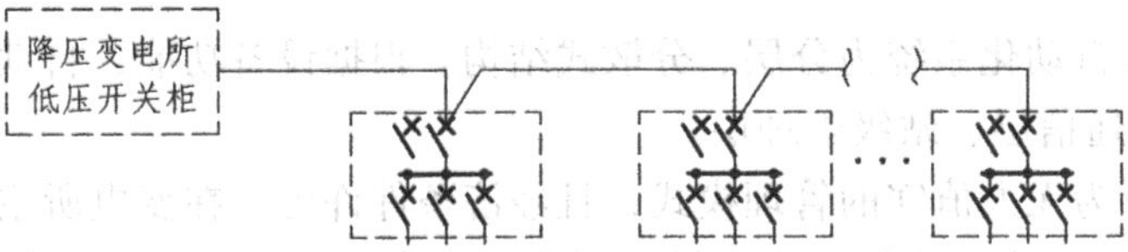

图 4-59　链式配电示意图

链式配电形式的配电级数较多，某级发生故障时（末级除外），将影响其后面链接设备的正常用电。

4.9　电力监控系统

电力监控系统又称电力 SCADA（Supervisory Control And Data Acquisition）系统或者远动系统，即数据采集与监视控制系统，往往简称 SCADA 系统，有时也称 PSCADA 系统，有采用分立系统和综合监控系统两种建设模式。该系统可以对现场的运行设备进行监视和控制，以实现设备控制、数据采集及分析处理、远方维护、统计报表、事故报警、画面调阅、测量、参数调节以及历史数据查询等各项功能。

4.9.1 系统要求

现代有轨电车电力监控系统的设计通常应该满足如下要求：

① 电力监控系统在控制中心应该设有电力调度中心。如果电力监控系统采用集成于综合监控系统的建设模式，电力调度中心与综合监控系统统一设计。如果电力监控系统采用独立建设模式，中心内须设置一套中央监控系统，采集各变电所的“三遥”信息，实现对全线供电系统的远程监控功能。

② 中央监控系统的构成方式应该保证系统运行的可靠性，系统中的关键设备，如系统服务器、前置数据处理机、交换机等应进行冗余配置。系统计算机访问模式、网络配置形式等可根据当前技术条件选择适用于工程实际的方案。该要求适用于电力监控系统独立建设模式。

③ 为了满足电力调度中心与变电所值班、维护人员的通信需求，在电力调度中心须设置电力调度电话总机，各变电所内设电力调度电话分机。主变电所根据当地电力部门的要求装设与上级电力管理部门联系的调度电话。

④ 电力监控系统的通信通道必须冗余配置，主、备用通信通道应支持手动/自动切换功能。通信接口类型可以选择串口或者以太网口等，但是其通信速率不得低于相关规范的要求。当电力监控系统独立建设时，此处通信通道指的是电力调度中心与变电所综合自动化系统之间的通道。

⑤ 全线各变电所设置变电所综合自动化系统，各变电所综合自动化系统均可以脱离控制中心独立运行。

⑥ 变电所综合自动化系统为分层、分散式结构。根据设备功能，自动化系统分为三层：间隔设备层、网络通信层、站级管理层。

⑦ 如果变电所为无人值守的管理模式，且经济条件许可，在变电所主要设备房间内可设置闭路电视监控装置。在电力调度中心设置图像监视终端，以实时监视变电所内的情况。

⑧ 电力监控系统软、硬件属于国内成熟产品，应该优先选用技术成熟、功能完善、性能优越、国内领先的产品。

⑨ 电力监控系统设备选型应立足于国产化设备。

⑩ 各级监控网络及系统设备应满足电磁兼容的各项标准和要求。

⑪ 如果所建设的工程有远期延伸规划，系统设计时应适度预留远期扩展裕量。

4.9.2 分立系统模式的系统构成

传统分立电力监控系统由电力调度中心主站系统、通信通道、变电所综合自动化系统、供电复示系统四部分组成。

电力调度中心主站系统作为全线电力监控系统的中心，可将全线各变电所自动化的信息汇集到实时数据库中，支持各电力操作站的监管功能，支持全线供电 SCADA 功能，并完成历史数据处理和存储功能。

变电所综合自动化系统通过通信通道实现与电力调度中心的通信，接受调度中心的控制命令，向调度中心主机传送变电所操作、事故、预告、测量等信息。但变电所综合自动化系统的运行不依赖于中央监控系统。

供电复示系统通过主站系统采集全线供电系统的各类信息，用于供电系统维护人员监视、统计各类设备的运行数据。

一般情况下，系统通信通道与现代有轨电车通信系统统一组建，电力监控系统向通信系统提出通道要求。基于工程的实际情况，通信系统难以为电力监控系统提供通信通道时，电力监控系统需要建设独立的通信通道。宜采用光纤以太网或者串行点对点通道（如 RS-485）构成通信网络。

传统的分立电力监控系统构成如图 4-60 所示。

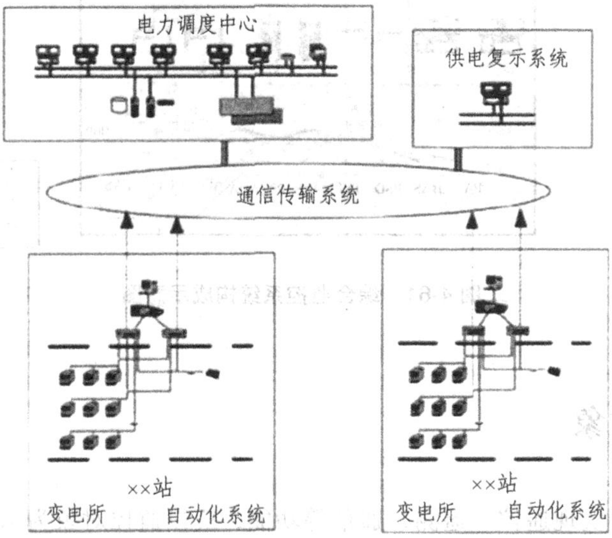

图 4-60　传统电力监控系统构成示意图

4.9.3　综合监控系统模式的系统构成

综合监控系统通常集成了电力监控系统、环境与设备监控系统等系统。综合监控系统为这些不同的系统提供了一个综合的信息平台，这些系统的主要硬件、软件均由综合监控系统来统一构建，综合监控系统实现各系统的系统功能。

综合监控系统集成电力监控系统后，电力监控系统原先包含的电力调度中心主站系统、通信通道、变电所综合自动化系统、供电复示系统四部分中，电力调度中心主站系统、通信通道、供电复示系统均由综合监控系统来完成。

综合监控系统的构成如图 4-61 所示。

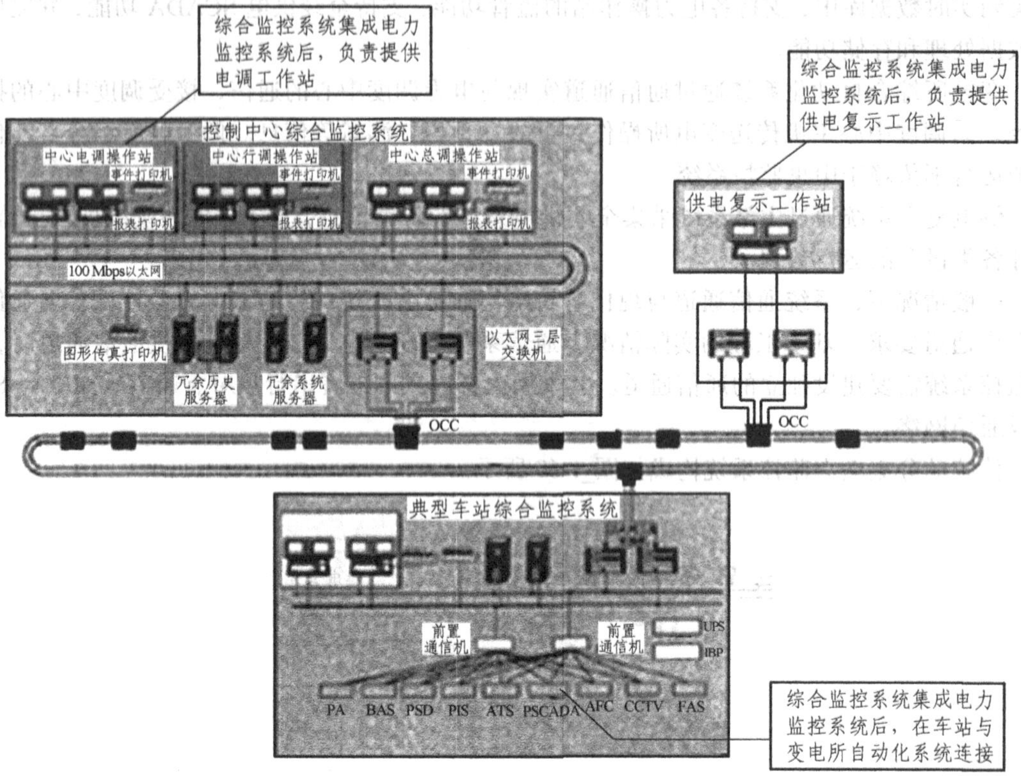

图 4-61　综合监控系统构成示意图

4.9.4　监控对象

电力监控系统要实现遥控、遥测、遥信等功能，应以监控对象为基础进行系统的构建。电力监控系统的监控对象随不同地区外电源电网现状、不同类型供电系统建设形式而不同，需要按照供电系统的具体内容而定，通常包括主变电所、牵引变电所、降压变电所等不同类别变电所内的高压 66 ~ 110 kV 设备、中压 10 ~ 35 kV 设备、直流 750 V 或直流 1 500 V 设备、低压 400 V 设备、交直流电源屏、排流柜、轨道电位限制装置等。

5 运营控制系统

现代有轨电车的运营控制系统是基于系统工程理论，将信息、通信、控制、卫星定位、计算机网络等技术科学集成，应用于整个有轨电车交通的控制管理系统。该系统既是保证现代有轨电车高效、安全运行不可缺少的系统，也是现代有轨电车其他系统间联系的纽带，实现对现代有轨电车系统的运行指挥控制及安全防护功能。因此，运营控制系统的安全性将直接影响到现代有轨电车的安全性和可用性。

5.1 系统结构及功能

运营控制系统是保证列车运行安全、实现行车指挥和列车运行现代化、提高运输效率的关键系统。由于现代有轨电车运营控制系统暂无国家或行业标准，在工程设计阶段，业内一般参照具有专用路权的城市地下轨道交通或轻轨的相关标准，基于成熟的通信技术和通信产品进行集成，并进行适应性应用开发。实践表明其具有一定的不适应性。

5.1.1 系统的必要性

根据德国现代有轨电车建设和运营规定 BOStrab 相关条款的要求可以看出，现代有轨电车的运行场景遵循以下基本原则：

① 包括两种类型的线路：敷设于公共道路上的线路、与公共道路隔离的专用线路。

② 在平交路口处，有轨电车享有优先通行权。

③ 正线一般为双线双向运营，遵循右侧行车原则。

④ 在单线区段严禁超过一辆列车同时相对行驶，该要求由信号系统保证。

⑤ 驾驶模式以司机目视行车驾驶为主，个别可采用列控安全系统。

⑥ 行驶于有轨电车专用轨道时，行驶速度不超过 70 km/h。

⑦ 列车行经站台不停车情况下，行驶速度不超过 40 km/h。

⑧ 列车行经非锁闭式道岔尖轨部位时，行驶速度不超过 15 km/h。

相对于地铁或轻轨，现代有轨电车具有与地面公共交通同样的特点，即交叉运行、质量小、制动距离短等。从实施控制的角度看，现代有轨电车是一种兼具轨道交通和公交特点的交通方式，采用与轨道交通相同的钢轮钢轨（或者胶轮+导轨），通过道岔改变路径，具有介于轨道交通和公交之间的运行速度、载客量等性能参数，行驶在与公交类似的开放的交通环境中，运营组织灵活，可采用类似于公交的人工驾驶车辆模式和灵活的运营组织方式。因此现代有轨电车采用传统城市轨道交通运营控制系统的不适应性主要表现在如下两方面：

① 系统方案的选择应基于环境条件，因为现代有轨电车线路一般不完全封闭，与地面公共交通存在平面交叉路口，破坏了地铁包括信号系统在内各控制系统适用的封闭环境，因此从使用环境考虑，现代有轨电车不适合采用轨道交通（地铁或轻轨）信号系统。

② 现代有轨电车的运行易受地面交通状况的影响，运营组织灵活，允许两辆以上的车辆以很近的间距排列行驶（如图 5-1 所示），或者同时在站内停靠，但目前的轨道交通信号系统无法实现这种运营需求。

图 5-1　浑南有轨电车在追踪运行

基于以上原因，现代有轨电车通常不设地铁或国铁中使用的信号系统，可不具备自动驾驶、自动追踪、车载设备防护等功能，整个列车的运营安全可考虑由司机来保证。

5.1.2　列车控制方式选择

在轨道交通中，运营控制系统可根据不同的需求进行多种功能配置，从最基本的保证行车安全，到完全的列车自动控制（无人驾驶）。传统的有轨电车在城市街道行驶，行车速度低，司机人工驾驶列车和控制道岔，运行安全完全由司机保证。现代有轨电车行车速度明显提高，载客量逐渐增大，具有更加优越的车辆性能，对行车安全和效率也有了更高的要求。人工控制和采用运营系统自动控制列车，哪种方式更适用于现代有轨电车工程，需结合工程实际特点确定。

1. 行车需求是确定列车控制方式的依据

传统的有轨电车行车需求低（行车速度低、运行间隔大），列车质量小，司机瞭望发现前方有车后实施制动，可保证列车安全。现代有轨电车质量大，随着行车需求的增高，以人的能力控制列车运行将越发困难，甚至不能保证安全，所以必须采用基于信号设备的控制系统。这里司机的控车能力成为一个关键点，要考虑人的反应时间，考虑现场各时段的光线或照明条件，在最困难的线路条件（最大下坡道、弯道）下计算，并留有一定的裕量。因此，现代有轨电车的列车控制方式需基于行车速度、间隔等参数，结合列车质量（满载）、制动性能、线路坡度等数据，并考虑司机能力和瞭望条件等外部因素来计算确定。

2. 列车控制方式选择应基于线路环境条件

轨道交通运营控制系统实施自动控制的前提是列车行驶在封闭的环境中，即系统仅考虑环境内的各种影响因素进行列车控制，不受外界因素干扰。而现代有轨电车往往行驶于城市道路上，线路开放或半封闭，受社会车辆、行人、平交路口垂直方向交通流等不确定因素的影响。如果考虑在运营系统现有功能的基础上增加对上述影响因素的检测和控制，会使系统复杂程度大大增加，造成可靠性降低，这对以安全控制为核心的运营控制系统影响较大。另外，不可预期的外界影响造成列车频繁地减速和制动，经常性地偏离列车时刻表，从而造成系统可用性降低，不能达到提高行车效率的目的。因此，开放的环境不利于信号系统实施控制，应尽量降低行车需求，采用人工控制的方式；如行车需求较高，则应尽量对线路进行封闭处理。

3. 列车控制方式与路口控制方式密切相关

大运量城市轨道交通严禁与公共交通平面交叉，而有轨电车行驶在公共交通环境中，线路上多存在平交路口，这也是二者的一个重要差别。平交路口的处理，可考虑道口控制和公共交通灯（红绿灯）控制两种方式。虽然通过在平交路口设物理隔离设施，为列车通行创造封闭的环境，可使现代有轨电车具备采用运营控制系统自动控制的可能，但是列车通过前后的保护时间及设备转换时间长，将对垂直方向的公共交通流造成影响，一旦行车间隔变小，出现列车接连通过的情况，则很有可能堵塞垂直方向的交通。并且市区内道口需设道口通知装置并有人值守，使得投资和运营成本高。采用公共交通灯控制方式时，现代有轨电车与公共交通车辆一样按交通灯显示行车，也可设计信号优先功能使其优先通过。在路口面临行人和车辆等因素的影响时，更适合采用司机人工控制的方式。

4. 轨旁设备设置、线路景观需求的影响

现代有轨电车工程线路一般选在城市道路上，线路环境开放，且有可能与其他交通工具混行，轨旁设备越少越好。过多的轨旁设备将会造成以下问题：

① 设备暴露在交通环境中，极易受到公共车辆、行人的碾压，造成设备损坏。

② 设备暴露在开放的环境中，易被盗，造成财产损失。

③ 轨旁设备与轨道之间易积杂物，影响设备性能，增加了运营维护工作量。

④ 设备本身及轨旁控制箱盒的存在与平整的轨面和路面不协调，影响线路景观。

⑤ 若设备实现埋入地下的隐蔽安装，则需对轨旁排水提出更高的要求，造成工程实施成本增高。

⑥ 维修及保养工作量大。

而司机人工控制的方式，意味着系统的简化和轨旁设备的减少，更适合线路开放的现代有轨电车工程。

5. 间隔控制理念对行车控制方式选择的影响

基于闭塞的理念对列车进行间隔控制，能使列车高速地、按照设定的间隔行驶，准点到站。现代有轨电车易受外界因素干扰，如果采用行车间隔控制，一列车的延误将造成后续列车的接连延误；如果采用类似于公交的运营组织方法，控制发车间隔，不控制行车间隔，允许两辆以上的车辆以很近的间距行驶（即形成“串车”，如图 5-1 所示）或者同时在站内停靠，则目前的城市轨道交通运营控制系统无法满足这种运营需求。

6. 其他因素

基于故障—安全理念设计的运营控制系统，比人工控制具有更好的安全性，也使工程的整体自动化水平显著提升。人工控制所需的信号系统简单、设备少，相对于基于设备控制的运营控制系统，可大幅降低系统投资和后期维护成本。

可以看出，现代有轨电车列车控制方式的选择受多种因素影响，应结合具体工程的特点和功能需求确定。总的来说，行车需求低的有轨电车工程适合采用司机人工控制的方式；行车需求高的工程须采用列车自动控制的方式实现安全防护，此时应尽量创造封闭的线路环境，通过立交的方式减少平交路口，为信号系统提供实施自动控制的条件。

5.1.3 系统功能需求

现代有轨电车是一种介于公交和地铁之间的交通方式，其特点和技术特征与地铁、轻轨存在一定差别。现代有轨电车运营控制系统虽也包含若干子系统，有与行车控制相关的，有与通信相关的，还有与售检票相关的等，但由于现代有轨电车更类似于公交的人工驾驶模式和灵活的运营组织方式，只要具备轨、车、电就能实现运营，因此控制系统已不适合按通信、信号、自动售检票、综合监控等传统轨道交通专业进行划分。

从现代有轨电车自身特点出发，工程建设应尽量体现出其控制系统小、全、活的特征。“小”即单个设备子系统小——现代有轨电车采用了开放站台，正线为司机控车，中心只进行行车监视。“全”即涉及的功能系统全——传统弱电相关子系统在现代有轨电车中都有其踪影。重点则在“活”字上，一方面淡化以往轨道交通控制系统子系统多、子系统间孤立的特点，实现各专业间的信息整合、资源共享，体现系统集成化、设备综合化；另一方面，单个系统控制逻辑完整、严密、实用，切忌照搬地铁或轻轨运营模式。为保证现代有轨电车在正线上正常运营，其运营控制系统通常应具备如下业务功能：

1. 正线道岔控制功能

现代有轨电车与传统城轨的运行控制系统不同，不需要闭塞防护及超速防护功能，仅需要实现对道岔的控制、锁闭及进路指示器的开放。列车接近道岔时，可由司机在列车上遥控道岔，也可通过自动识别列车 ID 号，自动判断交路，从而控制道岔。待列车通过道岔后，道岔才准许解锁。

2. 路口优先功能

在现代有轨电车线路与社会道路的交叉路口安装检测设备，当探测到有轨电车接近交叉路口时，在有轨电车方向上延长交通信号灯的绿灯时间或将其激发为绿灯，以保证有轨电车优先于其他方向的社会车辆通过交叉路口，从而达到有轨电车快速、准时的目的。

3. 无线通信功能

无线通信可采用公共移动通信系统，主要为列车位置信息实时上传提供通道，为现代有轨电车固定用户（综合运营调度中心、车辆段调度员等）与移动用户（列车司机，防灾、维修等移动人员）之间的语音和短信息数据交换提供可靠的通信手段。

4. 行车调度功能

行车调度主要通过车载定位技术跟踪系统、控制中心系统及车载智能终端实现现代有轨电车运营调度管理，其主要作用是编制、管理行车与配车计划，指挥行车，管理司乘考勤，统计报表等，实现对列车与司机的自动监视。

5. 广播功能

广播功能在正常情况下向车站旅客通告现代有轨电车运行以及安全、向导等服务信息，向工作人员发布作业通知。紧急情况下，中心调度员可对选定车站进行控制，播报疏导信息、临时通知。

6. 乘客信息发布功能

在正常情况下，乘客信息系统通过运营控制系统的调度中心集中对全部车站、车上乘客提供实时的各种出行信息、通知公告、媒体新闻广告等公共媒体信息，方便乘客选择和优化出行线路。在紧急情况下，本着运营信息优先使用的原则，乘客信息系统可提供动态辅助性提示。

7. 视频监控功能

视频监控子系统是现代有轨电车保证运输安全的重要手段，以观看客流及列车到、发为主。

8. 电力监控功能

电力监控功能用于对现代有轨电车全线变电所主要供电设备及接触网电动隔离开关进行监控，完成调度部门对全线供电系统的运行及维修调度管理。

5.1.4 系统分层及组成结构

现代有轨电车的运营控制系统可以说是有轨电车与其他各系统间的联系纽带，主要实现对现代有轨电车系统的行车控制、运营监视及调度指挥功能，是保证现代有轨电车高效、安全运行的关键系统。

1. 系统分层

从传统上来讲，运营控制系统主要完成联锁和追踪控制，但从有轨电车的发展历史及当前的运用来看，针对现代有轨电车配套的运营控制系统，联锁是道岔区及相关区段的局部联锁，追踪控制的实现也需要人工驾驶来满足相关的追踪。从这个意义上来看，现代有轨电车运营控制系统应该解决好以下三个方面的技术问题：

① 局部道岔控制的问题；

② 运行间隔控制中，控制中心调度员与司机命令交互的问题；

③ 交叉路口信号优先的问题。

现代有轨电车运营控制系统的根本任务是保证列车运行安全，同时兼有列车运行监督和列车运行调度等功能，并在此基础上考虑提高运输组织效率，尽量实现列车运行自动化。据此可将现代有轨电车运营控制需求分为如图 5-2 所示的三个层次。

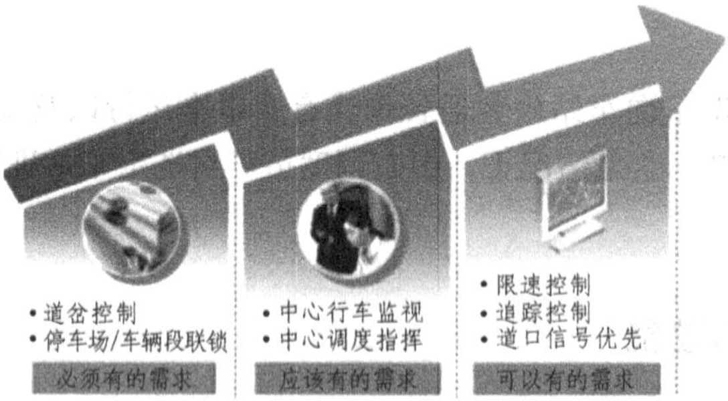

图 5-2 现代有轨电车运营控制需求（三个层次）

2. 系统组成

从规范意义来讲，现代有轨电车需要一种适应特定混合路权应用环境，采用计算机、通信、自动控制、物联网等技术实现的运营控制系统。就现状来分析，现代有轨电车运营控制系统根据功能可分为运营调度管理子系统、正线岔区控制子系统、平交路口信号控制子系统、车辆段计算机联锁子系统和通信子系统等几部分。

① 运营调度管理子系统是实现现代有轨电车运营管理的关键设备，其系统组成与功能决定于调度指挥特点与维修管理体制。根据需要，该子系统可实现时刻表编制与调整、车组配班计划与调整、车辆运行监视、运营数据分析统计、系统设备状态监视及报警等功能。系统设备主要包括调度中心设置的系统应用服务器、调度及维护终端、行车显示设备、网络设备和打印机等。其他设备包括在车辆段派班室设置的显示终端和机车上设置的车载无线调度终端。

② 正线道岔控制子系统可帮助司机在车辆运行时通过车载按钮（或通过自动控制系统）实现对道岔的遥控，使道岔位置满足行车要求。系统通过使用轨道交通领域应用较广的 RFID（射频识别）技术，实现司机在控制范围内遥控道岔转换（或由控制系统自动转换）的功能。正线道岔控制子系统由车载和地面设备组成。车载设备包括道岔控制显示面板、车载天线、通信单元和电源等设备。地面设备包括整体型直动转辙机（安装于路面以下）、信号机、无源电子标签、地面控制单元、通信模块等。

③ 平交路口信号控制子系统主要用于有轨电车与横向公交系统运行车辆空间通行优先权控制。现代有轨电车在公交路口处应按公交系统路口信号灯显示行车，系统控制模式通常有绝对优先控制、相对优先控制等模式，具体设计时需结合现代有轨电车线路布置情况和路口性质进行分析。路口信号优先控制子系统主要包括车载天线、地面无线射频设备和接口控制设备等。

④ 车辆段联锁系统能对车辆段内的调车作业进行集中控制，实现车辆段内进路上的道岔、信号机和轨道区段的联锁功能，保证车辆段内调车作业及车辆段出入段作业的安全。车辆段联锁系统主要包括联锁设备和车辆检测设备。联锁设备主要包括室内电源设备、联锁控制设备、室外信号机和电动转辙机等设备。

⑤ 现代有轨电车通信子系统以满足运营需求为主体，通常可实现运营监视、车辆段（停车场）广播及时间统一等功能。其中传输、公务电话、专用电话、闭路电视、无线调度等是运营必备的子系统。考虑到车辆段（停车场）及综合交通枢纽行车值班员、停车列检库运转值班员向室外或库内流动生产人员发布作业命令的需要，还可设置车辆段（停车场）及综合交通枢纽广播系统。设置时钟系统是为了向各系统设备提供统一的时间信号，为中心调度员、车辆段（停车场）及综合交通枢纽值班员及乘客提供统一标准时间。

3. 系统结构关系

组成现代有轨电车运营控制系统的正线道岔控制子系统、平交路口信号控制子系统、车辆段（停车场）联锁子系统通过通信子系统提供的冗余骨干网连接至控制中心调度管理子系统，在控制中心集中显示各子系统的状态和线路的整体运营状况。同时，通过通信子系统提供的无线通信网络（可租用公网或者铺设专网），车载子系统与控制中心调度管理子系统建立无线通信，从而实现行车计划下达、实时定位跟踪、运行速度实时监视、列车运行间隔监视等系统运营调度功能。而车载子系统与正线道岔控制子系统之间则通过运营控制系统专用的车地通信 TWC（Train-Wayside Communication）设备实现车地信息交互，从而实现自动或手动控制道岔、防止冒进报警等功能。

现代有轨电车运营控制系统的总体结构如图 5-3 所示。

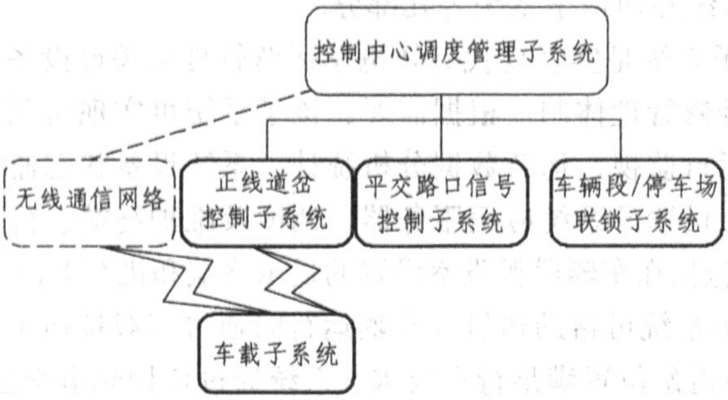

图 5-3　现代有轨电车运营控制系统结构示意图

5.2　正线道岔控制

有别于地铁、轻轨等传统城市轨道交通，现代有轨电车的列车防护范围仅限于道岔区段，对于其他无道岔的线路、车站等一般不设置运行控制设备，由司机目视行车，通过控制电车间距保证行车安全。为便于车辆专线运行、提高运行效率、减轻司机劳动强度，在现代有轨电车正线道岔区段应设置正线道岔控制子系统。

正线道岔控制子系统作为现代有轨电车信号系统不可或缺的部分，在安全和高效方面扮演着重要的角色，用于实现道岔区段内道岔、进路表示器、轨道区段之间正确的联锁关系及进路控制的安全。

5.2.1　道岔控制方式

道岔是现代有轨电车重要的基础设施之一，其控制方式根据道岔转换动力来源不同可分为非电动控制和电动控制两大类。其中，电动控制又可细分为控制中心自动控制、司机遥控控制、轨旁现地自动控制、轨旁现地手动控制、调度室手动控制等方式。

1. 非电动控制

现代有轨电车采用的道岔通常号码较小，且电车运营速度较低、运行交路固定，为减少工程投资，部分道岔可以采用由人直接或间接操纵机械转换设备或采用弹性可挤机械式转辙器完成道岔的转换。

① 当工程采用顺向弹性可挤式道岔时，折返站可不设置道岔转辙机（器），而是利用道岔自身的结构特点及附带的弹簧装置，在电车车轮侧向力的作用下，自动完成道岔直向和侧向转换，使有轨电车完成转线作业，如图 5-4 所示。

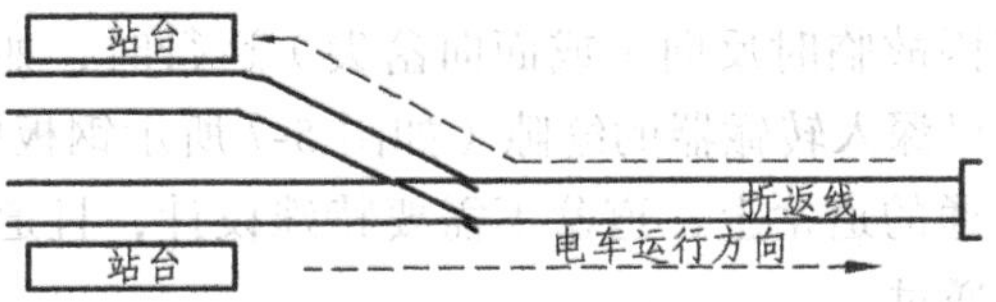

图 5-4　用于站后折返的弹性可挤式道岔

在折返站设置弹性可挤式道岔，道岔常态为开通侧向位置。电车从站台位置开始由岔后直向通过道岔时，道岔被挤到直向位置。电车通过道岔进入折返线后，道岔恢复至原位。然后电车从折返线进入另一侧站台位置，完成折返。该方式是由电车将道岔“挤”到直向位置的，适用于固定折返方式的折返站。

长春 54 路即采用上述折返方式。如图 5-5 所示为长春 54 路的折返站道岔。

图 5-5　弹性可挤式道岔

② 当工程采用弹性可挤机械式转辙器时，与采用弹性可挤式道岔类似，在普通道岔岔尖处安装弹性可挤机械式转辙器以实现相似功能，如图 5-6 所示（图中 201 路、202 路仅为举例说明，表示两条不同的现代有轨电车线路）。

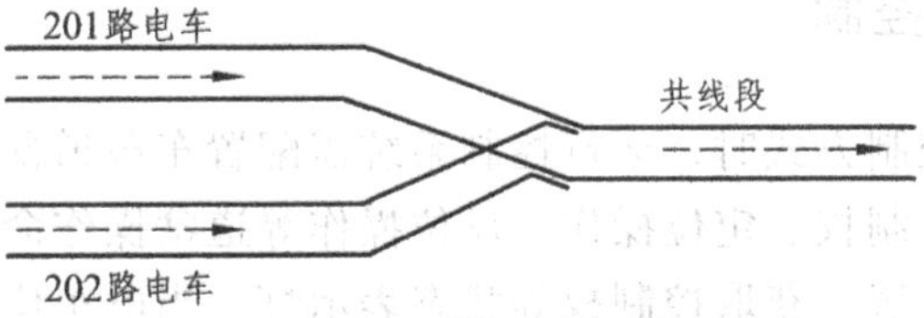

图 5-6　现代有轨电车线路汇合示意图

转辙器不需要电动控制，当电车从岔后经过时，通过电车轮对的侧向力，将道岔岔尖挤到需要的位置。根据所处线路配置形式和道岔设置位置的不同，转辙器可调节为自动恢复原位和不恢复两种状态。如在图 5-6 所示的线路交汇处应用，则不需自动恢复原位；如在图 5-4 所示的折返道岔处应用，则可设置为自动恢复原位（原位设置为开通道岔侧向）。此外，在线路上设置的不需要经常扳动的道岔，如临时折返道岔，当正常运行方式为电车从岔后通过时，则大多可以配置此类转辙器。由于该类转辙器不需要设置集中控制系统，故可以降低工程投资。该方式在欧洲现代有轨电车线路上被广泛应用。

图 5-7 所示为弹性可挤式转辙器的现场安装图。该转辙器可以人工对道岔进行扳动，如在

临时折返道岔处，当电车因故临时反向（或面向岔尖）运行时，如果此时道岔开通位置不正确，则司机可用专用的铁尺深入转辙器的缝隙（如图 5-7 所示钢板中间），将道岔扳到所需位置。该类转辙器可装在普通的道岔上，道岔不需要特殊设计，且道岔转到需要的位置时有锁闭功能，可保证电车安全通过。

图 5-7 弹性可挤式转辙器

2. 控制中心自动控制

现代有轨电车运行控制系统赋予每列车一个独一无二的车次号，当电车接近道岔区域时将本车车次号信息发送给轨旁道岔控制系统，正线道岔控制子系统结合道岔接近区段、道岔区段和离去区段的电车占用情况判断道岔区域进路是否解锁。如果解锁则根据车次号信息及控制中心的道岔控制命令扳动相应道岔，并开放允许信号。

控制中心自动控制方式下，需要在道岔区域（含接近区段和离去区段）设置轨道电路或计轴器。同时，为了实现控制中心进路控制命令的下达，应将轨旁道岔控制系统与控制中心调度指挥系统接入（以无线或有线方式）同一通信网络。另外，控制系统应将每列车的车次号信息实时传输至控制中心，以便根据车次号信息办理相应的进路。

3. 电车司机遥控控制

采用电车司机遥控控制方式时，运行控制系统需配置车载道岔控制设备。车载道岔控制设备人机界面设置请求控制权、定位操作、反位操作等道岔操作命令按钮，以及道岔实际位置、电车处于道岔控制区域、获取控制权等状态表示灯。当电车位于道岔控制区域并取得对道岔的控制权时，司机可根据需要对道岔进行操纵；当道岔实际位置与预期位置一致时，司机驾驶电车越过道岔。

为实现车载道岔控制设备与轨旁道岔控制系统设备的通信并确保安全，在电车进入道岔区域之前沿线敷设车地通信环线或其他车地双向通信设备，完成道岔控制权的交接。同时，在道岔区及其接近、离去位置配置环线、计轴器或专用轨道电路，确保道岔区无车时才能完成控制权交接并转换道岔。

4. 轨旁现地自动控制

采用轨旁现地自动控制方式需要配置与电车司机遥控控制方式类似的轨旁及车载道岔控

制设备。当有轨电车驶出车辆段时，通过司机室的人机界面输入线路号（或运行目的地号）。当电车接近道岔时，通过埋设于道岔岔前适当位置的车地通信环线，将电车的线路号传给设置于轨旁的道岔控制系统。道岔控制系统则根据自身存储的线路号与道岔位置的对应关系，自动将道岔转到所需位置。在道岔区及接近、离去区段设置环线、计轴器或专用轨道电路，用于保证只有前行电车出清道岔后，道岔控制系统才能为后续向不同方向运行的电车转换道岔。

采用轨旁现地自动控制方式的现代有轨电车项目，由于司机只需在进入正线前或需临时变更运行线路时输入线路号，正常情况下，在线路上运行时不再需要做任何控制道岔的操作，因此比电车司机遥控控制方式更加简单和有效。

5. 轨旁现地手动控制

在现代有轨电车轨旁设置轨旁道岔控制系统，可以局部集中控制一组或多组道岔。在轨旁设置道岔或进路操作按钮（盘），通过道岔控制系统可以实现人工单独操作道岔或选择相应的电车运行进路功能，之后道岔将转换至预期位置。该控制方式用于车地通信异常或轨旁道岔控制系统与中心通信中断时，为防止误动作，应对操作按钮盘设锁防护。

该种控制方式在欧洲现代有轨电车的车辆段内有应用。正常情况下，车辆段行车控制室内的调度员集中控制进路；当调度员权力下放时，则可由司机在现场操作信号机机柱上的道岔或进路操作按钮自行设置进路，开放相应信号机，从而达到减员增效的目的。

6. 调度室手动控制

部分现代有轨电车项目在折返站设置调度室，由调度室内的调度员负责对折返站道岔进行操作。鉴于现代有轨电车道岔较短且瞭望条件良好，道岔区可不设置轨道电路，由调度员根据现场运营实际情况对道岔进行操作，使电车完成折返作业。

该控制方式与轨旁现地手动控制方式类似，只是将道岔控制箱移至折返站调度室。目前大连现代有轨电车项目部分折返站采用了调度室手动控制方式。

5.2.2 系统控制原理

现代有轨电车道岔控制需求简单，与其他系统无接口要求，故集中联锁设备对于有轨电车来说属于浪费。同时，集中控制需要专门的设备用房，要敷设大量光电缆，其控制灵活性差，故障影响面积大。因此，轨旁现地自动控制方式在欧洲现代有轨电车控制系统中应用比较广泛，而国内有轨电车项目则多数采用司机遥控道岔方式，如大连 201、202 路现代有轨电车项目，上海张江现代有轨电车项目，沈阳浑南现代有轨电车项目等。

1. 系统控制步骤

不管是欧洲常用的轨旁自动控制方式，还是国内常用的司机遥控控制方式，都包括如下控制过程：列车接近检测，授予道岔控制权，动作道岔及锁闭，收回道岔控制权。

司机驾驶电车进入道岔控制区域后自动取得控制权，进行车载与地面道岔控制器间的双向确认；道岔控制器可根据列车车次号信息自动动作道岔，也可由司机遥控道岔转动至需要的位置；道岔自动锁闭、信号开放；车辆驶出道岔控制区域后自动失去控制权，保证不会因司机误操作造成道岔再次转动；然后列车通过道岔。车辆取得控制权至车辆完全离开道岔区段期间，系统不授予其他车辆控制权，以保证运行安全。其正线道岔控制系统的控制步骤如图 5-8 所示。

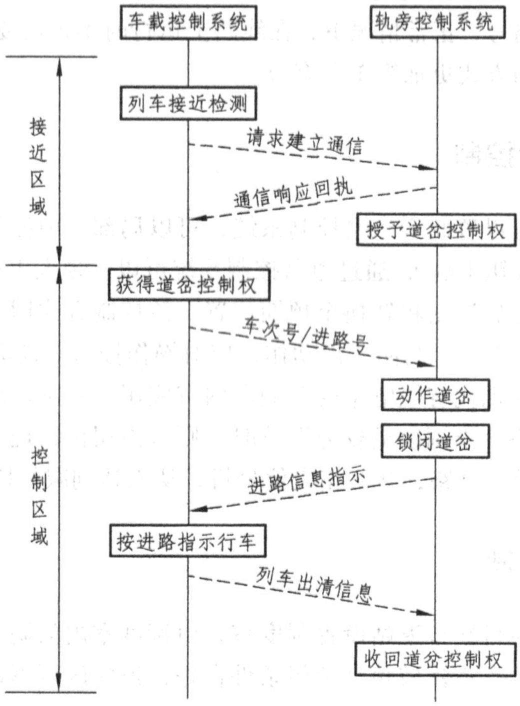

图 5-8　正线道岔控制子系统控制步骤

2. 系统组成及控制原理

现代有轨电车正线道岔控制子系统通常由道岔控制器和轨旁设备两部分组成。其中道岔控制器是道岔控制的核心，由核心控制单元和若干接口处理单元构成，负责转辙机转动与锁闭、信号显示、状态采集，并对列车信息进行运算、处理。该单元采用冗余热备模式，确保系统的安全稳定和可靠性。而轨旁设备包括地埋式转辙机、轨道电路、车地通信设备、信号机、手动控制盒等单元。系统总体结构如图 5-9 所示。

根据电车前进方向，在轨道上依次布置 TWC 线圈、预告信号机、岔前轨道电路、转辙机、进路表示器和岔后轨道电路。当列车接近道岔时，通过车载 TWC 设备，将列车车次号或司机的遥控操作命令发送给正线道岔控制子系统；道岔控制子系统判断是否有其他列车占用道岔，若无占用则通过点亮预告信号机的“允许直行”信号的方式同意授权，同时执行车载命令控制转辙机驱动道岔，道岔锁闭后点亮进路表示器的进路方向指示。司机看到预告信号机“允许直行”信号点亮后驾驶列车进入道岔区段，看到进路表示器的进路方向指示点亮后驾驶列车通过道岔。

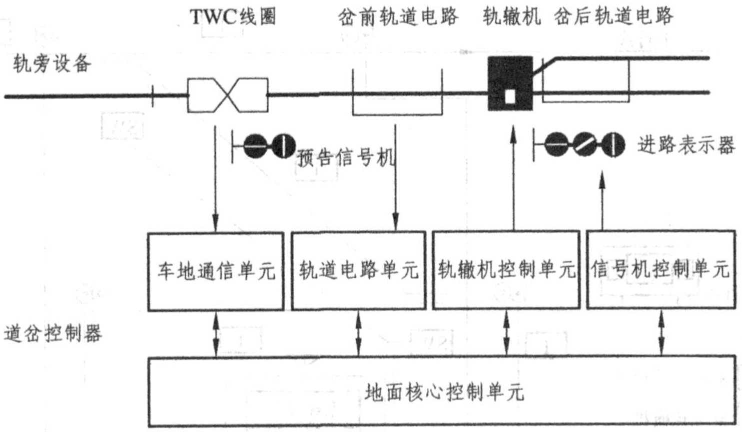

图 5-9 正线道岔控制子系统结构示意图

为保证列车的安全性，在岔前和岔后均设置专用轨道电路，以检测区段是否占用及出清。只有检测到列车以规定的顺序通过检测设备，才认为区段已正常出清。当区段被占用时，新来的列车将不被授权，直到区段出清。

为保证车辆行驶安全，在每个道岔处设置进路表示器。进路表示器向司机指示道岔的实际位置（定位/反位），以便司机判断道岔是否已正常锁闭。在进路表示器未点亮的情况下，列车不允许通过道岔。在默认情况下，道岔保持在其原先的位置。

3. 项目应用实例

张江现代有轨电车工程采用橡胶轮胎+导向轨结构，车辆行进时主要依据地面交通信号（红绿灯），车辆运行速度由司机自主掌控。正线有 3 组道岔，共 5 副，分别在起点站折返渡线、终点站折返渡线和进出车辆段的岔线上。正线道岔控制可以分为地面手动控制、地面电动控制、司机遥控控制 3 种，以司机遥控控制为主要控制方式。

司机遥控道岔控制系统采用了无线扩频通信、微波识别、嵌入式、计算机和软件控制等技术。利用道岔控制系统，司机可以在司机室通过车载按钮实现对当前具有控制权的道岔进行操作，使道岔位置满足行车需求。系统在对道岔进行控制时通过微波识别获取道岔控制权，确保只有唯一机车能够控制当前道岔，从而提高了行车安全性。

该道岔控制系统原理如图 5-10 所示。系统在地面的岔前、岔后直股、岔后侧股旁安装 2 组无源电子标签，将区段分为接近区段和道岔区段。地面控制设备不断向空中广播控制单元控制范围内的道岔信息，当机车收到某一道岔控制单元发出的信号时，表示该机车已经进入到该道岔的控制范围内，此时机车打开车上的电子标签读出设备进行标签读取。当读到某个道岔的接近区段标签时，车载控制设备马上向地面控制设备发出道岔控制请求，如果请求成功表示该机车能够对标签所对应的道岔进行操作，否则不能进行操作。机车一旦申请到控制权后，道岔即被该机车控制，其他机车或地面装置将不能操作该道岔。当机车运行至道岔区段标签时，机车读出道岔区段标签，系统锁闭道岔，此时道岔不能被任何机车操作。当机车再次读到道岔区段标签时道岔解锁，可以被具有控制权的机车操作。机车再次读到接近区段标签时释放控制权，其他机车便可以申请该道岔的控制权。

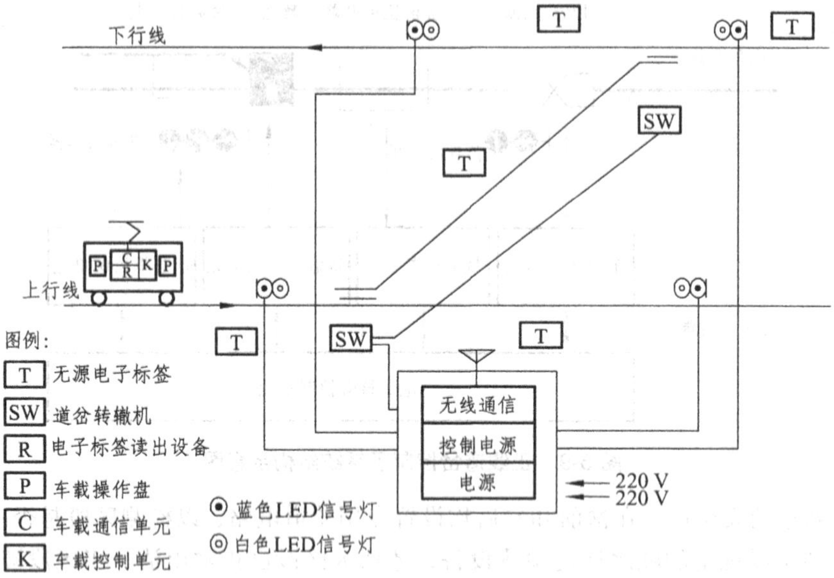

图 5-10　无线道岔控制系统原理图

5.2.3　系统设备布置

道岔控制子系统与车载子系统协同工作，共同完成地面道岔区域内道岔、进路表示器、轨道区段之间正确的联锁关系及进路控制的安全。通过在道岔区域对正线道岔控制子系统相关设备进行合理的布置，可有效保证现代有轨电车的行车安全，提高运营效率。

1. 常规遥控控制方式设备布置

常规遥控控制方式设备布置如图 5-11 所示。列车在正线运行，当接近道岔区时，司机将列车减速并停于进路表示器 S1 前（如图 5-11 所示 *A* 处），并通过手动操作司机室控制台上的方向控制按钮发出道岔控制请求，该请求通过地面轨旁车地信息传输设备 L1 发送至道岔控制器。道岔控制器根据该请求进行系统内部逻辑判断，确保安全后控制转辙机将道岔转换至司机遥控指定方向，并在锁闭道岔后，开放信号机。司机确认道岔方向正确后，根据信号机指示，目视人工驾驶列车通过道岔区。

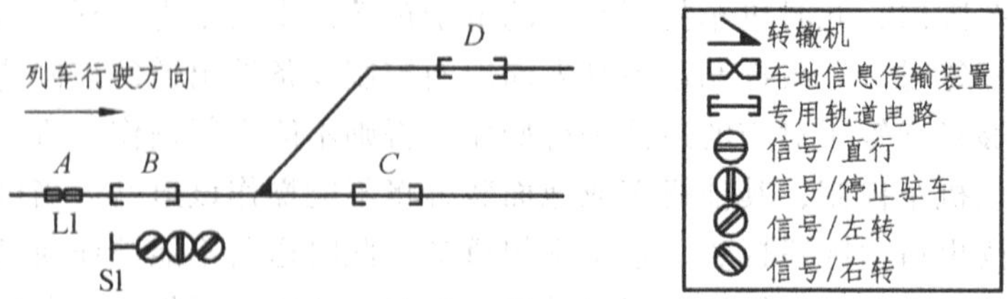

图 5-11　常规遥控控制方式设备布置示意图

2. 轨旁现地自动控制方式设备布置

轨旁现地自动控制方式设备布置如图 5-12 所示。列车在正线运行，接近道岔区时，地面轨旁车地信息传输设备 L1 自动检测列车接近，并自动读取当前列车识别号等车载信息，同时将该信息发送至道岔控制器。道岔控制器根据获取的当前列车识别号等信息结合内部预存储的控制信息进行系统内部逻辑判断后自动排列列车进路，确保安全后控制转辙机将道岔转换至所需位置，并在锁闭道岔后，开放信号机。司机确认与行车计划一致后，根据信号机指示，目视人工驾驶列车通过道岔区。

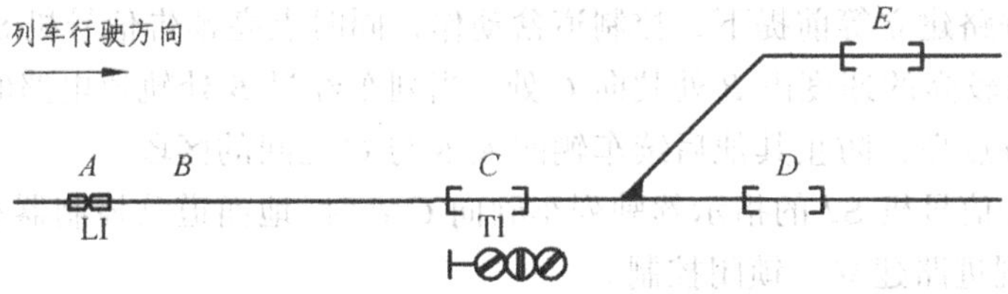

图 5-12　轨旁现地自动控制方式设备布置示意图

3. 两种控制方式的比较

如图 5-11 所示，在常规遥控控制方式中，司机必须将列车停于信号机前，并通过操作司机驾驶台上的按钮将控制命令由车地信息传输设备发送给地面道岔控制器。

如图 5-12 所示，在轨旁现地自动控制中，可以根据列车通过 A 点的速度 v 和道岔控制器控制进路响应时间 t，计算出车地信息传输设备 L1 与轨道电路 T1 的间距 s：

$$s = v \times t \tag{5-1}$$

当列车通过车地信息传输设备 L1 时，向地面道岔控制器发送进路请求，列车保持一定速度继续前行。在列车通过该区段的过程中，道岔控制器对列车的进路请求进行处理：如果进路排列成功，在列车接近信号机前（图中 B 处），将信号机开放，司机确认与行车计划一致后，根据信号机指示，目视人工驾驶列车通过道岔区；如果进路选排失败（敌对进路建立等原因），则不开放信号机，司机根据信号机指示，在距离 BC 处，采取制动措施，停于信号机前。

可以看出，轨旁现地自动控制方式优于常规遥控控制方式，主要体现在：

① 通过道岔区时，在进路允许前提下，列车无须停驻于信号机前等待地面道岔控制器的处理。

② 充分利用地面道岔控制器响应列车进路请求所需时间，使列车保持一定速度继续进行。

因此在保障运营安全的前提下，采用轨旁现地自动进路控制方式并合理布置设备，可有效提升列车运营效率。

4. 高效控制设备布置

为尽可能提高运营效率，可在图 5-12 所示的轨旁现地自动控制的基础上，在接近道岔区段中 B 处增设预告信号机和轨道电路，如图 5-13 所示。

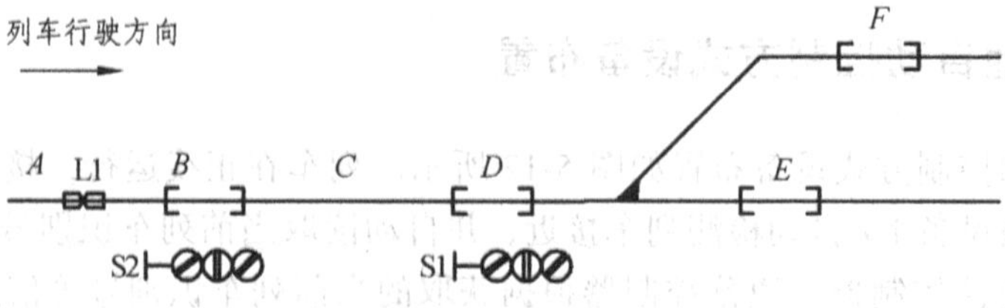

图 5-13　高效控制设备布置示意图

假设列车由 *A* 向 *E* 行驶，在车地信息传输线圈 L1 处，向地面道岔控制器发送进路请求。地面道岔控制器根据当前列车识别号等信息结合内部预存储的控制信息进行系统内部逻辑判断后，在无敌对进路建立等前提下，控制道岔动作，同时点亮预告信号机 S2 的“允许直行”信号，允许列车以较高的速度由 *B* 处驶向 *C* 处。当列车经过 *B* 处轨道电路时，预告信号机 S2 的“停止”信号将点亮，防止其他后续车辆闯入 *B* 与 *C* 之间的区段。

司机根据预告信号机 S2 的指示驾驶列车驶向 *C* 处时，地面道岔控制器利用列车从 *B* 行驶至 *C* 的时间，实现进路建立、锁闭控制。

① 当列车接近 *C* 处时，如果地面道岔控制器已将进路建立并锁闭，则会将信号机 S1 的“允许直行”信号点亮，允许列车通过岔区；当列车通过岔区后，进路表示器 S1、S2 复位。

② 当列车接近 *C* 处时，如果地面道岔控制器未将进路建立或锁闭，则会将信号机 S1 的“停车”信号点亮，禁止列车通过岔区。

综上分析，在 *B* 处增设预告信号机和轨道电路，作用如下：

① 当预告信号机“允许直行”信号点亮时，列车不需要减速就可以通过 *BC* 区段，从而提高了运营效率。

② 当列车处于 *BD* 区段等待前方进路开放时，道岔控制器将预告信号机 S2 的“停止”信号点亮，防止后续列车的冒进，也提高了运营的安全性。

5. 安全控制设备布置

在雨天或者雾天，司机观察信号机的可视距离将受到较大影响，这无疑给列车驾驶的安全性带来了隐患。如图 5-13 所示，列车通过 *BD* 区段速度较快，因信号灯可视距离变差，当观察清楚信号灯的“停止”信号时，列车可能无法停于信号灯 S1 前。为此，在图 5-13 中的 *C* 处增设了车地通信线圈 L2，以实现列车的防冒进，如图 5-14 所示。

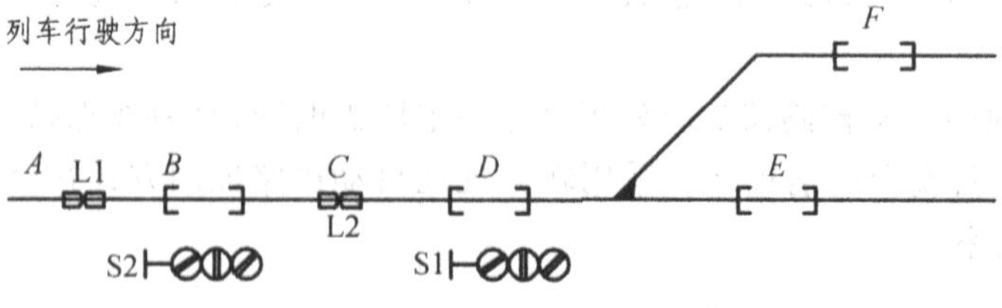

图 5-14　安全控制设备布置示意图

1）单列车通过岔区

当列车由 *A* 向 *D* 行驶时，在车地信息传输线圈 L1 处，向地面道岔控制器发出进路请求，地面道岔控制器根据当前列车识别号等信息结合内部预存储的控制信息进行系统内部逻辑判断后，在无敌对进路建立等前提下，控制道岔动作，并点亮预告信号机 S2 的“允许直行”信号。

司机根据预告信号机指示驾驶列车由 *A* 往 *C* 处行驶。与此同时地面道岔控制器利用列车从 *A* 行驶至 *C* 的时间，实现进路建立、锁闭控制。

当列车通过车地信息传输线圈 L2 时：

① 如果地面道岔控制器已将进路建立并检测到道岔锁闭，则会将进路表示器的“允许直行”信号点亮，并通过车地信息传输线圈 L2 将允许信号发给车载子系统，允许列车通过岔区。

② 如果地面道岔控制器检测到进路未建立或道岔未锁闭，则会将进路表示器的“停车”信号点亮，并通过车地信息传输线圈 L2 将停车信号发给车载子系统，禁止列车通过岔区。车载子系统接收到该信号后，将立即通过车载显示器输出声光报警，即在界面显示禁止通过报警信息，同时发出蜂鸣器报警，提示司机停车，从而提高了列车运营的安全性。

2）多列车通过岔区

当列车由 *A* 向 *E* 行驶时，在车地信息传输线圈 L1 处，向地面道岔控制器发送进路请求，与此同时已有列车在 *CD* 之间等待进路，则地面道岔控制器将点亮预告信号机 S2 的“停车”信号。

此时可能因列车速度较高，司机未及时在预告信号机前停车，而是直接行驶至车地信息传输线圈 L2。地面道岔控制器通过车地信息传输线圈 L2 将停车信号发给车载子系统，禁止列车通过岔区，车载子系统接收到该信号后，将立即通过车载显示器输出声光报警，提示司机停车，从而提高了列车运营的安全性。

5.3 平交路口信号控制

现代有轨电车线路分为敷设于公共道路上的线路和与公共道路隔离的专用线路两种，除采用完全独立路权的专用线路外，其他线路无论哪一种，只要是敷设于路面上，那么不可避免地会与公共道路产生平面交叉。因此，现代有轨电车在道路平面交叉口的运行模式及控制方式对于交通安全、各种车辆的快速与均衡运行非常重要。

5.3.1 系统设计思想

平交路口信号控制子系统主要用于现代有轨电车系统与横向社会交通系统在交叉路口的运行安全与流向控制，实现有轨电车检测、与道路交通信号控制系统接口、有轨电车运行指示等功能。其系统设计应遵循以下基本思想：

① 由于现代有轨电车的客运能力通常优于公共汽车，故在平交路口处，现代有轨电车享有优先通行权。因此，平交路口信号控制子系统首先应保证现代有轨电车在交叉路口的快速通过。

② 平交路口信号控制子系统属于现代有轨电车运营控制系统的一部分，其安全性和可靠性由信号系统保证，因此平交路口信号控制子系统应采用独立的电车检测设备和专用信号机，以避免与道路交通信号系统发生混淆。

③ 由于现代有轨电车的行驶线路多为城市主干路，而平交路口信号控制子系统是确保现代有轨电车和社会车辆行车安全、提高通行效率的重要基础设施，因此信号优先控制的最终目的应是在确保安全通行并实现现代有轨电车优先的基础上，尽可能减少对社会车辆通行效率的影响。

5.3.2 优先方式选择

1. 优先方式

根据优先的程度，现代有轨电车平交路口优先控制可分为三种方式：

1）现代有轨电车绝对优先方式

该方式是指：现代有轨电车接近路口时，通过电车优先检测设备控制该路口的交通信号灯，使有轨电车迎面道路交通信号灯一直为允许信号（绿灯），直到电车通过路口之后，再通过优先检测设备控制交通信号灯转换至相应灯位。

2）现代有轨电车相对优先方式

该方式是指：现代有轨电车接近路口时，通过电车优先检测设备发送命令给交通信号机，若迎面的交通信号灯为绿色，则适当延长绿灯时间，使得有轨电车能够在绿灯相位期间完全通过交叉路口；若迎面的交通信号灯为红色或黄色，则保持红色或黄色不变。

3）按照市政常规信号行车方式（即不优先方式）

该方式是指：现代有轨电车在路口完全按照交通信号灯的指示行驶，无特殊的优先权。

2. 方式对比

现代有轨电车在平交路口优先通过的不同方式间的对比如表 5-1 所示。

表 5-1　平交路口优先通过方式对比

通过方式	绝对优先方式	相对优先方式	不优先方式
优点	最大限度地保证有轨电车运营效率	对有轨电车的运行效率有一定的提高，对市政交通车辆的通行情况影响不大	不新增地面设备，设备无须与路口交通灯控制系统接口，对市政交通车辆通行无明显影响
缺点	对市政交通车辆的通行情况影响较大，需新增地面设备，需设电车优先检测设备	需新增地面设备，且需与路口交通灯控制系统接口，相互传输相关参数	对有轨电车的运营效率有一定影响

从表 5-1 可以看出，三种优先方式各有优缺点。总体来说，采用绝对优先方式对现代有轨电车来说优先效果最好，但是对社会交通的影响最大，尤其对于既有社会交通车流量较大的平交路口。采用相对优先方式则在给予现代有轨电车通行优先的同时减少了对社会交通的影响。同时绝对优先方式和相对优先方式受既有市政交通灯控制系统的限制，会影响既有的市政交通灯控制系统。而采用不优先方式虽然对社会交通没有影响，也不会影响既有道路交通控制系统，但对现代有轨电车的运营效率影响巨大。因此如何选择现代有轨电车在平交路口的优先方式，需根据具体实施的平交路口繁忙程度等确定。

3. 方式选择

现代有轨电车在平交路口与其他社会交通流分享路口通行权利，根据相交道路交通流量大小可分如下三种情况：

① 主干路与主干路的道路平面交叉口，即城市道路交通量与现代有轨电车所在道路交通量相当的道路平面交叉口。

该类型交叉口的控制方式是在确定现代有轨电车按规定速度通过交叉口所需的最小绿灯时间的前提下，采用常规信号控制并保证有轨电车顺利通过交叉口，简称最小绿灯原则。换言之，主干路与主干路的交叉口宜采用均衡通过策略。由于现代有轨电车要求具有足够的行车间隔以及较强的运行规律、预计到达交叉口时间的可预见性以及具有较大运行惯性的特点，该类型交叉口在采用均衡通过策略的同时，给予有轨电车必要的信号优先或适度优先通过交叉口的权利。

② 主干路与次干路的道路平面交叉口，即城市道路交通量稍低于有轨电车所在道路交通量。

该类型交叉口的控制需要协调主干路与次干路的地面交通关系，允许现代有轨电车相对优先通行。即在有轨电车运行前方的交叉口交通信号已亮红灯或黄灯时，维持道路原有交通信号控制方式不变。若有轨电车到达交叉口时，对应的信号为绿灯，可延长绿灯显示时间，直到有轨电车通过交叉口。实施相对优先时，应考虑有轨电车与公共汽车运行的动态环境，以取得较好的交叉口控制效果。

③ 主干路与支路的道路平面交叉口，即城市支路交通量明显低于有轨电车所在线路交通量。

对主干路采用绝对优先的控制方式，即交叉口信号持续较长时间对主干路有轨电车保持通行，支路保持禁止通行。当支路检测到一定范围内的机动车到达时，交叉口信号才允许支路车辆通行。在支路放行期间检测到有轨电车到达时，即控制信号灯进行转换操作。

5.3.3 信号控制模式

平交路口信号控制子系统由交通信号控制器以及电车优先监测设备构成。交通信号控制器用于对路口信号机的显示控制。电车优先监测设备普遍采用红外或无线方式，均包含车载设备和地面设备。

1. 平交路口信号控制子系统与道路交通控制系统的关系

平交路口信号控制器与道路交通信号控制系统之间通过干触点或通信的方式相连，其关系如图 5-15 所示。

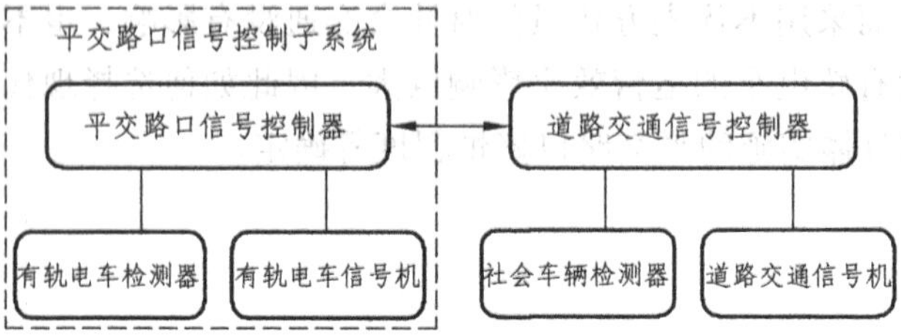

图 5-15　平交路口信号控制与道路交通控制关系图

电车检测器通常安装在现代有轨电车轨道内，在平交路口前和平交路口后应各布置至少一个。同时，在交叉口处安装现代有轨电车信号机以提示司机。电车必须按现代有轨电车信号机的指示通行。当电车检测器检测到有电车接近路口时，在与道路交通控制系统进行信息交换后控制信号显示，完成对现代有轨电车运行的控制。

平交路口信号控制子系统与道路交通控制系统具体的协同工作原理如下：

① 在每个需要设计信号优先的交叉路口设置现代有轨电车专用检测器，由平交路口信号控制器将列车接近信息发送给道路交通控制系统。

② 道路交通控制系统接收到有轨电车接近信号后，根据优先策略控制道路交通信号灯。

③ 现代有轨电车信号优先控制器检测道路交通信号灯的状态，当满足相位条件时控制有轨电车信号机开放，允许司机驾驶列车通过该处交叉路口。

④ 检测器检测到有轨电车通过路口后，路口优先控制系统发送列车离去信号给道路交通控制系统，道路交通控制系统按照正常顺序控制道路交通信号机。

可见，对平交路口现代有轨电车与社会车辆混行区域进行有效管理，需要现代有轨电车平交路口信号控制子系统和道路交通控制系统协同工作，因此两个系统间将会存在大量数据交流。为减少沿线设备对信号系统的干扰，同时也减少对城市景观的影响，平交路口信号控制柜与道路交通信号控制柜宜就近安装，可采用风格、尺寸统一的室外型机柜，并根据室外环境条件选择加热或通风组件。

2. 路口信号控制模式

由于对平交路口的有序交通控制需要道路交通控制系统的参与，因此根据道路交通控制系统的控制级别又可将现代有轨电车平交路口信号控制模式分为本地控制、交管中心监视下本地控制和中心区域协调控制三种。

1）本地控制模式

该模式是指：道路交通控制系统不与交管中心系统相连，在接收到现代有轨电车申请信息后，根据自身的优先程序执行优先控制。决策由道路交通控制系统执行，不具备与交管中心通信的能力。

2）交管中心监视下本地控制模式

该模式是指：道路交通控制系统与交管中心系统相连，道路交通控制系统接收有轨电车优先请求，并根据自身的优先程序执行优先控制。决策由道路交通控制系统执行，交管中心具备远程监控能力。

3）中心区域协调控制模式

该模式是指：道路交通控制系统与交管中心系统相连，道路交通控制系统接收有轨电车优先请求，并将该请求发送至中心系统。中心系统根据综合信息数据进行配时优化运算，向路口道路交通控制系统发送控制命令或执行方案，由中心计算机或区域主机实现系统级的区域优化控制。

以上三种控制模式中，本地控制模式具有较好的控制效果，但对区域信号优化控制不利；中心区域协调控制模式综合考虑了信号优先与区域内信号最优控制，但对线路优先效果一般低于本地优先。

5.3.4 信号显示体系

现代有轨电车以人工驾驶为主，驾驶人通过目视行车是确定现代有轨电车信号显示制度的基础。由于现代有轨电车运行在不同等级的道路上，可能会出现未设道路交通信号的现象。特别是在道岔区域，电车驾驶人按道岔指示器显示行车，其显示距离及显示方式具有较强的特殊性，为便于驾驶人识别和有效操作，有轨电车设置独立的信号显示体系，有助于驾驶人的规范操作和运行秩序的保持。因此，在遵从道路交通信号显示行车的基础上，设置与道路交通信号联锁的现代有轨电车专用信号显示体系。由于信号显示涉及行车安全，所以信号显示体系也纳入关键技术范畴。

图 5-16　现代有轨电车专用信号机

尽管道路交通信号灯的显示形式多种多样，大致是红、黄、绿三色，附以箭头、秒计时等显示方式，可基本满足现代有轨电车的运营需求，但在实际应用中，道路交通的信号灯宜采用箭头灯形式，避免使用圆盘灯。这是因为：按照我国的道路交通法，圆盘信号灯如果为红灯，允许右转车辆通行，此时有可能与有轨电车冲突。因此，为了安全起见，同时提高有轨电车通过路口的速率，路口信号灯采用箭头灯形式。在每个交叉口，只有沿有轨电车通行方向的直行社会车辆与有轨电车无冲突，因此只有该直行相位绿灯时间与有轨电车信号灯的绿信号可共用。

目前，我国尚无现代有轨电车专用信号显示的规定。图 5-16 所示为阿尔斯通公司现代有轨电车专用信号显示机在欧洲的使用实例。其中，“|”表示进路开通，对有轨电车放行。“—”

表示禁止有轨电车通行。三角形灯显示闪光信号且其下方横向指示灯亮时，表示列车在车站停车；当调度中心同意列车出站后，三角形灯显示稳定灯光，横向灯光变成纵向灯光，允许列车发车。

5.3.5 系统优先控制

现代有轨电车平交路口信号优先控制是在路口信号系统控制原理的基础上，根据项目实际情况设计信号配时方案实现所选择的优先方式，达到在控制路口信号时对电车进行倾斜性分配，提高现代有轨电车在交叉口的通行效率，确保现代有轨电车的优先通行权的目的。

现代有轨电车平交道口信号控制子系统通常主要由轨旁道口优先权单元、车地无线通信单元和列车定位单元组成，具体包括：车载发送器、地面线圈、轨旁发送器、地面无线接收器、电车接收模块等。

1. 系统控制原理

车载发送器通常安装在电车前方下部支架上，实时发射高频信号。线圈埋设在线路下方，作为天线接收车载设备发送的信号，并转发给轨旁发送器。轨旁发送器检测到线圈发送的信号后，将信号转发给距路口较近的无线接收器。该信号包含路口编号和方向信息。无线接收器与电车接收器模块相连。电车接收器接收到优先请求后，通知交通信号控制机控制信号变化。电车接收器对应每个优先通过请求有 2 个离去线圈，如离去线圈收到车载信号，则表示优先解除。

路口信号控制子系统原理如图 5-17 所示。

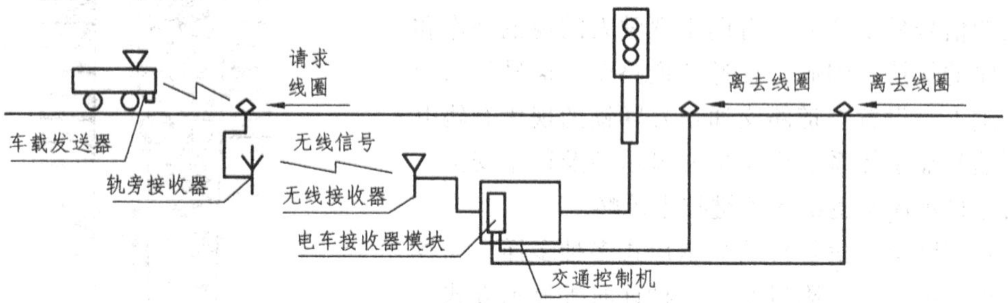

图 5-17 路口信号控制子系统原理图

2. 优先方式配时方案

由于现代有轨电车与其他地面交通流分享路口的通行权利，因此信号配时不仅要保证有轨电车的通行需求，还要保证路口其他交通流的正常秩序。

1）市政常规信号行车方式配时方案

虽然在主干路与主干路相交路口，现代有轨电车通常采用按照市政常规信号行车方式，但为保证有轨电车在交叉口顺利通过，需确定有轨电车通过的最小绿灯时间。在具体配时控制方案中，应当保证相位绿灯时间大于最小绿灯时间，可用如图 5-18 所示配时控制方案实现。

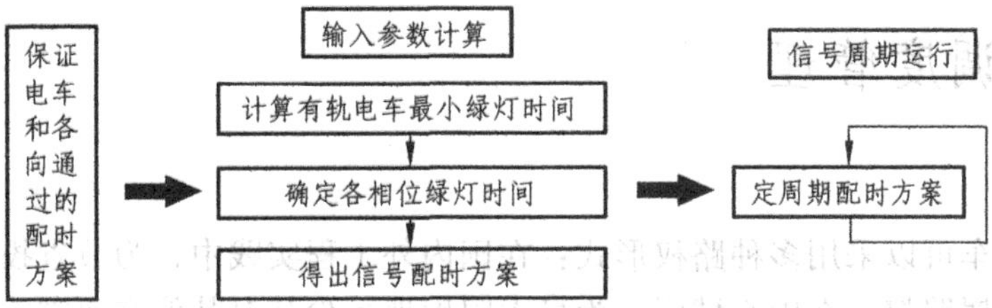

图 5-18　市政常规信号行车方式配时控制方案

2）相对优先方式配时方案

现代有轨电车通常在主次相交路口所采用的“相对信号优先”，是在“绝对信号优先”的基础上，对电车信号的转变附加了适当的条件。在交叉口的进口道上安装检测器，当电车到达交叉口前，路口交通信号优先系统经过判断后，采取延长绿灯相位时间的办法，根据进口道的有轨电车需求转换。可用如图 5-19 所示配时控制方案实现。

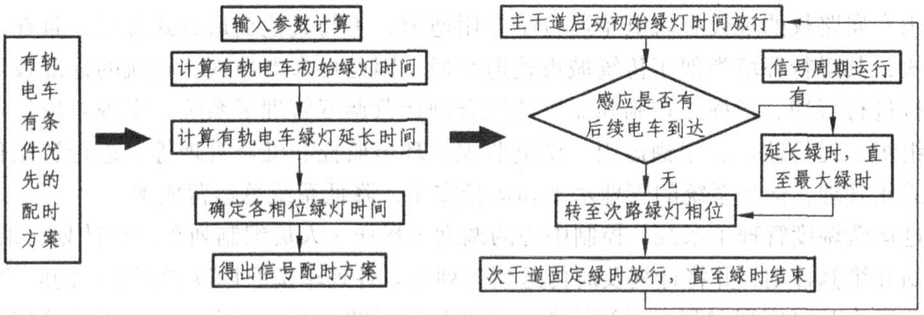

图 5-19　相对优先方式配时控制方案

3）绝对优先方式配时方案

现代有轨电车通常在主支相交路口采用支路半感应信号控制方案，即采用绝对优先方式，可用如图 5-20 所示配时控制方案实现。“绝对优先”的具体描述为：在电车线路与支路或小路相交的平交路口，持续对主干道的机动车保持优先通行的绿灯信号，支小路保持红灯状态；当支小路进口道一定范围内的检测设备检测到有机动车到达时，信号灯才开始转变为对支小路显示绿色信号。支小路在最小绿灯时间的基础上，若有车辆持续通过，将会适当延长绿灯时间。

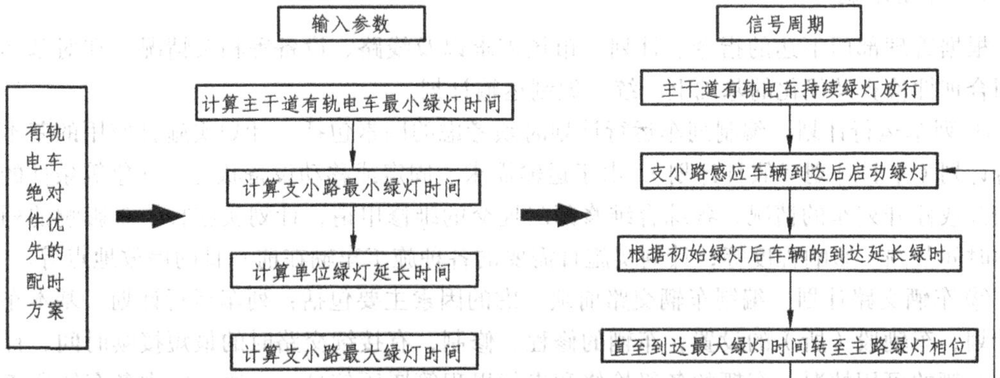

图 5-20　绝对优先配时控制方案

5.4 运营调度管理

现代有轨电车可以采用多种路权形式：在国内外工程实践中，为节省投资和运营成本，通常采用部分专属路权；在中心城区，为最大限度地减少其对其他交通方式的影响，部分路段采用共享路权；只有对旅行速度和正点率要求较高的线路，如机场线、火车站线等，才采用专属路权。行车路权不但直接影响现代有轨电车运行的效率和安全，还直接影响作为现代有轨电车运营管理核心的运营调度管理子系统的结构和功能。

5.4.1 专属路权适用系统

采用专属路权的现代有轨电车运行于专用通道，不与其他交通方式混行，且在道口采用立交方式，其运行环境类似于传统城市轨道交通，因此可参考地铁、轻轨的标准设计对有轨电车运行进行管理、指挥、控制和监控的综合型运营调度管理子系统，实现对现代有轨电车的运输组织、运行监控、车辆运用、供电监控、环境监控和维修管理等，进行智能化、综合化和集成化管理，保证系统的管理水平和运行安全，降低系统总运营成本。

通过运营调度管理子系统，控制中心的调度（操作）人员编制列车运行计划、乘务计划、供电计划和维修计划，并将计划及时传送到各列车。各列车按照调度指挥中心的时刻表运行。同时，调度人员可实现对列车运行位置、速度和状态的监视，在必要时可以直接控制沿线的道岔、有轨电车信号和道口信号，并向列车发布相应的调度命令。此外，调度指挥中心还可以监控有轨电车沿线、站台及车内的状态，及时处置各类突发事件。

1. 系统功能

运营调度管理子系统可以实现对现代有轨电车运输过程的全面管理和监控，系统的主要功能如下：

1）计划编制

根据管理部门下达的指令、计划、市场需求以及线路、设备等相关情况，在对基本运输计划合理性检查及优化的基础上，统一编制运输计划。

① 列车运行计划。编制列车运行计划时须考虑的因素包括：计划实施日使用的基本列车运行计划（平日计划或假日计划），由于运输需求、固定或移动设备状况、气象等条件的变化而加开或停开列车的情况，各综合维修部门提交的维修申请，计划实施日施工影响的列车范围和时间范围、影响程度等，计划实施日需要的各种施工车辆在前一日的停放地点等。

② 车辆交路计划。编制车辆交路前须考虑的因素主要包括：列车运行计划，基本车辆交路计划，车辆段（所）的设置，车辆的修程、修制，有接续交路时的最短接续时间，计划实施日车辆的可用情况，车辆的各级检修和走行里程等履历信息，一段时间内各车辆段工作量的均衡等。

③ 乘务计划。编制乘务计划主要考虑的基本因素包括：基本列车运行计划，列车运行实施计划，车辆交路计划，乘务基地和乘务所的设置，乘务组的可用情况，乘务准备时间和折返时间等。

④ 维修施工计划。根据列车运行实施计划，考虑施工范围和影响，在综合协调后，确定计划实施日的具体综合维修方案，包括维修地点、维修作业内容、工作量及时间安排、维修车辆的运行径路、维修车辆的上下道时间、安全防护措施等。

⑤ 供电计划。根据列车运行计划、综合维修计划和供电设备状况编制，主要包括停送电时间、停送电区段、停电原因等信息。

2）计划执行

现代有轨电车的突发客流很难通过客票预售系统预测，因此，要求系统具有非常灵活的应变能力和计划调整能力，以确保在必要时快速疏导旅客。

运输计划执行是以列车调度指挥为核心，各专业调度相互配合，在运行安全的前提下，确保列车按计划正点运行；当发生列车晚点等异常情况时，及时调整运行计划，控制列车运行。

计划执行过程是对线路运力资源优化运用的过程，也是各专业协同工作的过程，主要包括以下内容：

① 列车运行监视。实时监视列车运行位置、列车车次、列车速度、列车正晚点情况、道岔位置、信号状态、道口信号状态、关键设备工作状态信息以及列车出入段状态和段内作业状态等。

② 列车运行控制。正常情况下根据列车运行图自动控制列车进路与施工维修车辆进路，特殊情况下可人工集中排列进路。

③ 调度命令发布。根据运输需要发布各种调度命令，指挥列车临时限速运行、事故救援与抢修等。

④ 供电管理。负责供电计划的调整，根据运行与维修的需要，控制受控站的开闭。

⑤ 车辆运用管理。根据运输的需要和车辆运行状态，及时调整列车交路计划，制定并实施故障情况下的应急方案。

⑥ 维修管理。审查、批复维修施工申请，监视并管理维修施工过程，根据维修施工结果发布行车（限速）建议，组织应急情况下的故障抢修。

⑦ 主要行车设备状态监视。对停车场线路及进路状态、正线车站及区间轨道区段、道岔、进路表示器、列车识别号、在线列车运行状态、命令执行情况及系统设备状态等进行监视。当列车运行或信号设备发生异常时，调度中心计算机自动在调度工作站上给出报警及故障源提示。

⑧ 突发事件监视。对站台、车上、沿线及道口进行视频监控，及时发现和处理各类突发事件。

⑨ 旅客信息服务。向车站、车上旅客提供列车运行计划、预计到达时刻和各类变更通知。

3）统计分析

在计划实施的过程中，有必要根据有关数据、列车运行实际情况等进行运输统计分析，并将统计结果发送到相关部门，形成有效的反馈信息，用以及时指导运输计划的调整与修正。

2. 系统运行模式

1）正常进路运行模式

系统在正常情况下采用自动进路控制模式，进路根据接近的列车自动办理，不需要中心调度员或者司机人工介入。司机根据本车的时刻表人工驾驶列车，在岔区根据进路表示器的显示行车，保证运行安全。

中心调度员可根据实际情况调整运行计划，重新下达到各轨旁道岔控制子系统及车载控制子系统。系统根据新的运行计划继续以自动进路模式行车。

2）列车站间运行

列车在满足规定的安全间隔和运营间隔要求的前提下，在区间人工驾驶追踪运行。系统基于站间运行时分制订时刻表，对站间运行时分及停站时间留有一定的裕量，给司机自行调整的空间，保证列车按时刻表运行。

车载控制子系统在司机室显示屏（HMI）上显示本车的时刻表信息以及前后车的距离等信息。司机驾驶列车按照时刻表的要求进行站间运行。

3）列车折返

列车折返包括站前折返模式和站后折返模式。正常情况下，折返进路的办理采用自动进路控制模式，中央人工、车载人工等方式作为后备进路控制模式。在各种情况和站型条件下，系统均能满足列车折返作业的要求。

4）列车开始和结束作业

运营开始时，系统建立对于列车位置和车组号的追踪，并为每一列在线运行的列车分配服务号。根据服务号，列车按照当日计划运行。

列车回停车场不再继续运行时，除保持车组号追踪外，进行列车运营结束作业处理，即在当日运行计划中消去运营结束的列车车次，以免发生车次重号，并生成司机作业报告单。

在终点站或在其他站停留的不再运营、临时退出运营的列车，除在运行计划中标记外，也进行列车运营结束作业处理，且列车的位置应保留在调度中心系统中。

5）列车进出停车场

列车进出停车场时均根据进路表示器指示行车。在列车预定离开停车场前，车载设备通过自检和自诊断功能确认车载设备工作是否正常，以避免因车载设备工作不良而出现列车延误出场的现象。

3. 系统控制模式

1）自动控制模式

正常情况下列车的运行处于中央自动控制模式，调度指挥系统根据计划运行图（时刻表）、列车运行调整指令、列车运行位置和运行方向，按照与正线及停车场道岔控制子系统接口消息协议，分阶段自动生成或逐条自动判断、生成道岔控制命令，传送到正线及停车场道岔控制子系统，由正线及停车场道岔控制子系统根据列车运行位置，设置列车进路。

2）中央人工控制模式

采用中央人工控制模式时，调度员根据计划运行图（时刻表）、列车运行位置，人工判断、生成道岔控制命令，按照与正线及停车场道岔控制子系统接口消息协议，传送到正线及停车场道岔控制子系统，设置列车进路。

3）车载人工控制模式

该模式是指：在接近岔区的时候读取进路激活信标，然后由司机在车载控制子系统的人机界面上通过按压进路终端按钮和确认按钮办理进路，车载控制子系统将信标、运行方向及进路命令发给正线及停车场道岔控制子系统，设置列车进路。

4）现地人工控制模式

该模式是指：由司机在地面道岔控制子系统的控制柜内，通过操作道岔控制按钮操纵道岔。

5）手扳道岔模式

该模式是指：司机先将便携杆状工具插入转辙机的手动操作插槽，然后扳动道岔。

4. 系统技术特征

运营调度管理子系统是现代有轨电车系统的神经中枢，负责制定并实施运输计划，是确保各系统之间密切协作、相互配合，从而实现高效、安全运行不可缺少的关键系统（如图 5-21 所示）。该系统具有如下主要技术特征：

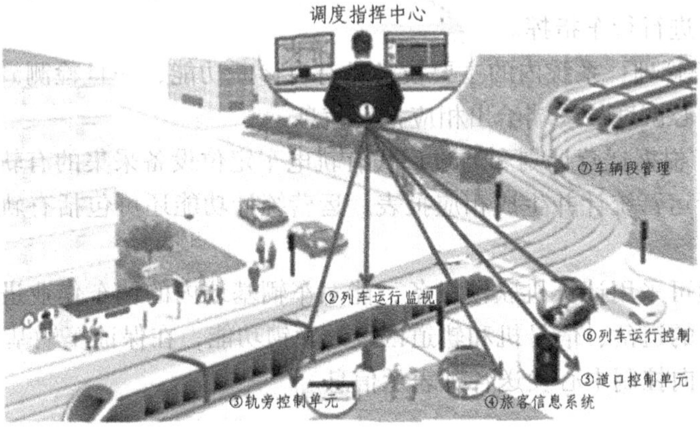

图 5-21　运营调度管理子系统应用

① 运行时刻表、车辆运用计划、乘务计划和维修计划的统一编制与发布。

② 列车进路的自动控制。

③ 安全、高效的道口信号控制。

④ 列车运行的精确定位、跟踪与监视。

⑤ 车站和列车的安全监控。

⑥ 旅客服务信息的及时发布。

⑦ 设备集中监视与统一维护管理。

5.4.2 非专属路权适用系统

针对非专属路权现代有轨电车项目，由于电车采用司机人工驾驶模式，正线道岔采用遥控方式，因此已无传统进路控制的概念。虽然也可实现中心对道岔的控制，但这对提高运行效率并无优势，反而在中心或通道故障时会影响运营，因此将有轨电车调度中心定位为对列车运行“只监不控”，通过正线道岔控制系统、车载定位跟踪系统、车载智能终端以及无线设备实现有轨电车运营调度管理。其主要作用是完成实时显示全线电车的位置和运行情况，辅助调度员完成排列行车计划、掌握电车正点/晚点信息、增减在线车辆、掌握故障信息和维修记录等工作。

1. 系统功能

除电车自动识别及自动追踪功能外，运营调度管理子系统还负责电车运行计划的编制和下达，指挥电车按计划行车，并在电车运行过程中，对电车运行的全过程进行跟踪，可自动调整电车运行时刻，提供司机控制或半自动进路控制，具备运营管理、行车指挥、监督及报警管理和运营统计功能。

① 运营管理：控制中心根据运营要求制定运营计划，编辑时刻表，并将当日运行计划时刻表下载至车辆基地终端。车辆基地根据该时刻表组织有轨电车运营。

② 行车指挥：系统通过现代有轨电车定位系统接收所有在线有轨电车的位置信息，经处理后将有轨电车所在位置动态显示在综合表示屏及调度员工作站。调度员根据当日运行时刻表对在线有轨电车进行行车指挥。

③ 监督及报警管理：系统内的主要设备具有自诊断功能，一旦检测到设备故障，该故障信息即可在控制中心调度员终端给出相应报警信息。

④ 运营统计：根据运营计划和通过现代有轨电车定位设备采集的有轨电车位置、时间及车次号等信息进行运营统计并生成相应报表。运营统计功能还可包括有轨电车管理及有轨电车修程统计等。

车辆基地联锁可采用计算机联锁设备，能对车辆基地内的调车作业进行集中控制，实现车辆基地内进路上的道岔、信号机和轨道区段的联锁功能，在保证车辆基地内调车及出/入基地作业安全的同时向控制中心发送各种表示信息。

2. 系统结构

运营调度管理子系统通常由数据服务器、通信服务器、培训服务器、通信前置机、网络服务器、用户工作站（包括调度员工作站、模拟/培训工作站、时刻表编辑工作站、系统管理员工作站等）、大屏幕接口工作站及网络通信、存储和打印设备等构成。

运营调度管理子系统作为现代有轨电车运营管理系统的核心，通过通信系统提供的冗余骨干网络与正线道岔控制子系统、平交路口信号优先子系统和车辆段联锁子系统相连，如图5-22所示。它能够实现对全线区域（含出入段线、联络线、存车线、折返线、车辆段等）列车运行的自动管理和监视功能，具备列车自动识别、监视、车次号显示等功能。根据运营需求，系统还应具备时刻表编制及管理、道岔区段列车进路的控制、运行统计及报表生成处理、列车运行计划及车辆管理等其他功能。它一般包括大屏显示系统、若干台操作员（长）工作站、时刻表/运行图编辑工作站、冗余应用服务器、冗余通信服务器、接入交换机、系统维护工作站、培训中心、维修中心、若干台打印机等。

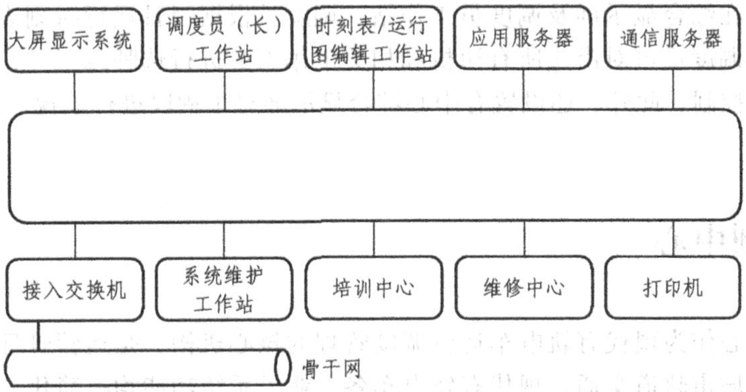

图 5-22　运营调度管理子系统结构图

3. 系统划分

根据作业内容，运营调度管理子系统可分为时刻表编制与管理单元、列车运行交路管理单元、中心级调度单元。现代有轨电车运营管理人员通过系统时刻表编制与管理模块制定运营作业计划，发布劳动配班计划，并通过列车运行交路模块对运营车辆进行实时调度指挥。操作系统的中心调度员通过无线系统与在线运营司机联系，实现对所有车辆的调度指挥。其系统应用如图5-23所示。

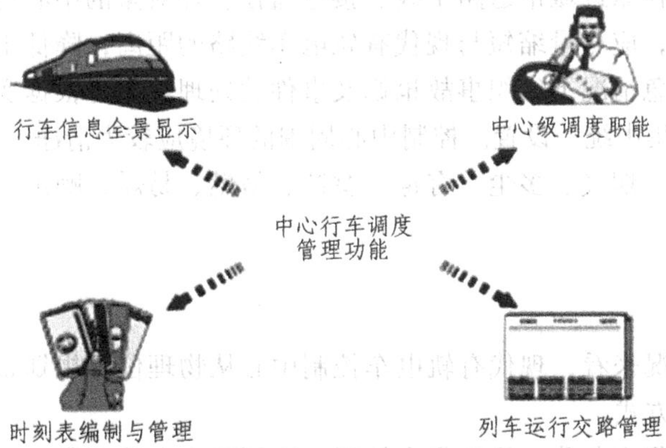

图 5-23　运营调度管理子系统应用

① 时刻表编制及管理。控制中心根据运营要求制定运营作业计划、劳动配班计划及编辑时刻表，并将当日运行计划时刻表下载至车辆段终端。车辆段根据该时刻表组织运营。中心维修终端可进行系统维护及通过特定的用户界面来创建和修改时刻表，也可编辑多种时刻表，如节假日和工作日时刻表。

② 列车运行交路管理。中心根据运营需要，编制交路运行表。沿线道岔控制箱能通过识别列车 ID 号或交路号，根据中心下发的交路运行表判断道岔应开通位置，自动动作道岔。交路运行表需从中心下发至道岔控制设备存储。如有变化，中心需修改交路运行表，并重新下发。日常道岔控制不需要中心下发指令。

③ 中心级调度职能。系统通过车辆定位系统接收所有车辆位置信息，经处理后将车辆所在位置动态显示在综合显示屏及调度员工作站。调度员根据当日运行时刻表对在线车辆进行调度指挥。中心调度员可对沿线所有司机和相关工作人员进行选呼或组呼，实现对车站和车辆的集中调度和控制。此外，还设置有中心综合显示屏对车辆段进行监视。

5.4.3 控制中心

调度控制中心作为现代有轨电车运营调度管理的核心机构，是运营管理人员的主要工作场所。相比传统城市轨道交通，现代有轨电车各专业子系统功能均有简化，为提高系统的整体管理水平，方便管理人员对运营过程实施全方位集中监控，提高中心级的事件处理能力，也可在控制中心建立综合的，集运营监控、运营管理、调度指挥为一体的运营调度管理指挥系统，实现对设备资源和人力成本的统一管理，并基于集成的监控平台，简化调度员的操作界面，方便处理各类突发事件。

1. 控制中心选址原则及设置方式

1）选址原则

控制中心宜选择在靠近城市道路干线、接近监控管理对象的中心地带，这样能兼顾多条线路，方便运营管理；应尽量缩短与现代有轨电车线路的距离，降低工程和管线投资及运营管理成本，便于在紧急情况下组织事故抢修及事件的处理；也可根据实际情况选择在车辆基地内，或与管理中心集中统一设置。控制中心周围的环境应较为清净、光线充足、通风良好，尽量避开高温、潮湿、烟气、多尘、有毒、腐蚀、易燃、易爆、噪声、振动、强电磁干扰源等地区。

2）设置方式

从国内外发展情况来看，现代有轨电车控制中心从物理位置规划布局角度来分，主要有集中式和分散式两种方式。

集中式的优点是集中办公，便于集中管理，也可减少占地面积；一旦遇到突发事件，可根据线网情况，对运营线路进行调整，降低突发事件对运营的影响。其缺点是不同线路有可能出现不同制式的产品和供货商，功能、调度方法也不尽相同，后期建设的线路与前期的线路整合困难。因此，集中式设置方式适用于同期建设线路较多，并有前期规划的新建项目，如沈阳市浑南新区现代有轨电车。

分散式设置方式适用于已有有轨电车、其他轨道交通的线路改造或在此基础上有新建项目的情况，各线路分别设置控制中心，如欧洲的比利时布鲁塞尔、法国巴黎、瑞士苏黎世等的有轨电车。其中巴黎有轨电车控制中心的票务功能采用整合方式，其余功能按线路分别设置。

由此可见，控制中心的规模需根据线网规划确定，并考虑线网规划和系统设备选型存在不确定性和进一步发展的可能，同时也考虑控制中心自身需要适当留有升级改造的空间。

2. 控制中心功能定位

现代有轨电车的运营实行人工调度管理模式。控制中心设置的调度人员有总调度、线路调度、电力调度维修调度等。

总调度负责整个线网及相关设施的运行管理，相关调度人员的管理，工作权限的交接以及与车辆基地、停车场的场调协调，按照运营时刻表控制有轨电车的出发时间及出退勤作业等。根据线网的规模及形式、运营路数及运营的现代有轨电车数量等因素，可设置若干线路调度。线路调度负责运行正线线路上的调度，通过系统设备对各路有轨电车在本线路区间的行进状态进行监控管理，保证行车间隔的均匀；与相连线路区间的线路调度办理调度权限的移交。电力调度实现对供电系统设备的监控和管理功能。维修调度是对相应系统的设备进行维修的调度，减少设备维修、维护对正常运营的影响，并在灾害情况下协助总调度的工作。图 5-24 所示是浑南新区现代有轨电车工程控制中心调度的功能。

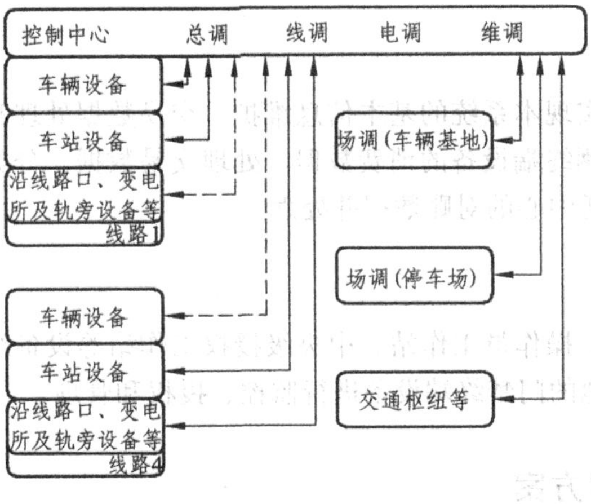

图 5-24 浑南新区现代有轨电车控制中心调度功能

因此，控制中心是现代有轨电车运行、电力供应、票务、灾害处理等运营管理实现统一调度指挥的中心，是全网信息的集散地和交换枢纽，在特殊情况下也是事件处理的指挥中心。控制中心应在事故情况下，根据应急预案的提示向停车场、车辆基地发出控制指令，辅助抢险和救援等。另外，它也可接收相关上层管理机构发来的指示、指令，按预案进行相关的安排，处理从外部单位相关系统采集的信息（如大型活动的信息、公交运营信息、救援和抢险装备信息），协调日常安排等。

3. 系统设备组成及功能

除运营调度控制中心管理子系统外，现代有轨电车工程在控制中心设置的中央级系统还有电力监控系统、火灾自动报警系统、售检票系统、门禁系统等。根据运营管理需求，控制中心还可设置大屏幕显示系统。

1）运营调度控制中心管理子系统

运营调度控制中心管理子系统应该具有电车自动识别及自动追踪功能，还具有运行图调整、时刻表编辑、电车运行监视等功能。系统与旅客向导系统接口，向旅客向导系统提供列车运行的相关信息。

2）电力监控系统

电力监控系统在控制中心设有电力调度系统，与各变电所综合自动化系统之间通过通信通道进行数据交换。电力调度系统除实现对供电系统设备的监控功能外，还可以实现供电系统管理功能。

3）火灾自动报警系统

火灾自动报警系统的控制中心级设备由网络型火灾报警控制器、中央调度室图形工作站、中心服务器、系统软件等构成，主要实现全线火灾自动报警系统的监控与管理，同时负责火灾事故情况下的统一指挥控制功能。

4）售检票系统

售检票中心系统可实现本系统的基本信息维护、交易数据处理和账务处理。其功能包括维护基本信息、接收车辆终端设备的消费数据、处理交易数据、分类统计、传送交易数据给一卡通中心和接收一卡通中心的对账数据并处理。

5）门禁系统

门禁系统由服务器、操作员工作站、中央级授权工作站等设备组成。门禁中央工作站负责对控制中心和车辆基地的门禁终端设备进行监控、授权和管理。

4. 控制中心设置方案

从节约投资和功能整合的角度考虑，控制中心可设置在车辆基地内。根据现代有轨电车运营调度管理的特点及控制中心设备系统的要求，从功能需求和管理的角度可将控制中心划分为运营、设备、管理和服务四个功能模块，在满足各功能模块要求的基础上实现有机衔接。

① 运营功能单元主要涉及运营调度管理部分，包括行车调度管理、电力调度、维修调度、运营图的编制、网络管理、乘客信息运营管理、售检票系统的运营管理等。满足运营单元的设施主要体现在调度室、有轨电车运行图室、调度办公室、设备网管室、乘客信息运营室及

售检票运营室、票务室等一系列直接服务于线路运营调度的设施方面。

② 设备功能单元主要涉及运营功能的基础设备，包括控制中心的设备机房、电源室、电缆（线缆）间及线缆井、系统维修工区等服务于运营调度指挥系统的系统设备用房。

③ 管理功能主要涉及运营及设施的日常管理，包括控制中心的行政管理、日常事务管理和楼宇设施管理，主要需求为各类办公室、会议室、物业管理用房、门卫等。

④ 服务功能主要涉及运营功能的后勤及生活保障，包括运营管理人员的值班、休息、饮食等。

管理和服务两个功能模块，可与车辆基地合设，实现功能整合并节约投资。

5. 控制中心布局

调度中心包括主机、调度员工作站、时刻表编辑工作站、培训与维修工作站、综合显示屏以及运营调度终端等设备。

① 综合显示屏：用于显示全线列车运行状态，以及道岔及进路表示器等设备状态，由 DLP（数字光处理）显示屏和工作站组成。

② 调度员及时刻表编辑工作站：分别用以显示行车细景信息及时刻表编辑、显示等功能。

③ 运营调度终端：设于交通枢纽的行车调度室，实现本线调度运营计划管理、车辆运行监视、司乘考勤、安全管理、服务管理以及统计报表等功能。

以浑南新区现代有轨电车一期工程为例，线网内初期运营线路为 4 条，运营控制中心的主要功能设施有调度大厅内的大屏幕显示系统、调度大厅调度台及附属设施、设备机房和电源设备室。

1）大屏幕显示系统

大屏幕显示系统显示的主要内容包括线路行车状况（信号信息）和现场监视（CCTV 信息）。在应急或者灾害情况下，显示内容可增加供电状况（PSCADA 信息）和火灾状况（FAS 信息）。

大屏幕显示系统可同时显示工程线路的全部有轨电车的运行状况，可供控制中心不同调度人员同时观看。在讨论事故处理方案时，其显示信息可作为共同的参考标准，以减少沟通的障碍，对紧急情况下的事故处理有极大的帮助。同时，在操作员工作站上，操作员也可根据自己的需求选看所需的信息，如图 5-25 所示。

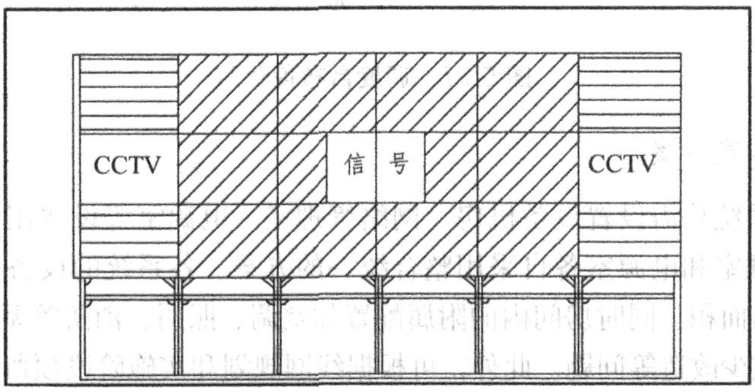

图 5-25 大屏幕显示内容

2）调度大厅调度台及附属设施

为减小中央调度大厅规模，降低建筑工程实施难度，节省工程投资，并考虑大屏幕显示内容，调度台分配为：第一排分别为 3 号线行车调度台、1 号线行车调度台、2 号线行车调度台，第二排分别为电力调度台、5 号线行车调度台、维修（防灾）调度台，第三排为总调度台，如图 5-26 所示。

图 5-26 调度大厅及调度台布置

结合人体各部平均尺寸参数得出人体坐立时眼水平高度为 1 180 mm，站立时眼水平高度为 1 550 mm（两个参数均取整）。调度台整体高度按照 1 150 mm 考虑，设备置于设备柜中。

最远观看距离的定义是最后排或最边上观看者与屏幕的距离。一般大屏幕显示的高度 H=最远观看距离/（4～8）。最近的观看距离指第一排观看者与大屏幕的距离。一般地，最边角的观看者与另一侧观看的图形角度不超过 45°，最多不超过 60°。最远观看距离取值 12.5 m，其中第一排调度台距离大屏幕 4 m，三排调度台每排宽度为 1.5 m，每排调度台之间的间隔为 2 m，如图 5-27 所示。

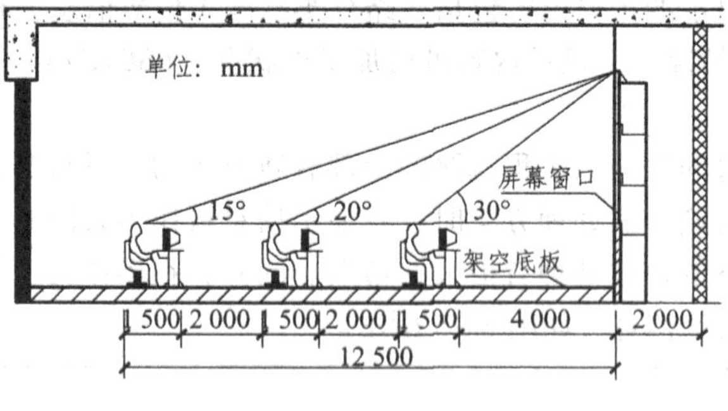

图 5-27 调度台布置距离

3）设备机房布置方案

控制中心每个系统均需设置设备机房、网络管理室、电源室等设备用房及一些管理用房。设备机房、网络管理室和电源室各自采用整合统一的方案。各系统的设备机柜可以共享设备维护空间，以节省房间面积。同时房间内的附属配置如空调、照明、消防等系统可以随着线路的进入一次性完成，以减少改造等问题。此外，可根据线网规划和实施阶段预留设备用房。设备机房布置如图 5-28 所示。

图 5-28　设备机房布置

4）设备机房电源方案

设备机房电源统一设置，管理各系统设备机房、调度大厅及网络管理室内的所有设备的供电。

5.5　车载及车辆段联锁子系统

车载子系统是现代有轨电车运营控制系统的重要组成部分，是保证现代有轨电车高效、安全运营不可缺少的系统，也是运营调度管理子系统在电车上的延伸，主要负责现代有轨电车的列车状态的获取和控制，因此不同的现代有轨电车运营调度管理子系统对应不同的车载子系统。

5.5.1　专属路权适用车载子系统

1. 系统作用

采用专属路权的现代有轨电车项目可以参考传统城市轨道交通标准，设计高度自动化的运营调度管理子系统。此时车载子系统需要在控制中心接收地面设备状态信息的同时，接收进路信息、线路数据信息、临时限速信息及移动授权信息，并且在接收到地面信息后，按照列车目标距离模式绘制列车速度防护曲线，通过定位测速装置检测列车的实际运行速度和列车当前位置，将实际位置与速度防护曲线的允许速度相比较，当实际速度超出运行速度时就会给出相应的报警，并采取制动措施。除此之外，车载子系统还必须实时地将列车速度信息和列车位置信息发送给地面设备，以便地面系统为后续列车计算移动授权提供数据。

2. 系统功能

车载子系统需与车辆牵引系统、导向及制动系统互相通信，并与轨旁系统配合才能共同控制列车速度及列车运行的安全防护，因此现代有轨电车车载子系统包括车载 ATP 子系统、车载 ATO 子系统、列车定位测速装置及无线通信设备等，其中车载 ATP 系统和车载 ATO 系统是车载子系统的重要组成部分。

车载设备采用目标距离控制模式。车载 ATP 系统根据线路数据和临时限速、进路信息以及前方危险点信息，按照一定的算法计算出列车运行的最大允许速度曲线，并实时将其最大速度与列车实际运行速度进行对比。当实际速度超过最大允许速度时，给出报警并将速度降低到最大允许速度以下。如果在规定时间内速度没有降低到最大速度以下将采用紧急制动措施。

车载 ATO 系统可以实现无人驾驶，自动执行列车的全部制动和牵引。通过 ATP 实现安全防护，根据 ATP 传送的相应数据信息，采用一定的算法计算出列车实际运行的 ATO 曲线，实现列车平稳、舒适、节能且高效的运行。

现代有轨电车车载子系统的功能细化如下：

① 列车的超速防护和速度监督。

② 精确地确定列车位置。

③ 确保列车精确停车。

④ 允许或禁止开关列车车门。

⑤ 实现列车的自动驾驶。

⑥ 实现车地间的双向通信。

⑦ 越过危险点能及时采取紧急制动。

⑧ 与安全功能相关的事件进行记录。

⑨ 列车接近平交道口时能预先发出控制信息，使其具有道口通过优先权。

⑩ 具有自动办理进路功能。

⑪ 其他功能，如驾驶室控制台显示功能、故障报警功能等。

3. 系统划分

根据系统需求，车载子系统可以划分成以车载安全计算机为核心，以测速定位装置、输入输出系统及通信系统为辅的架构。其中，车载安全计算机实现列车运行中的安全防护及列车的自动运行。定位测速装置根据测速传感器提供的信息，实时监督列车运行的实际速度，确定列车当前位置。门控系统及车载 ATP 是通过保证车门在安全状态下动作来确保上下乘客安全的。门控系统负责执行车载 ATP 对车门的控制命令，同时是向车载 ATP 提供列车车门状态信息的执行单元。车载子系统总体结构如图 5-28 所示。

4. 系统接口

车载子系统对内、对外联系紧密，接口关系复杂，包括系统内部接口和系统外部接口。内部接口主要包括与车门控制系统、定位测速装置、紧急制动系统及控制台的接口等，采用冗余的 CAN 总线进行通信。而外部接口包括与车辆系统、牵引供电系统及地面运营控制系统的接口等。其中与地面运营控制系统通过无线通信方式进行数据交互。无线通信方式具有数据量大、实时性好及数据双向传输等优点，能进一步保证列车的运行安全。车载子系统的内外接口关系具体如图 5-29 所示。

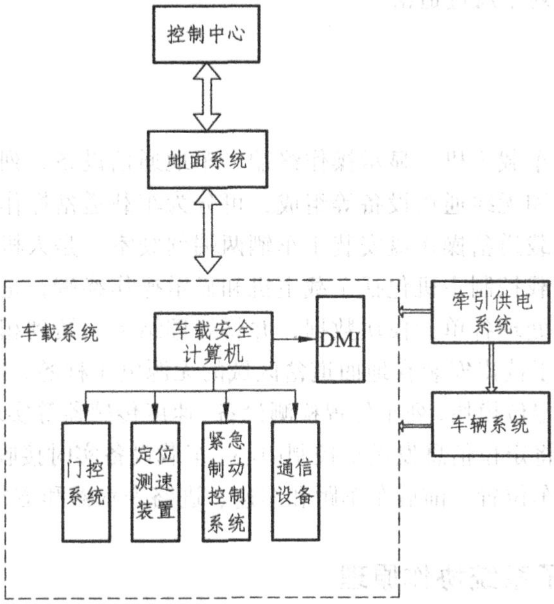

图 5-29 车载子系统结构及接口关系框图

5.5.2 非专属路权适用车载子系统

1. 系统作用

具有非独立路权的现代有轨电车项目通常采用以司机目视行车驾驶为主的驾驶模式，由司机保证行车安全，因此车载子系统一般不具备列车自动防护（ATP）或列车自动驾驶（ATO）功能，但是为了配合正线道岔控制子系统、平交路口信号控制子系统和控制中心调度运营调度管理子系统的需要，车载子系统仍是运营控制系统不可或缺的组成部分。

2. 系统功能

车载子系统主要完成接收和处理调度命令、接收和处理司机操作指令、车辆定位、车地信息传输、车地无线通信等功能，特别是当前后车距和车速不满足设定的行车安全要求时需要具有报警提示功能。

车载子系统与正线道岔控制子系统通过车地通信（TWC）设备实现道岔的无线控制，分为自动控制和手动控制两种控制模式。自动控制模式下，当有轨电车进入道岔控制区域后，由车载子系统通过车地通信设备将列车识别号发送给地面，道岔控制器自动控制道岔转动至需要的位置，道岔自动锁闭，信号开放，车辆驶出道岔控制区域。手动控制模式下，在列车进入道岔控制区域前，司机通过按压驾驶台上的手动操作按钮，设定前方道岔的方向，当列车经过车地通信设备时，该命令被发送到地面，道岔控制器根据手动操作方向控制道岔转动至需要的位置并锁闭，列车通过道岔。

3. 系统设备

车载子系统一般由车载主机、显示操作终端、车地通信设备、列车位置检测设备、速度传感器、卫星定位模块和无线通信设备等组成，可分为车载道岔操作盘、车载控制主机及信标识别单元等。其中车载道岔操作盘安装于车辆两端驾驶室，是人机交互接口，主要用于驾驶人办理前方进路；车载控制主机包括车载主机和显示操作终端，是车载设备的核心单元，为双机冗余结构，用于处理各单元模块数据，并将处理结果反馈到相关单元模块或行车作业人员；信标识别单元用于读出安装在地面道岔区域的无源电子标签，实现关键区域冗余定位。

车载设备通过卫星定位模块、列车位置检测设备、速度传感器等实现有轨电车的组合定位，并由无线通信设备实时将定位信息发送至控制中心。车载设备实时接收控制中心的运行间隔计划，并实时显示当前电车位置、前后车车距和车速、进路表示器和道岔定反位状态等信息。

4. 与道岔控制子系统协作原理

具有非专属路权的现代有轨电车项目，线路通常采用在地面安装信标方式来划分道岔区段和接近道岔控制区段，以车地通信设备的无线方式实现车载子系统和道岔控制子系统设备之间的数据交换。同时，为了确保道岔区段的行车安全，道岔控制子系统的道岔区段列车占用监测设备必须有相应的冗余措施，列车占用监测设备符合故障—安全原则。司机驾驶车辆进入道岔控制区域后自动取得控制权，通过操作车载设备来遥控或由车载子系统自动控制道岔转动至需要的位置，道岔自动锁闭、司机确认后信号开放。车辆驶出道岔控制区段后自动失去控制权，以保证不会因司机误操作或其他因素造成道岔再次转动，然后通过道岔。在车辆取得控制权至完全离开道岔区段期间，道岔控制子系统不授予其他车辆道岔控制权，以保证运行安全。道岔控制子系统通过在地面安装列车检测设备，划分道岔区段和道岔接近控制区段，保证道岔区段有车时的可靠锁闭，并以无线的方式实现车载和地面控制设备之间的通信。

5.5.3 车辆段（停车场）联锁子系统

车辆段主要承担全线车辆的停放、整备、检修、保养及组织运营，而停车场主要承担全线电车的过夜停放和整备。虽然现代有轨电车在车辆段（停车场）的运行速度一般低于 20 km/h，且多属于空车行驶，但是其安全准则包括正线涉及行车的设备安全完整性等级，均不得无端降低。

1. 系统需求

为便于对列车出入段及段内各调车作业进行检测，使车辆段（停车场）运维人员及时掌握列车设备运转状态，对各种故障情况及时采取措施，从而更好地提高运维效率，保障运行安全，车辆段联锁子系统的功能一般需包括：进路的办理，进路的锁闭与解锁，非进路调车，道岔的单操、单锁与单解，故障诊断与报警，微机监测等。具体要求如下：

① 满足车辆段停车、调车、试车、洗车等各种运输作业需要。

② 具有对室内外联锁设备规定的监测功能和自我诊断能力。

③ 可与其他信息系统交换数据。

④ 在采取安全技术措施的基础上可储存进路。

⑤ 有安全可靠的冗余措施。

⑥ 硬件、软件的设计符合标准化、模块化、定型化要求。

⑦ 在正常情况下，道岔能随进路的排列自动选动，且为错开启动电流峰值，道岔应采用顺序启动方式。

⑧ 岔的单独操纵优先于进路自动选动。

2. 控制方式选择

根据车辆段（停车场）的规模及现代有轨电车出入基地的频度，车辆段（停车场）道岔可采用计算机联锁集中控制、驾驶人遥控、弹簧道岔等不同的控制方式。

由于车辆段（停车场）的作业方式主要是车辆的进、出段和段内的调车作业，虽然道岔多、作业较复杂，但采用计算机联锁集中控制并配备信号微机监测设备，可对车辆段（停车场）内调车作业进行集中控制，实现车辆段（停车场）内进路上的道岔、信号机和轨道区段的联锁，从而保证段内调车作业及出入段作业的安全，同时也能向调度中心发送各种表示信息。

列车位置检测设备可根据列车选型及轨道方式，选择采用轨道环线或传统的轨道电路。

3. 系统功能

车辆段（停车场）计算机联锁子系统能对车辆基地内的调车作业实现道岔、信号机和轨道区段的联锁功能，保证车辆基地内调车作业列车运行的安全，同时能向控制中心发送各种表示信息。其主要功能如下：

① 根据运行计划及车辆位置自动或手动设定、建立、锁闭、解锁进路。

② 能对正常的进路进行防护。

③ 对其控制范围内的元素实行单独控制，如对道岔可实行单独操作和单独锁闭。

④ 与控制中心运营调度管理子系统通信，实现运营调度管理子系统对现代有轨电车专用车辆段（停车场）控制系统的运行监控及进路管理。

⑤ 实现对车辆的位置检测。检测设备向车辆基地联锁子系统提供车辆占用或出清轨道区段信息。

4. 系统显示

为方便管理人员与车辆段（停车场）联锁子系统进行交互操作，并对作业情况进行查询，通常在车辆段的控制中心设置控制台和彩色屏幕显示器，对计算机集中联锁系统进行控制和表示。彩色屏幕显示器显示的内容通常为：

① 车辆段（停车场）范围内相关设备布置及站场模拟表示。

② 所进行的主要操作表示。

③ 进车辆段、进库信号机的关闭状态以及列车和调车信号机的开放表示。

④ 车辆段（停车场）道岔位置表示。

⑤ 列车和调车进路的闭锁状态表示。

⑥ 车辆段（停车场）试车线占用表示。

⑦ 其他必要的表示和报警。

5.6 电车定位技术

车辆定位设备是现代有轨电车运营控制系统中的重要组成部分，可实现有轨电车进路功能，保证道岔区段的可靠占用检测，提高行车效率。它使调度中心与运营车辆实现信息交互，让调度员了解全线车辆运行情况并实时发布调度命令，使现代有轨电车成为一种实时、准确、高效的运输系统。同时，它也可为乘客提供信息服务，并且是实现现代有轨电车平交路口优先的必要手段。

5.6.1 现代有轨电车定位需求

1. 道岔控制子系统对电车定位功能的需求

现代有轨电车通常采用“人工驾驶、司机瞭望、保证安全”的驾驶模式，道岔控制子系统无疑是有轨电车运营化控制系统中保证行车安全和提高行车效率的最关键子系统。根据现代有轨电车的运营特点，地面设置的进路表示器为现代有轨电车主体行车信号。进路表示器的正常开放需要道岔控制子系统具备相应的联锁功能，而车辆定位设备又是实现联锁功能的基础设备。

现代有轨电车道岔控制子系统进路功能简单，通过对进路控制单组道岔的定/反位，可实现道岔的单操及锁闭，使道岔控制权具有特定、唯一、一次性的特点。当电车接近道岔控制区域时，提醒司机进行相关操作或触发自动进路；当电车进入进路内方时，确保道岔区段可靠锁闭，不能操纵道岔；电车通过进路后，进路自动解锁，道岔控制权自动释放。

道岔控制子系统中的车辆定位需求是建立在传统轨道交通信号联锁的基础上的，又有别于传统轨道交通中信号联锁对车辆定位设备（列车位置检测设备）的要求。车辆定位需求主要表现为：在道岔控制区域内的接近区段、道岔区段和离去区段，对车辆定位功能的安全性、可靠性的要求不同；受有轨电车安装条件、运营需求的限制，接近、道岔和离去三个区段采用的车辆定位设备可能不同，其中，道岔区段对车辆定位功能要求最高，要求其控制逻辑严密，符合故障—安全原则。

2. 运营调度管理子系统对电车定位功能的需求

国内外大部分现代有轨电车项目选用非专属路权，高峰期行车间隔一般为 3 ~ 5 min，全地面线的情况下通常采用人工驾驶模式。但是，开放式的运营环境使行车组织更易受外界影响。例如，客流量的突发性变化、运营电车与时刻表的较大偏差、运营电车间距的严重不合理、共线运营电车冲突的情况、电车遇到的特殊情况等，都会对行车造成一定的影响，这就需要立即调整在线运营车辆的运行参数及发车间隔。为实现有轨电车的高效运行，需要配置先进的调度设备，使其具备编制、管理行车、配车计划的功能，能够实现对全线电车的位置、车况、路口等信息的实时监控；满足中心调度决策的需要，有效地避免突发事故和行车拥堵无序的处理。

运营调度管理子系统对有轨电车车辆定位的需求，是为了满足行车调度的要求，同时还要满足与乘客信息系统的接口，为乘客的出行和乘车提供参考信息，充分提高有轨电车的管理水平和服务质量。

3. 平交路口信号控制子系统对电车定位功能的需求

平交路口是影响现代有轨电车运营速度、系统运力的重要因素之一，路口信号控制子系统是现代有轨电车运营控制系统的重要组成部分。不管平交路口采用何种优先方式，在控制子系统工作时，首先都需要对有轨电车位置进行检测和定位，然后把信息传递给市政道路交通信号控制系统，再由市政交通道路信号控制系统对有轨电车位置信息进行分析、判断和处理，确定一种能使有轨电车优先通过交叉路口的相位，以实现有轨电车路口优先的目的。

4. 现代有轨电车定位需求特点

① 对电车定位的精度要求不高，设备配置相对简单。现代有轨电车通常采用人工驾驶模式，不配置车载 ATP 设备，不像地铁或轻轨那样必须实时、精确地获得列车的速度、完整性和位置等信息，因此轨旁设备及车载设备较地铁和轻轨简单得多。

② 对定位设备的安全性要求不同，设备选型可以多样化。道岔控制子系统、运营调度管理子系统和平交路口信号控制子系统对电车定位安全性的要求不同：道岔控制子系统既需配置符合故障—安全原则的定位设备，又需配置一定的非安全定位设备；运营调度管理子系统对车辆定位的连续性要求较高，但安全性要求不高；平交路口信号控制设备是实现市政道路交通信号优先控制的配套设备，满足市政交通信号的功能需求即可，即只要定位设备的安全性和电车定位的连续性满足市政道路交通信号规范即可。所以，在满足不同子系统定位需求的前提下综合考虑，为各子系统选择最适合的定位设备。

③ 现场条件复杂，应充分考虑可维护性及不稳定性。定位设备需满足槽型轨及正线钢轨与地面平齐的工程条件。在混行路段，定位设备应能正常可靠地工作，且不影响社会车辆及行人的正常通行。定位设备的选型应充分考虑运营后的维修维护，尽量减少对市政道路、绿化草被的破坏。平交路口优先随着城市的发展和路口交通状况的变化会出现调整，路口定位设备的选型还要考虑扩展及迁改方便。

5.6.2 车辆定位检测技术

目前在轨道交通和城市智能交通（ITS）中，车辆定位检测技术主要有轨道电路、测速、计轴、信标、查询-应答器、卫星系统、路口环形线圈检测器、ZigBee 技术等。

1. 轨道电路定位

轨道电路是以线路的两根钢轨作为导体，并用引接线连接信号发送、接收设备所构成的电气回路。轨道电路有机械绝缘和电气绝缘两种类型。采用机械绝缘的轨道电路，需切断钢轨，安装轨道绝缘节，这对使用长钢轨的线路妨碍很大，不仅需经常维修，还降低了安全性。采用电气绝缘，则无须切断钢轨。目前城市轨道交通系统中，普遍采用由“S 棒”进行电气隔离的数字音频轨道电路。数字音频轨道电路的原理图如图 5-30 所示。

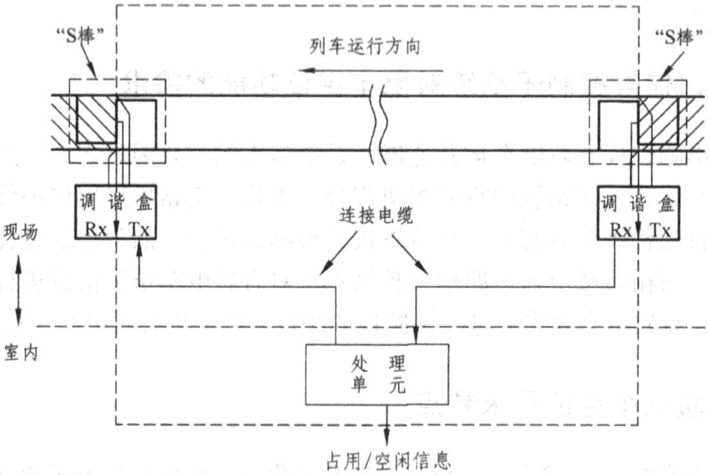

图 5-30 数字音频轨道电路原理图

数字轨道电路中，全部有源器件都集中在控制室内，室外设备仅包括由电容、线圈等组成的调谐盒及轨间的 S 形连接导线。调谐盒中有发射与接收线圈。数字轨道电路的发射单元通过铁轨以差分模式向另一端传输一个调制信号，在轨道电路的另一端提取这个信号。接收的信息和传送的信息经逐位比较确认相同时，完成对接收信息的验证，进而判断钢轨和轨道电路的工作状态。当轨道电路内有车占用时，由于列车车轴的分路作用，接收端检测出信号电平的变化，从而判断出有车到达该轨道电路。

如图 5-31 所示为利用轨道电路确定列车在线路中的位置的原理图。在线路设计时，根据用户对列车运行密度的要求，将整个线路用“S 棒”分割成若干个轨道区段，并对所有轨道区段进行统一编号。对线路地形及线路设备进行数字化描述后形成线路地图，储存在轨旁（车载）设备中。为了防止相邻轨道电路音频信号的串扰，同时也为了准确判断列车越过轨道电路边界，相邻数字轨道电路采用不同的载频。列车在线路中运行时，其所在的轨道电路会给出占用指示。因此，对轨道电路占用状态进行连续跟踪，也就实现了对列车在线路中所处位置的连续跟踪。

为了保证安全，轨道电路任何形式的故障都表示为“有车占用”。为了避免错误的跟踪，系统对轨道电路的“连续占用”与“顺序出清”进行逻辑判断，以保证列车跟踪的可靠性和安全性。

利用数字轨道电路对列车进行定位是目前城市轨道交通系统中应用最为普遍的技术手段。

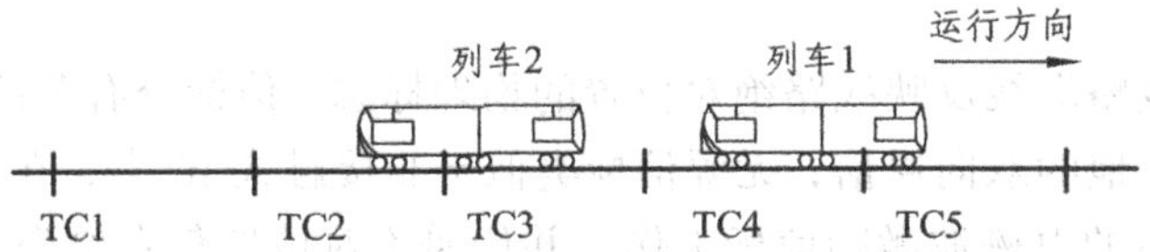

图 5-31　利用轨道电路定位

TC—轨道电路

2. 测速定位

在轨道电路定位方法中，列车在区间的始端还是终端是无法判断的，因而对列车定位时的最大误差就是一个区段的长度。为了得到较为准确的位置信息，在计算具体位置信息时通常要引入列车的即时速度信息。如在某一个速度采样时间点 t_n 上测得列车的即时速度为 $V(t_n)$，则列车的即时位置为：

$$s = s_0 = \sum_n v(t_n) \cdot \Delta t$$

式中，s_0 为初始位置，Δt 为列车速度采样时间间隔。

引入测速信息后大大减小了定位的误差。目前使用较多的列车测速法一般是先测量车轮转速，然后将车轮转速换算为列车直线速度。用这种方式计算列车位置信息的缺点是：① 车轮的磨损会导致通过车轮直径获得路程数据的误差大。一般轨道交通的车轮直径为 770 ~ 840 mm，按 770 mm 计算，车轮表面磨损 0.5 mm 时，列车每行驶 305 m 就会产生 1 m 的误差。② 这种误差是线性累计的，即随着行驶里程的增加其绝对误差会越来越大。

3. 计轴定位

用计轴设备检测列车通过线路上某一点（计轴点）的车轴数，可以检查两个计轴点之间（即轨道区段内）的占用（出清）情况，从而得知列车所在的区段。但这种应用是建立在一个轨道区段内只允许有一列车的基础上的。在现代有轨电车中，由于运营上允许多列车以很近的间距排列行驶，可能出现多列车进入一个轨道区段的情况，这是以往的计轴设备从未考虑和应用过的，而且通过减小计轴布置间隔也无法避免。要在这种情况下实现列车全线定位，轨旁计轴器就要执行更加复杂的功能，并需对计轴软件进行重新开发，而轨旁绿化与钢轨面齐平更增加了计轴设备安装及维护的难度。

由于计轴是基于区段检测列车而不是单点定位，因此只能显示列车在某个区段（如 300 m 长）内，而不能显示在区段内的具体位置和速度。当多列车进入一个区段时，可以采用一列车带有一个车次窗的方式，表示区段内的列车数量和前后顺序。另外，计轴只能检测列车，不能实现列车的识别，虽然可以通过软件为线路上运行的列车分别赋予序号，但不能识别具体为哪一列车。

计轴设备根据所采用的传感技术不同，可分为电磁感应式计轴设备和重力感应式计轴设备。

4. 信标定位

信标是安装在线路沿线反映线路绝对位置的物理标志。信标分有源信标和无源信标两种：有源信标可以实现车地的双向通信；无源信标类似于非接触式 IC 卡，在列车经过信标所在位置时，车载天线发射的电磁波激励信标工作，并传递绝对位置信息给列车。城市轨道交通系统中所使用的信标大部分为无源信标，安装在轨道沿线。信标的作用是为列车提供精确的绝对位置参考点（也可以提供线路的坡度、弯度等其他信息）。由于信标提供的位置精度很高，达厘米量级，故常用信标作为修正列车实际运行距离的手段。

采用信标定位技术的信息传递是间断的，即当列车从一个信息点获得地面信息后，要到下一个信息点才能更新信息，若其间地面情况发生变化，就无法立即将变化的信息实时传递给列车。因此，信标定位技术往往作为其他定位技术的补充手段。

5. 查询—应答器定位

RFID 标签俗称“电子标签”，通过无线电信号来识别特定目标并读写相关数据，无须在识别系统与特定目标之间建立机械或光学接触。RFID 按照能源的供给方式，可分为无源 RFID、有源 RFID 以及半有源 RFID。RFID 系统设备由查询器（或阅读器）和应答器（或标签）组成。

查询—应答器一般由车载查询器、地面应答器和轨旁电子单元（LEU）组成。地面应答器一般装在两根钢轨中间或一根钢轨的外侧。车载查询器装在列车上与应答器相对应的位置。查询—应答器的基本工作原理如图 5-32 所示。当列车驶过地面应答器且车载查询器与应答器对准时，查询器首先以一定的频率通过电磁感应方法将能量传递给应答器；应答器内部电路在接收到能量后即开始工作，将所储存的数据以某种调制方式通过电磁感应传送到车上。

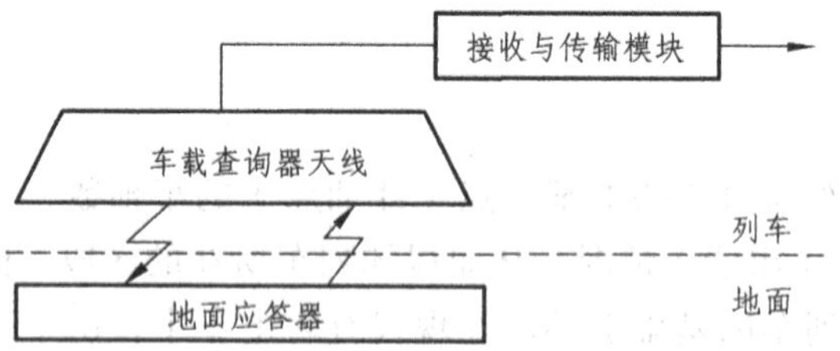

图 5-32　查询—应答器的基本工作原理

查询—应答器可以用作连续式列车速度自动控制系统的列车精确定位设备（这时应答器内部储存的数据是固定的）；也可以用作点式列车速度自动控制系统的列车检测、定位辅助设备，作为电子计轴器等系统向列车传输数据的通道。置于信号机旁的应答器用于向列车传递信号显示信息，因此要通过 LEU 提供接口与信号机相连，但是只能给出点式定位信息，存在设置间距和投资规模的矛盾。

6. 卫星系统定位

美国的卫星定位系统（GPS）、俄罗斯的 CLONASS 以及我国自主开发的北斗卫星导航系统（BeiDou Navigation Satellite System，BDS）等均可实现定位功能。其中美国的卫星定位系统在覆盖范围、定位精度尤其是应用范围等方面具有明显优势，系统较为成熟。我国的北斗卫星导航系统是我国正在实施的自主发展、独立运行的全球卫星导航系统，它致力于向全球用户提供高质量的定位、导航和授时服务，包括开放服务和授权服务两种方式。开放服务是向全球免费提供定位、测速和授时服务，定位精度为 10 m，测速精度为 0.2 m/s，授时精度为 10 ns。授权服务是为有高精度、高可靠卫星导航需求的用户提供的服务，包括提供定位、测速、授时和通信服务以及系统完好性信息。但该系统仍未广泛应用，可靠性、安全性还有待验证。

针对现代有轨电车存在长大下穿桥洞等遮挡地段无法接收卫星定位数据的特点，可采用航位推算（Dead-Reckoning，DR）的方法实现遮挡地段内列车的定位。航位推算是一种常用的车辆导航定位技术，它以卫星定位信号失锁前的位置为基点，利用方向传感器（角速度陀螺仪）和速度传感器（里程表）来推算车辆的瞬时位置。由于现代有轨电车线路是固定的，因此在线路任意点上列车的方向都是固定的、可预知的，通过采用高定位精度的卫星定位终端和速度传感器，可有效地控制航位推算产生的纵向误差。另外，卫星定位结合航位推算的方案，也可有效地解决现代有轨电车地面段卫星定位信号受树木遮挡的问题。

7. 路口环形线圈检测定位

环形线圈检测器是目前国内外使用最广泛的车辆检测器，它由三部分组成：埋设在路面下的环形线圈传感器、信号检测处理单元（包括检测信号放大单元、数据处理单元和通信接口）及馈线。

该检测器的工作原理是检测单元同环形线圈与馈线线路组成一个调谐电路，如图 5-33 所示。此电路中的电感主要取决于环形线圈，电容则取决于检测单元中的电容器。当电流通过环形线圈时，在其周围形成一个电磁场，当车辆行至线圈上方时，在金属车体中感应出涡流电流，涡流电流又产生与环路相耦合方向相反的电磁场，即互感，使环形线圈电感量随之降低，因而引起电路谐振频率的上升。只要检测到此频率随时间变化的信号，就可检测出是否有车辆通过。

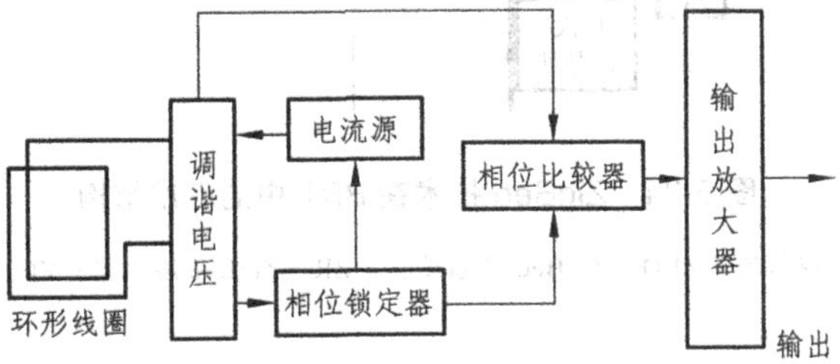

图 5-33 环形线圈检测器原理

从环形线圈的工作原理可知，不论车辆通过检测器或停在检测器上，都能使检测器工作。

8. DSRC 技术

DSRC（专用短程通信）是基于长距离 RFID 的微波无线传输技术，目前还没有形成统一的国际标准。国际上 DSRC 标准主要有欧、美、日三大阵营：欧洲的 ENV 系列、美国的 900 MHz 和日本的 ARIBSTD-T75 标准。我国目前采用 5.795 ~ 5.815 的 ISM 频段，2.45 GHz 系统的应用相对较少，没有形成主流。DSRC 系统主要由三部分组成：车载单元（On-Board Unit，OBU）、路侧单元（Road-Side Unit，RSU）以及专用短程通信协议。

9. ZigBee 技术

ZigBee 技术是一种新兴的短距离、低速率无线网络技术，具备强大的设备联网功能，可使用 2.4 GHz 的 ISM 频段、欧洲的 868 MHz 频段及美国的 915 MHz 频段，采用直接序列扩频技术，相邻节点间传输距离一般为 10 ~ 100 m，增加射频发射功率后可增加到 1 ~ 3 km。ZigBee 技术的响应速度较快，一般从睡眠状态转入工作状态只需 15 ms，节点连接进入网络只需 30 ms。该技术主要应用于工业、家庭自动化、遥测遥控、汽车自动化和医疗护理等，在传感器网络上应用广泛。

ZigBee 技术在智能公交上的应用较为成熟：一种是在公交车辆和站台间采用 ZigBee 模块进行短距离无线传输，传送公交到站、运行方向的信息；另一种是以划分区域和边界路由的方式，采用分布式 ZigBee 网络组建城市公交通信网络。ZigBee 技术在 BRT 交叉口优先控制中的应用结构如图 5-34 所示。

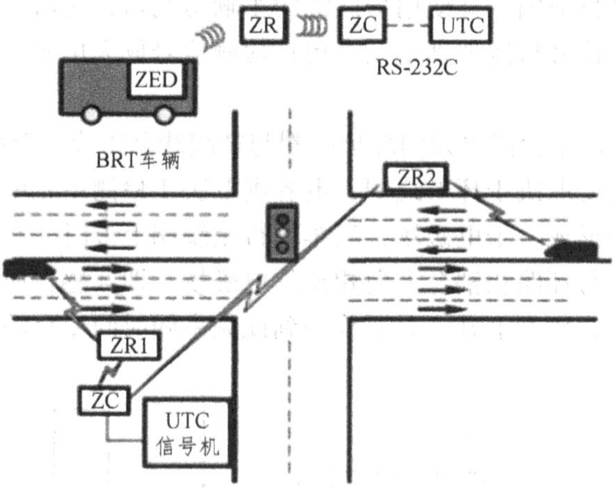

图 5-34　ZigBee 技术在 BRT 中的应用结构

UTC—交通信号控制器；ZED—ZigBee 终端设备；ZR—ZigBee 路由器；ZC—ZigBee 协调器

5.6.3　电车定位技术选择

现代有轨电车中对车辆定位需求的简单性、多样性、可维护性及不稳定性，决定了有轨电车中宜采用组合定位法，即将适用于轨道交通和城市智能交通（ITS）的不同车辆定位技术相互融合，充分发挥各自的优势，进行优势互补，从而使有轨电车的车辆定位方案安全、实用、经济。

1. 方案制定原则

根据采用人工驾驶模式的现代有轨电车的运营技术特点，在制定其定位技术方案时，大致应遵循以下几条原则：

① 符合故障—安全原则，如在发生信息丢失等故障时，有可靠的替代方式或降速直至停车。

② 要求具有高可靠性，如采用多种检测方式相结合的冗余定位、检测方式。

③ 技术实现要具有可行性，如采用基于无线通信方式的定位方法和信息传输方法，实现车地通信。

④ 在尽量采用已经成熟的轨道交通定位、检测手段的同时，大胆吸收和引进航天等领域中实践效果比较好的定位、检测手段。

2. 道岔控制区域电车定位方案

目前，在国内外采用及正在研发的道岔控制子系统中，车辆组合定位方案主要有三种。

1）通信环线+轨道电路+重力感应环

在道岔控制区域的接近区段，设置通信感应环线。在岔前位置的轨道中央，布置一段长度约 9 m 的无绝缘轨道电路。轨道电路依靠切割磁力线的原理主动检测有轨电车的占用情况。车上无须增加任何收发器设备。在轨道电路后方安装重力感应环，对有轨电车实现出清检测。通过接近区域的通信感应环线，实现电车的接近定位和进路触发；利用轨道电路和重力感应环构成的逻辑组合条件，检查道岔的占用和出清情况；在道岔区段出清之前保持转辙机的锁闭状态，在道岔区段出清后释放道岔控制权。这种方案的轨旁设备布置如图 5-35 所示。

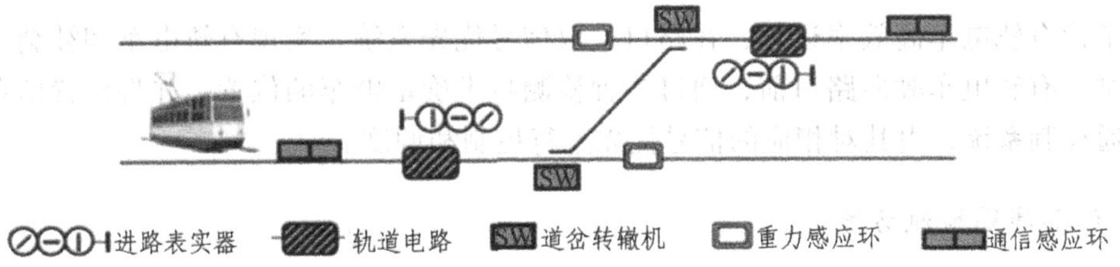

图 5-35　轨旁设备布置（通信环线+轨道电路+重力感应环）

2）信标+重力感应环

在道岔控制区域的接近区段设置信标，在道岔区段配置信标和重力感应环，在离去区段设置信标。通过接近区段的信标，实现列车的接近定位和进路触发。信标和重力感应环构成的逻辑组合条件用来检查、判断道岔区段的占用和出清。利用离去区段的信标对电车出清道岔控制区域进行判断。根据道岔区段、离去区段的占用和出清的组合逻辑条件，保持电车在道岔控制区域内转辙机的可靠锁闭状态，实现电车在出清道岔控制区域后道岔控制权的释放。

这种方案的轨旁设备布置如图 5-36 所示。

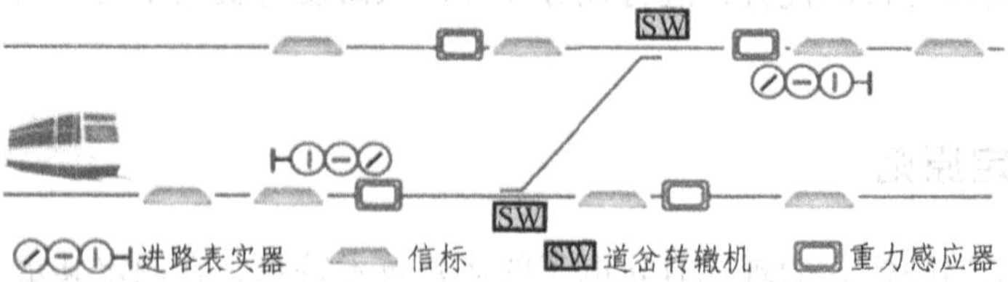

图 5-36 轨旁设备布置（信标+重力感应环）

3）计轴+通信环线

在道岔控制区域的接近区段，设置双向通信感应环线，在道岔区段设置计轴器。接近区段的感应环线可实现车辆定位及车地通信（实现进路触发）。通过计轴设备实现对道岔区域的可靠占用检测，使电车在出清道岔区段前保持转辙机的可靠锁闭状态。这种方案的轨旁设备布置如图 5-37 所示。

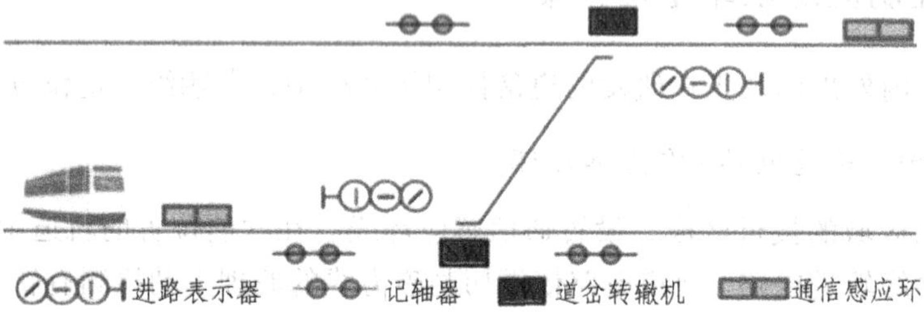

图 5-37 轨旁设备布置（计轴+通信环线）

3. 平交路口电车定位方案

为了让有轨电车高效率运行，在路口采取信号优先系统，实现有轨电车和社会车辆交叉路口控制。有轨电车驶向路口前，通过各种检测技术确定电车的位置，并将位置信息发送给道路交通控制系统，由其对相应的信号优先进行控制和调度。

1）环形线圈检测方案

目前，城市交通路口采集车辆信号最常用的手段是环形线圈检测器。欧洲的现代有轨电车控制系统普遍以无线通信技术、全球定位系统和轨道检测器为基础，当电车通过与社会车辆冲突的交叉路口时，检测装置传送电车到来的信息给路口道路交通信号控制系统，为电车提供优先通行权。

环形线圈检测器在地面的设备分布如图 5-38 所示。交叉路口处的信号转换依靠设置在电车线路上的 4 个检测器。前 3 个检测器设在临近交叉路口 100 m 的电车线路范围内，当检测到电车的到达信息后，将转换信号发送给轨旁控制单元，给予电车通行优先权。检测器 1 和检测器 2 可探测出电车运行速度，检测器 3 将确认电车已经进入交叉路口，而检测器 4 将确认电车已安全离开交叉路口。

优点：应用较广泛，技术也较成熟，易于掌握，且成本较低。

缺点：需要将检测器通过线缆连接到轨旁信号控制设备，轨旁设备在接收到信号之后需要一定的处理时间。为了保证电车在路口安全停车，检测器的安装离交叉路口要有一段距离，造成施工稍复杂，工程量较大，且感应线圈易受冰冻、路基下沉等自然环境的影响。

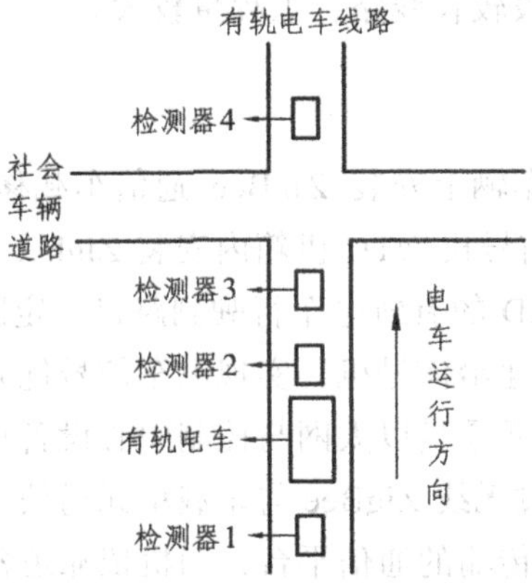

图 5-38　环形线圈检测器分布

2）GPS/BDS+无线通信方案

该方案是在有轨电车上采用 GPS/BDS 定位技术，将电车位置信息通过车载无线模块发送给控制中心，再由控制中心发送给交通灯控制器，请求给予电车通行优先权。无线通信可采用 GPRS（General Packet Radio Service，通用分组无线业务）技术。该技术已应用在上海张江有轨电车的运行中，在智能交通中也常作为车辆与控制中心之间交换信息的方式。

优点：GPS 定位技术在有轨电车及 BRT 中应用广泛，北斗系统作为增强 GPS 应用可靠性的一个补充，可准确计算出电车位置，提高定位可靠性。与 GPS 相比，BDS 花费较少，利用率较高。

缺点：此种控制方式复杂，信息传输时延和可靠性较低。

3）RFID 方案

该方案是在现代有轨电车上装设有源电子标签，在交叉路口装设阅读器。当电车经过路口时，阅读器自动识别电车，并将电车位置信息发送给轨旁控制设备，以便控制交通灯信号相位，实现有轨电车的优先通行。

优点：成本低，简单易实现，有源电子标签相对无源电子标签识别距离远，通常在百米以上。RFID 技术非常成熟，应用广泛，在杭州 BRT、连云港 BRT 上均有应用实例。

缺点：与线圈、GPS 技术相比，虽然解决了车辆身份识别、系统延迟等问题，但是在路口需要安装读卡器，读卡器与信号机之间需要有线连接，所以工程量较大。

4）DSRC 方案

该方案是在现代有轨电车上安装 OBU 单元，在轨旁安装 RSU 单元。当有轨电车到达交通路口前方 80 ~ 100 m 时，RSU 发射电磁信号，OBU 被激活后进入通信状态，并以一种切换频率反向发送给 RSU，两者建立通信后，请求路口交通灯给予优先通行信号。

优点：传输数据量大，在智能交通领域有广泛应用，主要有电子收费、交通管理、车辆控制与安全。

缺点：通信距离较短（一般在 10 ~ 30 m），适用于特定小区域内的通信；DSRC 轨旁设备连接到信号灯控制设备仍有一段较长线路，工程量较大。

5）ZigBee 方案

该方案是在现代有轨电车车辆上安装 ZigBee 通信车载移动设备 ZED，在路口两侧安装 ZigBee 通信固定设备 ZR，在信号机 UTC 机箱内安装 Zigbee 中心节点设备 ZC，三者之间通过无线通信连接。当安装有 ZED 的有轨电车行驶到路口一定距离时，路侧 ZR 能感知电车的到来，ZR 将此信息通过 ZC 传递给信号机，实现电车信号优先。在道岔区段轨旁控制箱内设 ZigBee 节点设备，箱内控制单元通过以太网与控制中心设备相连接，通过数字输入输出接口与信号机、转辙机相连接，通过无线 ZigBee 与车载单元通信。道岔控制采用车载人工遥控方式，ZigBee 作为道岔控制信息传输的通信平台，司机依靠道岔区段信号灯指示行车。车辆进入道岔控制区域后自动获得道岔控制权，车辆驶出道岔控制区段后自动失去控制权，保证不会因司机误操作造成道岔再次转动。道岔区段位置检测可采用有轨电车专用轨道电路，以提高电车占用检测的安全性。ZigBee 技术本身的物理层采用直接序列扩频技术，并提供了三级安全模式，保密性好，误码率低，因此可用于传输道岔控制信息，较为安全、可靠。

优点：低功耗、低成本、低时延、近距离，2.4 GHz 免费频段，设备集成度远比一般数传电台高，可靠性更高。ZigBee 技术在济南、重庆 BRT 上有应用实例，具有广阔的应用前景和研究价值。

缺点：ZigBee 技术在智能公交中的应用还处于研究和实验阶段，用其组建城市通信网络会稍微臃肿、复杂，在有轨电车道岔控制上还没有发现应用案例。

4. 运营调度管理电车定位方案

为实现控制中心对列车的自动监视功能，需对全线列车进行实时定位。由于对正线除道岔区段之外的区域进行列车定位仅为实现中心的监视而不涉及行车安全，因此定位方案可采用现代有轨电车和快速公交工程中常用的卫星定位+无线通信的方案，以及轨道交通中常用的基于计轴设备的列车检测方案。

卫星定位+无线通信方案适用于现代有轨电车工程，卫星定位基本可以实时在线反映列车全线位置，且没有轨旁设备和车站设备，减少了建设和维护的工作量，有利于有轨电车的景观建设，其瓶颈在于无线通信环节。基于计轴设备的列车检测方案的轨旁设备较多，投资较高，且不能实时在线反映列车全线位置，在开放的线路条件下区间轨旁设备面临防盗问题，尤其是应用于现代有轨电车时需进行技术创新和开发。由于计轴设备对于列车占用检测有一定的实际运用经验，且满足故障—安全原则，故对于道岔区段的列车占用检测可考虑使用适用于槽型轨的计轴设备。

5.7 通信子系统

通信子系统是现代有轨电车运营指挥、服务乘客的网络平台，是现代有轨电车正常运转的神经系统，它为列车运行的快捷、安全、准点提供了基本保障。现代有轨电车采用人工驾驶模式，车站规模小，站型简单，与公交车站较为相似。根据以上有轨电车线路的特点，结合轨道交通通信系统设计的既有经验，现代有轨电车通信子系统应满足数据传输、运营调度指挥、视频监控、乘客信息服务、车辆段广播、时间统一等功能。

5.7.1 数据传输单元

数据传输单元是现代有轨电车工程通信子系统中的主要组成部分，它可为运营控制系统中的各子系统以及变电所电力监控（SCADA）、售检票等专业提供可靠的、冗余的、可重构的、灵活的数据通道。该系统必须迅速、准确、可靠地传送有轨电车运营、管理所需的各种信息。

1. 功能需求

① 满足各子系统传输容量的要求，提供所需的业务接口。

② 传输系统从逻辑上提供保护传输通道，并利用区间中的传输介质，从物理上构成自愈环，以确保传输系统的可靠性。

③ 可为通信网中的各节点提供点对点直通式、一点对多点共用式、总线式等信道形式。

2. 传输内容

① 视频信息：在各车站站台、牵降变电所采集视频信号，经视频编码器数字化后进行传输。编码器采用组播方式进行数据传输。配置存储设备对全部监控图像进行录制。要求存储设备具有大容量、高可靠性的特点。存储时间不小于 15 天。

② 乘客服务信息：乘客服务信息的传输由后台服务系统控制各车站站台电子站牌主机实现。主要是指控制中心向各车站站台发布的信息，包括车辆到站（离站）、车辆方向、车辆位置、到站时间等服务信息。

③ 营运调度信息：车辆段的调度信息，包括调度指令、司机发车指示、车辆定位信息、车辆状态信息等。

④ 电力监控信息：控制中心对牵降变电所的遥信、遥测、遥调、遥控信息等。

5.7.2 电话单元

电话是现代有轨电车工作人员与内部及外部进行公务联络的工具，同时又是为控制中心各调度员、值班员以及运营管理等的工作人员组织指挥行车和运营、管理、维护以及确保行车安全而设置的专用调度设备。其具体功能需求如下：

① 用于现代有轨电车各部门间进行公务通话及业务联系，为运营、管理、维修等部门的工作人员提供服务。与城市公用电话网连接，实现现代有轨电车用户与公网用户间的通信。

② 支持控制中心调度员实时呼叫变电所、车辆段各行车、电力值班员。各调度台能单呼、组呼和全呼分机，在任何情况下均不会发生阻塞，从而保证控制中心行车调度员、电力调度员、环控（防灾）调度员与变电所、车辆段相关值班员和工作人员之间的直接通话。

③ 对各重要业务部门的通话进行实时录音记录，以便随时重放通信实况。

5.7.3 无线通信单元

无线通信单元为现代有轨电车的固定用户（控制中心、车辆段调度员等）与移动用户（列车司机、防灾和维修等移动人员）之间的语音和数据信息交换提供了可靠的通信手段，为保证行车安全、提高运营效率和管理水平、改善服务质量、应对突发事件提供了重要保障。其具体功能需求如下：

① 满足中心行车调度员与在线列车司机之间的通话。

② 满足段（场或枢纽）值班员与段（场或枢纽）内列车司机之间的通话。

③ 满足中心维修值班员与移动维修作业人员之间的通话。

④ 满足公务电话用户与无线用户之间的通话。

⑤ 通话功能主要有单呼、组呼、通播组呼叫和紧急呼叫等。

5.7.4 闭路电视监视单元

闭路电视监视单元能够将车站的客流情况、安全信息以图像的形式提供给调度员，为控制中心的调度员、列车司机等提供有关列车运行、防灾救灾、乘客疏导以及社会治安等方面的视觉信息。运营管理人员可通过视频管理服务器控制各个外场摄像机，在调度中心操作台主监视器上监视站台、变电所、车辆段等场所的情况。闭路电视监视单元是提高有轨电车运营能力、保障客运安全和列车正常运行的强有力工具。其具体功能需求如下：

① 中心行车调度员、防灾调度员、电力调度员利用监控终端和显示大屏，监视全线各车站、变电所的情况。

② 控制中心设置数字录像存储设备，正线、变电所所有摄像机的图像信号进行实时不间断录像，录像保留时间不少于 7 天。

③ 控制中心各调度员可根据时间、地点等信息，调看各站任何一路摄像机的图像信号，并可进行刻录保存。

④ 控制中心的各调度员能够远程控制摄像机的云台和镜头焦距，用以调整摄像机的视场大小，并可设定优先级。

5.7.5 其他单元

1. 广播单元

针对现代有轨电车的特点，应设置车辆段（停车场、综合交通枢纽）广播单元。车辆段、停车场、综合交通枢纽的广播单元是独立的，只接受中心网管的管理。传输单元为广播单元在控制中心、停车场、车辆段、综合交通枢纽之间提供了一个以太网通道，用于控制中心向车辆段、停车场、综合交通枢纽发送网管信号。

2. 时钟单元

时钟单元的主要作用是为控制中心调度员、车辆段（停车场或综合交通枢纽）各部门工作人员及乘客提供统一的标准时间信息，同时还为其他单元的中心设备提供统一的时间信号，使各单元的设备与本系统同步，从而实现全线统一的时间标准。时钟系统的设置，对保证现代有轨电车运行计时准确、提高运营效率起到了非常重要的作用。

3. 乘客信息单元

乘客信息单元是一个融合计算机网络和多媒体技术的综合信息服务系统，可由中心子系统、车站子系统和传输网络子系统构成，如图 5-39 所示。其中控制中心子系统可由控制设备、编排设备、监视设备等组成，车站子系统可由播放控制器、显示设备等组成，网络子系统可由交换机、网络安全设备组成。

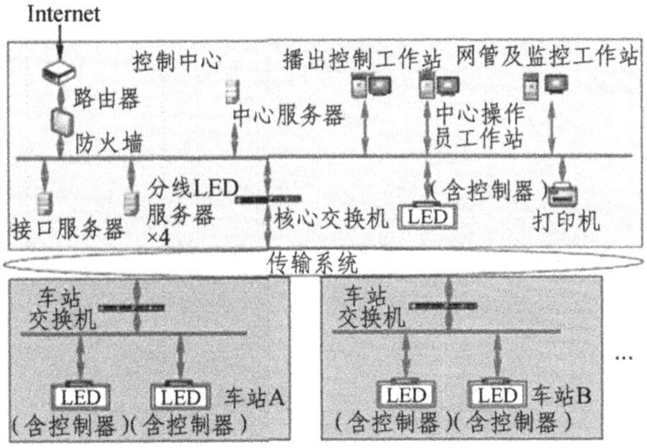

图 5-39 乘客信息系统的构成

乘客信息服务设备为在站台上候车的乘客提供上行、下行的候车服务信息，包括静态的现代有轨电车线路信息、动态的车辆信息、其他一些标志标识信息和换乘信息等，发布的信息包括运营信息、公共信息、公益信息等。其中，运营信息包括首末班车时间、最近到达车辆距离和所在位置、预计到达当前站的时间，以及道路阻塞等异常信息、电车停车信息、交通换乘信息等；公共信息包括日期与时间、票价、气象预报、文字新闻等。

4. 电源与接地

电源单元是保障整个通信网络正常运行的关键，一旦某节点通信电源发生故障，必将造成该点通信功能的中断，从而影响行车。因此，不但要求外供交流电十分可靠，而且要求通信电源供给系统也必须非常稳定可靠。当外供交流电停电时，应能够自动启动通信电源蓄电池，为通信系统提供不间断电源（UPS）。

6 运营组织

有轨电车虽然具有引导城市发展方向和缓解城市交通拥堵的作用，同时可作为城市轨道交通线网的加密和补充，以建立不同运量等级的轨道交通系统，完善城市综合交通运输体系，但其必须在合理有效的运营组织下才能有序地完成城市旅客运输。合理的运营组织能够保障有轨电车高效、舒适、安全、畅通运行。

6.1 交通组织

有轨电车通常采用地面线路，因此与城市综合交通运输的相互影响较大。根据城市综合交通运输现状及规划，合理地进行交通组织优化设计是有轨电车方案选择的重要方面。合理解决好乘客、行人及车辆的交通组织，不仅有利于城市综合交通运输，更有利于提高有轨电车的运营效率和安全性。

6.1.1 乘客交通组织

有轨电车站台与人行道不同的位置关系，决定了乘降客流的不同组织方式。在乘客交通组织设计中应充分体现“以人为本”的设计理念，为乘客提供便捷的交通环境。

① 中央布置形式：如图 6-1 所示，由于站台布设于道路中央，位于轨道与机动车之间，乘客候车时，与机动车之间的干扰较大。为了确保乘客乘降安全，要在站台四周（上、下车门处除外）设置安全护栏。此外，乘客上下车需要横穿道路，存在安全隐患，可视客流情况建设必要的过街天桥或地下通道。

② 两侧布置形式：站台设置于人行道上，与公交车站处于同一位置；乘客不需要穿越道路，安全性高，同时便于与公交车实现无缝接驳。

③ 一侧布置形式：如图 6-2 所示，站台设置于人行道上，与公交车站处于同一位置，便于与公交车实现无缝接驳；但另一侧乘客上下车需要横穿道路，存在安全隐患。此种形式可视客流情况建设必要的过街天桥或地下通道。

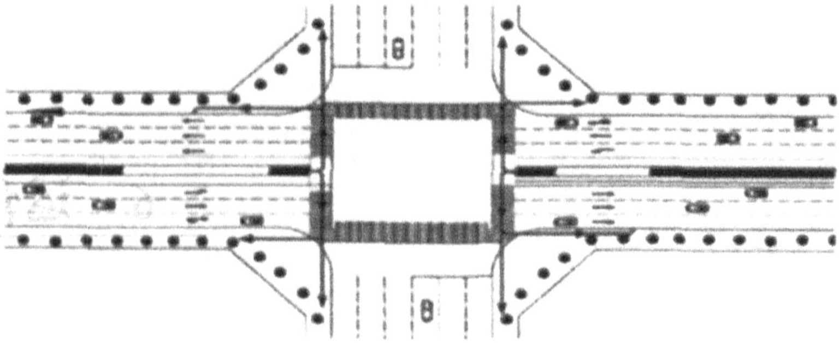

图 6-1　路中布置客流组织示意图

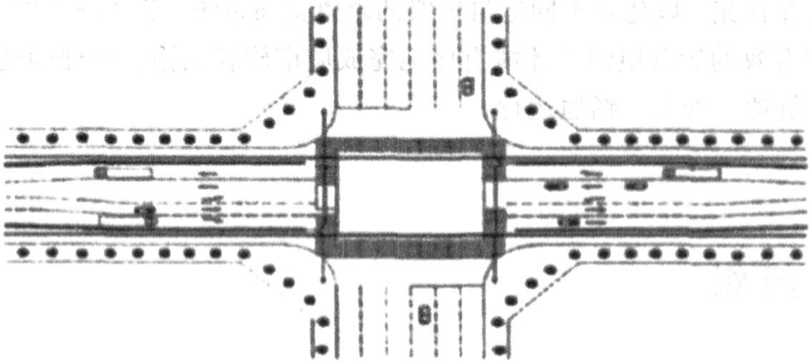

图 6-2　路侧布置客流组织示意图

6.1.2　行人交通组织

行人是道路交通系统中的弱势参与者，因此，行人安全问题的解决，需要从规划层面加以重视，以合理组织行人，确保交通安全。

① 中央布置形式：行人被组织到道路外侧，对有轨电车的干扰较小；只有横过马路的行人对有轨电车存在干扰，一般通过路口信号灯控制解决。

② 一侧和两侧布置形式：行人被组织到道路次外侧，与有轨电车相邻。由于行人的随意性大，因此该形式存在安全隐患，需要设置物理隔离，以保证行人安全。

6.1.3　路口交通组织

路口是制约城市道路交通运输能力的瓶颈，因此合理解决和处理好路口交通至关重要。为了提高有轨电车的运营速度，一般采用道口优先信号。

① 有轨电车线路中央布置形式：对路口左转交通有影响，对直行及右转交通无影响，因而有轨电车系统对交叉口通行能力的影响较小。为解决有轨电车与左转交通的冲突，可考虑增设左转专用相位解决。

②有轨电车线路一侧和两侧布置形式：有轨电车一侧或两侧布局对同向、左右转交通均产生影响，同时对垂直方向右转交通也有影响。可在同方向增设左右转信号灯解决各相位交通的冲突。但相位增多必然会影响交叉口的通行能力，进而影响全线道路的通行能力。

6.1.4 路段交通组织

城市道路沿线两侧通常分布有大量的企事业单位、商场、饭店等吸引人流的公共区域，单位车辆出入、公交停靠和路边临时停车在所难免，因此需要综合考虑这些因素对有轨电车的影响，合理进行路段交通组织设计。

①有轨电车线路中央布置形式：有轨电车位于道路中央，两侧单位出入口接机动车道，路段出入的右转车辆对有轨电车没有影响，而左转车辆对有轨电车有影响（见图 6-3）。可采取各个出入口只准右进右出，左转车辆可在邻近交叉口掉头等措施解决（见图 6-4）。

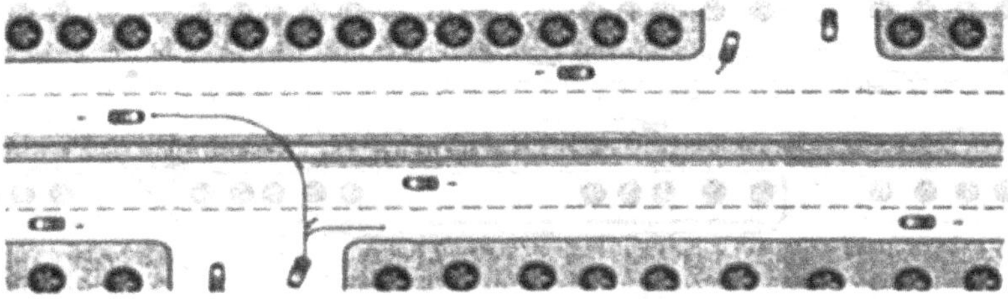

图 6-3　路中布置路段出入口对有轨电车的影响示意图

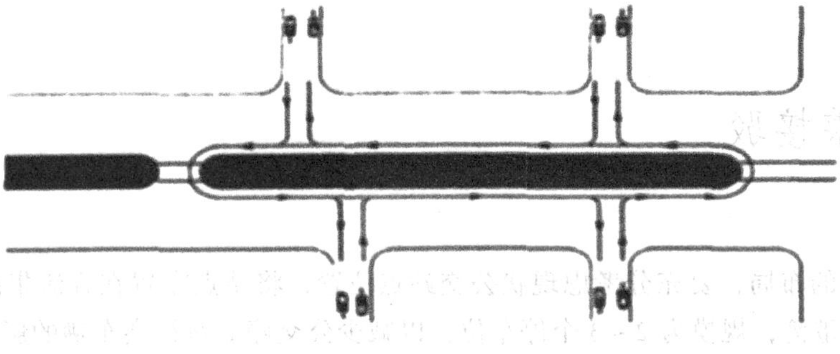

图 6-4　路中布置路段出入口交通组织示意图

②有轨电车线路一侧和两侧布置形式：由于有轨电车线路敷设于道路两侧，单位车辆出入与有轨电车交叉干扰影响较大（见图 6-5）。为了降低车辆进出与有轨电车交叉，需要关闭部分单位的出入口，车辆进出可几个出入口合并，借用一段非机动车道，但对非机动车的影响较大（见图 6-6）。此外，公交车停靠和路边临时停车会占用有轨电车行车道，容易造成冲突。

总之，有轨电车线站平面布置形式要综合考虑城市道路现状及规划断面情况、对市政工程的影响、机动车流量大小、道路两侧企事业单位分布，以及对城市综合交通运输能力的影响等因素，经过综合技术经济分析、比较、研究后确定。沿线交通组织设计要结合有轨电车线站布置方案，在征求城市规划、交通管理等部门意见的基础上，充分体现“以人为本、提高城市综合交通运输能力”的设计理念，完善城市综合交通运输体系，以充分发挥有轨电车的运输能力，提高有轨电车的运营效益。

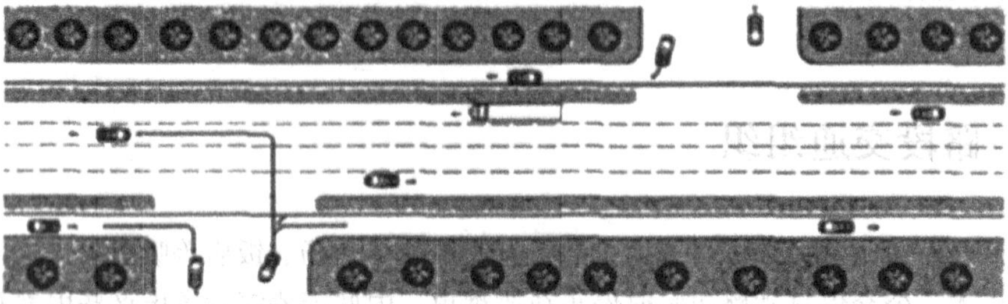

图 6-5 路侧布置路段出入口对有轨电车的影响示意图

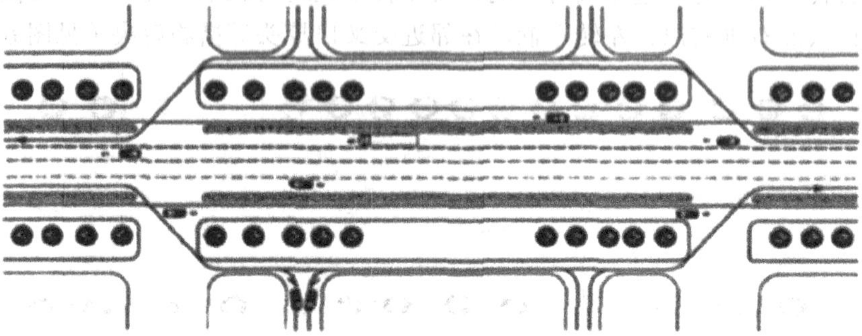

图 6-6 路侧布置路段出入口交通组织示意图

6.2 换乘接驳

常规公交的布局，要充分考虑现状公交站点位置，将站点布置在客流集散点附近。常规公交尽量设置港湾，规模为 2～3 个停车位，以减少公交停靠对社会车辆的影响。图 6-7 所示为利用出口的加速车道与常规公交港湾共用一个车道的规划设计。现代有轨电车的站台与常规公交车站台距离较近，只需要利用斑马线平面过街就能方便换乘。根据现代有轨电车与常规公交的衔接模式，可将常规公交分为护航线和接驳线。护航线与现代有轨电车共用一段路由，通过分支可以扩大现代有轨电车的服务范围；而接驳线与现代有轨电车首尾相接，是弥补现代有轨电车延伸线客流不足或者抵达现代有轨电车客流薄弱位置的辅助措施。

有轨电车的换乘接驳比较简单，应根据综合交通运输现状及规划合理性进行交通组织设计，解决好乘客、行人及车辆的关系，以利于有轨电车的安全和运营效率。例如，沈阳 2 号线机场站，该站位于地铁桃仙机场站正上方，在停车场和绿地中轴线上，设对称侧式站台，两个站台均长 37 m，宽 3.5 m。站台边界距离地铁 1、2 号出入口（垂直距离）仅 6 m，换乘距离约为 13 m。站台距离高架桥 26 m，距 T3 航站楼约 110 m，实现了有轨电车、地铁、T3 航站楼的无缝接驳，客流组织非常顺畅、便捷。出于人性化的考虑，该站站台范围内设置了站棚，可为携带大件行李的乘客遮风挡雨。

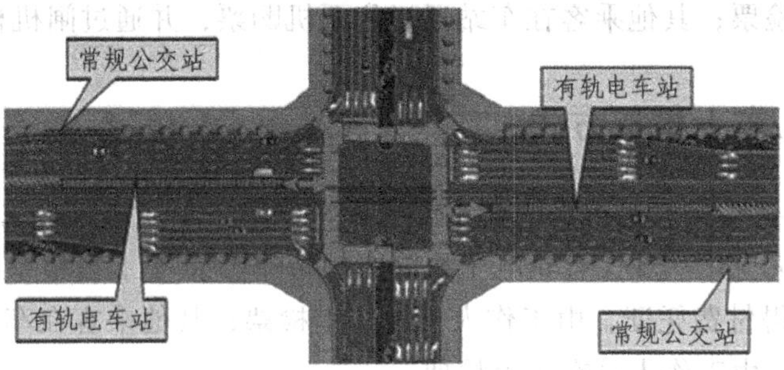

图 6-7 常规公交站与现代有轨电车站接驳设计

6.3 售检票方式

售检票系统对于现代有轨电车的运营效率和服务质量具有重要的影响。由于现代有轨电车在我国尚处于起步阶段，与售检票方式相关的经验较为缺乏。虽然国外有轨电车系统的经验值得借鉴，但应用背景、运营水平的不同，决定了我国现代有轨电车售检票方式无法照搬国外经验。同时，现代有轨电车在系统制式、设施规格和运营方式等方面与地面公交、BRT 有着不同的基础条件和功能要求，后两者的售检票系统并不完全适用于现代有轨电车。综上所述，有必要对公共交通系统的售检票方式进行研究，以归纳出适用于国内现代有轨电车系统的售检票方式。

6.3.1 售检票方式的分类及优缺点

根据不同的售票和检票位置，公共交通系统售检票方式主要分为车上售检票方式、车外售检票方式以及车外售票/车上检票方式三类。

1. 车上售检票方式

车上售检票方式是指售票和检票功能在车上完成。这种售检票方式在国内地面公交系统较为常用。现代有轨电车系统中的车上售检票方式为：IC 卡乘客，在车上通过车载检票机付费的同时完成检票；其他乘客，在车上售票员处完成购票的同时完成检票。

2. 车外售检票方式

车外售检票方式是指售票和检票功能在车外完成。这种售检票方式是国内轨道交通系统的主流售检票方式。现代有轨电车系统中的车外售检票方式为：IC 卡乘客在车站通过闸机刷卡付费的同时完成检票；其他乘客在车站通过售票机购票，并通过闸机检票。

3. 车外售票/车上检票方式

车外售票/车上检票方式是指售票在车外完成，检票在车上完成。这种售检票方式在国内的公共交通系统暂无应用。现代有轨电车系统中的车外售票/车上售检票方式为：IC 卡乘客在车站刷卡付费并获得付费凭证，由工作人员在车上检票；其他乘客在车站通过售票机付费的同时获得购票凭证，由工作人员在车上检票。

每种售检票方式均有其优缺点，其对比如表 6-1 所示。

表 6-1 售检票方式优缺点比较

售检票方式	优点	缺点
车上售检票方式	① 车站规模小，售检票集中在车上，车站无须配置售检票设施。 ② 车站开放性较高，与其他交通方式兼容性较好。 ③ 车站无需配置售检票人员	① 乘客排队上车售检票，降低上下车效率和上下客能力，车辆停站时间长。 ② 售检票在乘客下车之前完成，无法实现在不同线路之间形成网络收费。 ③ 车上售检票属于开放型收费系统，无法在换乘站实现站内换乘。 ④ 有轨电车内需配置售检票人员
车外售检票方式	① 乘客在上下车时无须发生购检票行为，提高上下客速度和车门利用率，可缩短车辆停站时间。 ② 不同线路的乘客，可以在同一网络收费系统内实现计价收费。 ③ 车外售检票属于封闭型收费系统，乘客可以实现在不同线路间的站内换乘。 ④ 车内无须配置售检票人员	① 车站需设置售检票设备，划分付费区与非付费区，将增加车站的建筑规模。 ② 车站呈封闭式，车站周围须设置安全门等隔离措施，与其他交通方式兼容性较差。 ③ 车站需配置售检票人员
车外售票/车上检票方式	① 车站规模较小，只需设置售票设备，无须设置检票设备，且不用划分付费区域和非付费区。 ② 车站呈开放式，与其他交通方式兼容性较好。 ③ 乘客在上下车时无需发生购检票行为，所有车门可同时上下客，实现最大化车辆上下客能力，缩短车站停站时间。 ④ 不同线路的乘客，可以在同一网络收费系统内实现计价收费。 ⑤ 车外售检票属于封闭型收费系统，乘客可以在站内实现不同线路间的换乘	① 该方式对乘客的自觉性要求较高，且需要设置完善的检票机制，国内在这方面的运营管理水平和经验仍较为缺乏。 ② 需在车上和车站配置售、检票人员，其中车上检票人员的管理和运作较为复杂

6.3.2 售检票方式的影响因素

售检票方式的选择主要受以下几方面因素的影响：

1. 客流需求

车站的上下客流需求，影响到车辆的停站时间。对于客流需求较大的线路或车站，需采用上下客效率较高的售检票方式，以减少停站时间，提高客运效率。

2. 快速运营

售检票方式应尽可能保证较低的停站时间，以满足快速运营的要求。

3. 换乘方式

现代有轨电车系统在形成网络之后，才能发挥最大的效用。网络内的换乘对于现代有轨电车系统的发展极为重要，而售检票方式往往是换乘方式的主要决定因素之一。因此，售检票方式需与现代有轨电车系统的换乘方式相结合进行考虑。

4. 票价制式

系统的票价制式对于售检票方式有着直接的影响。如现代有轨电车系统采用计程收费票价制式，则宜采用车外售票的售检票方式。

5. 交通状况

由于现代有轨电车与机动车共享道路资源，在交通状况复杂的区域，如交叉路口，往往对机动车通行能力的要求较高，所以当现代有轨电车车站设置在这些区域时，应采取适当的售检票方式以减少对机动车的影响。

6. 车站布局

现代有轨电车的车站通常设置在地面道路上，车站的规模往往受到道路资源和交通组织的限制，因此，售检票方式的选择应充分考虑车站规模和其他车站设施的限制。

7. 人工成本

任何售检票方式都需要专业人员进行运营和管理，由于人工成本是现代有轨电车运营成本重要的组成部分，因此在选择售检票方式时应将人工成本纳入考虑范围。

8. 经济指标

与售检票方式有关的经济指标包括：车站建设费用，车站售检票设施、安全门费用，因售检票需要增加的土建工程、机电工程、车辆购置费用。

由于售检票方式对停站时间有着决定性影响，而停站时间的长短又影响到有轨电车运营的配属车辆数。停站时间越长，配属车辆数越多，车辆购置费用就越高。因此，在选择售检票方式时，应根据项目情况在经济指标间寻求平衡。

6.3.3 售检票方案的制订方法

现代有轨电车售检票方案的制订是一个复杂的过程，需要对影响售检票方式的各种因素进行综合分析，并结合不同售检票方式的优缺点进行方案比选。具体可分为以下两种形式。

1. 全线统一售检票形式

即有轨电车全线的车站采用相同的售检票方式。在这种形式下，可以对全线车站采用不同售检票方式的工况进行假设，针对各种影响因素对不同工况进行比选，并选择最优方案。

2. 非全线统一售检票形式

即有轨电车全线的车站采用不同的售检票方式。在这种形式下，首先需要按照统一售检票形式选择主要的售检票方式。然后在此基础上，选择某些有特殊需求或特点的车站进行研究，并从车站和全线的角度，有针对性地制订售检票方式。

6.3.4 售检票方案的制订原则

现代有轨电车的售检票方式涉及系统的各个方面，并对有轨电车的运营效率和服务质量具有指标性的影响，因此在有轨电车的设计和运营阶段，都应该对售检票方式进行详尽的研究。现代有轨电车的售检票方案制订需要一套科学的体系，必须综合考虑与之相关的多种因素，并结合项目的建设需求、客流特征，制订合理方案。

根据现代有轨电车各种售检票方式的特点、售检票方式的影响因素，并对我国现代有轨电车的建设经验和实际运营情况进行分析之后，建议我国现代有轨电车系统售检票方案的制订原则为：在单一票价制下，建议采用“车上售检票为主，车外售检票为辅”的非全线统一售票形式；在计程票价制下，建议采用“车外售检票”的全线统一售检票形式。

参考文献

[1] 梁旭．关于现代有轨电车在国内发展的研究[J]．价值工程，2011：210.
[2] 叶芹禄．论城市有轨电车及其系统的技术特性[J]．铁道勘测与设计，2008（1）：19-23.
[3] 姚之浩．国外有轨电车交通的发展与启示[J]．上海城市规划，2011（6）：69-72.
[4] 沙梦麟．悄然兴起的有轨电车热[J]．交通与运输，2005（5）：7-8.
[5] 黎霞．上海有轨电车史话[J]．上海档案，2013（9）：36-37.
[6] 张磊，覃矞．深圳市现代有轨电车发展策略研究[J]．山西建筑，2013，39（25）：1-3.
[7] 沈媛媛．沈阳首条有轨电车线路的故事[J]．人民公交，2010（011）：84-85.
[8] 王建．试论有轨电车与轻轨系统的相互关系[J]．城市交通，2004，2（3）：24-26.
[9] 王艳彩，黄新．现代有轨电车的地区适用条件[J]．交通标准化，2011（002）：127-129.
[10] 肖振瑶，刘斌．现代有轨电车的发展及其适用性分析[J]．交通世界，2013（10）.
[11] 徐正和．现代有轨电车的崛起与探索[J]．现代城市轨道交通，2005（2）：12-15.
[12] 冯亮，刘宇，罗超，等．现代有轨电车的快速发展[C]//第十五届中国科协年会第 11 分会场：综合交通与物流发展研讨会论文集，2013.
[13] 周翊民．现代有轨电车的快速发展是社会发展的必然需要[J]．城市轨道交通研究，2013，16（8）：1-4.
[14] 高继宇．现代有轨电车行车组织设计相关问题分析[J]．科技信息，2012（32）：I0201-I0202.
[15] 隋悦家．现代有轨电车及其车辆的发展[J]．城市车辆，2001（5）：36-39.
[16] 周路菡．现代有轨电车崛起[J]．新经济导刊，2013，9：008.
[17] 吴其刚．现代有轨电车系统发展的重难点及对策研究[J]．铁道工程学报，2013（12）：89-92.
[18] 王波，明瑞利，贺方会．现代有轨电车系统分析与规划要点[J]．都市快轨交通，2012，25（3）：25-28.
[19] 李际胜．现代有轨电车系统简介[C]//天津市土木工程学会第七届年会优秀论文集，2005.
[20] 苗彩霞．现代有轨电车系统特点及应用前景[J]．都市快轨交通，2013（3）：9-12.
[21] 蒋应红．现代有轨电车系统在国内的发展前景探讨[J]．交通与运输，2012，28（1）：10-12.
[22] 覃矞，戴子文，陈振武．现代有轨电车线路规划初探[J]．都市快轨交通，2013（2）：42-45.
[23] 訾海波，过秀成，杨洁．现代有轨电车应用模式及地区适用性研究[J]．城市轨道交通研究，2009（2）：46-49.
[24] 谢琨．现代有轨电车与城市建设[J]．城市轨道交通研究，2000，3（1）：62-64.
[25] 章华金．现代有轨电车与快速公交 BRT 的比较及其在我国的应用[J]．交通标准化，2013（11）：84-87.

[26] 唐淼，马韵. 现代有轨电车在城市区域内的适应性[J]. 上海交通大学学报，2011，8（45）：71-75.
[27] 曾超，刘唐志，刘小连，等. 现代有轨电车在重庆两江新区的适用性分析[J]. 城市轨道交通研究，2013，16（3）：12-16.
[28] 薛美根，杨立峰，程杰. 现代有轨电车主要特征与国内外发展研究[J]. 城市交通，2008，6（6）：88-91.
[29] 王春华. 香港的有轨电车[J]. 交通与运输，2007（6）：62-62.
[30] 饶雪平，陈祥. 新型绿色环保公共交通——有轨电车[J]. 上海建设科技，2009（2）：9-11.
[31] 赵永超，朱红军. 新型有轨电车系统的选型及造价比较分析[J]. 城市，2011（10）：73-76.
[32] 王欢春. 有轨电车的发展[J]. 国外铁道车辆，1998，35（5）：30-34.
[33] 巫伟军. 有轨电车系统特点及应用前景研究[J]. 铁道标准设计，2007（8）：122-125.
[34] 周家高. 有轨电车在各国的复兴[J]. 城市开发，2001，8：14.
[35] 章希. 有轨电车在美国重现[J]. 城市公用事业，2011，25（001）：53-54.
[36] 黄蕾. 钢轮钢轨式有轨电车轨道排水方式及应用[J]. 中国市政工程，2013（4）：45-46.
[37] 李凯，毛励良，张会，等. 基于常规城市交通的现代有轨电车线站设计[J]. 都市快轨交通，2013（1）：19-23.
[38] 李利军. 南京河西新城区现代有轨电车一号线车辆段设计特点及建议[J]. 铁道勘察，2013（3）：96-99.
[39] 王铁成，李生鹏. 浅谈沈阳浑南有轨电车工务维修策略[J]. 科技风，2013（8）：242-242.
[40] 徐寿伟. 沈阳市浑南新区现代有轨电车一期工程轨道系统设计评述[J]. 都市快轨交通，2013，26（6）.
[41] 曹颖. 沈阳有轨电车建筑设计的思考[J]. 都市快轨交通，2013，26（6）.
[42] 臧向. 现代有轨电车车辆段站场方案设计[J]. 铁道勘测与设计，2013（3）：12-16.
[43] 秦洪雨，冯京波，谢传军，等. 现代有轨电车的排水设计[J]. 都市快轨交通，2013，26（6）.
[44] 丁强. 现代有轨电车交通概述[J]. 都市快轨交通，2013，26（6）.
[45] 赵晓华，李超群，杨珂，等. 现代有轨电车无砟轨道的路基设计探讨[J]. 都市快轨交通，2013，26（6）.
[46] 张子栋. 有轨电车系统规划设计研究[J]. Urban Transport of China，2013，11（4）.
[47] 李际胜，姜传治. 有轨电车线站布置及交通组织设计[J]. 城市轨道交通研究，2007，10（5）：38-41.
[48] 姚幸. 张江现代有轨电车一期工程车辆基地设计特点[J]. 城市轨道交通研究，2009（8）：82-85.
[49] 郭丽娟，李洋，王德宝，等. 100%低地板有轨电车转向架构架制造工艺[J]. 焊接技术，2013，42（11）.
[50] 沈训梁，陆云，李俊，等. 100%低地板有轨电车及其转向架发展现状[J]. 都市快轨交通，2013，26（5）.
[51] 李文勇. DLAW 型仿古有轨电车[J]. 内燃机车，2006（3）：7-12.
[52] 李文勇. DL6W 型现代有轨电车转向架构架和摇枕有限元计算[J]. 内燃机车，2006（12）：

8-12.
[53] 李培署，井秀海．城市现代有轨电车制动控制系统的研制[J]．铁道车辆，2007，45（2）：16-19.
[54] 李培署，王广凯．城市有轨电车用微机控制直通电空制动系统研制[J]．现代城市轨道交通，2005（2）：6-9.
[55] 方力．大连市 DL8000 型四轴式有轨电车的技术特点[J]．城市轨道交通研究，1999，2（2）：66-68.
[56] 苗彦英．低地板有轨电车车辆技术特征[J]．Urban Transport of China，2013，11（4）.
[57] 曹国利，曾宪华，刘睿．国产低地板轻轨车辆制动系统方案[J]．城市轨道交通研究，2012，15（2）：111-114.
[58] 任利惠，胡亮亮，侯件件，等．劳尔有轨电车的导向特性[J]．城市轨道交通研究，2013，16（3）：53-58.
[59] 池耀田．轻轨车辆的制动系统[J]．地铁与轻轨，2001（4）：35-39.
[60] 臧向．现代有轨电车车辆段站场方案设计[J]．铁道勘测与设计，2013（3）：12-16.
[61] 向泽锐．现代有轨电车车身造型设计研究[D]．成都：西南交通大学，2009.
[62] 隋悦家．现代有轨电车及其车辆的发展[J]．城市车辆，2001（5）：36-39.
[63] 刘金栋，傅茂海，李芾．香港城市有轨电车转向架方案设计[J]．铁道机车车辆，2002，6：2.
[64] Kristen G，邹婷婷．匈牙利布达佩斯 54 m 长有轨电车[J]．国外铁道车辆，2011，2：005.
[65] 周顺华．城市轨道交通结构设计与施工[M]．上海：同济大学出版社，2011.
[66] 崔亚南．现代有轨电车应用模式以及区域适用性评价研究[D]．北京：北京交通大学，2012．6.
[67] 王灏．现代与轨电车系统研究与实践[M]．北京：中国建筑工业出版社，2011.
[68] 向泽锐．现代有轨电车车身造型设计研究[D]．成都：西南交通大学，2009．4.
[69] 孙章，何宗华，徐金祥．城市轨道交通概论[M]．北京：中国铁道出版社．2008.
[70] 王中岳，何利英，蒋丽华．我国现代有轨电车系统售检票方案的制订原则[J]．中国市政工程，2012（1）：66～86.
[71] 于松伟，杨兴山，韩连祥，等．城市轨道交通供电系统设计原理与应用[M]．成都：西南交通大学出版社，2008.
[72] 李虎，崔磊，黄德敏．基于 100%低地板现代有轨电车的城市轨道交通供电系统设计[J]．中国高新技术企业，2014，（1）.
[73] 张明锐，龚晓冬，唐贾言，等．城市有轨电车供电系统设计与仿真计算[J]．城市轨道交通研究，2013，16（5）.
[74] 许大光．现代有轨电车供电系统设计方案探讨[J]．地下工程与隧道，2014，（1）.
[75] 苏堤．现代有轨电车箱式牵引变电所设计研究[J]．电力学报，2013，28（6）.
[76] 陈玲．城市有轨电车工程接触网系统设计[J]．城市轨道交通研究，2011，14（3）.
[77] 魏忠超，于先芝，邓志光，等．现代有轨电车及简单接触悬挂的应用[J]．现代城市轨道交通．2010（2）.
[78] 周庆瑞，施翊．新型有轨电车及其创新的供电制式[J]．都市快轨交通，2009，21（6）.
[79] 张海军，马永红．现代有轨电车无接触网供电方案比较分析[J]．现代交通技术，2013，

10（4）.
[80] 叶芹禄．有轨电车的现状与未来．都市快轨交通[J]，2013，26（5）.
[81] 何治新．现代有轨电车牵引供电方式选择．城市轨道交通研究[J]，2013，16（7）.
[82] 李林．电磁感应输电技术在有轨电车上的应用[J]．电力机车与城轨车辆，2013，36（4）.
[83] 杨锐，陈德胜，张剑涛．现代有轨电车储能式供电能耗与配套供电[J]．都市快轨交通，2013，26（6）.
[84] OGASA M，汪美玉．用锂离子充电电池的无接触导线的有轨电车[J]．国外铁道车辆，2005，5.
[85] 沈继强．现代有轨电车车辆选型和供电方式[J]．中国市政工程，2012（5）.
[86] 路振铎，杨珂，袁志宏．现代城市有轨电车断接触网模式研究[J]．都市快轨交通，2013，26（6）.
[87] 段俊萍，彭梅．现代有轨电车工程的景观要求[J]．都市快轨交通，2013，26（6）.
[88] 殷爽．上海轨道交通杂散电流腐蚀防护设计初探[J]．地下工程与隧道，2008，（3）.
[89] 袁成奎，徐洪泽．现代有轨电车车载运行控制系统原理样机设计与实现[C]//Proceedings of 2010 International Conference on Management Science and Engineering（MSE 2010）（Volume 5）. 2010.
[90] 赵正平，于天泽，于佳亮．现代有轨电车信号与行车管理技术探讨[J]．中国铁路，2013，（10）.
[91] 孙吉良．现代有轨电车信号系统及技术关键的研究[J]．铁路通信信号工程技术，2013，10（4）.
[92] 唐贾言．现代有轨电车的运营控制系统[J]．自动化应用，2010（012）.
[93] 高桂桂．现代有轨电车列车控制方式选择[J]．都市快轨交通，2013，26（6）.
[94] 赵鸿鸣，何伟挺，张燃，等．符合 BOStrab 规范的现代有轨电车信号系统[C]// 中国电工技术学会轨道交通电气设备技术专业委员会，北京交通大学．2013 年轨道交通电气与信息技术国际学术会议（EITRT2013）论文集．2013.
[95] 刘海军．现代有轨电车信号系统设计分析[J]．都市快轨交通，2013，26（6）.
[96] 徐鼎，张静，现代有轨电车行车控制方案设计[J]．都市快轨交通，2013，26（6）.
[97] 何跃齐，宋毅，徐文，等．现代有轨电车运营控制系统整合构想[J]．都市快轨交通，2013，26（6）.
[98] 李成彬．现代有轨电车信号方案研究及探讨[J]．中国新通信，2014，16（2）.
[99] 马作泽．现代有轨电车信号系统研究[J]．铁道通信信号，2014，50（2）.
[100] 喻智宏，孙吉良，申大川．有轨电车通信信号技术与智能交通系统[J]．Urban Transport of China，2013，11（4）.
[101] 王国军，贾利生，韩晓．有轨电车道岔控制方案及安装方式研究[J]．铁道标准设计，2014（1）.
[102] 何伟挺，宓舟军，赵鸿鸣，等．现代有轨电车道岔控制的安全高效设计[C]//中国电工技术学会轨道交通电气设备技术专业委员会，北京交通大学．2013 年轨道交通电气与信息技术国际学术会议（EITRT2013）论文集．2013.
[103] 马作泽．现代有轨电车信号系统研究[J]．铁道通信信号，2014，50（2）.

[104] 金建飞. 现代有轨电车信号优先设计方案研究[J]. 交通企业管理，2013（10）.
[105] 滕涛，刘志明. 现代有轨电车调度指挥系统的研究[J]. 现代城市轨道交通，2013（5）.
[106] 何宇峰，李金龙，冯京波. 现代有轨电车控制中心方案研究[J]. 都市快轨交通，2013，26（6）.
[107] 李鸿旭，喻智宏，刘圣革. 现代有轨电车智能控制系统中的车辆定位技术方案[J]. 都市快轨交通，2013，26（6）.
[108] 徐志荣，曾先光. 有轨电车交叉路口的信号采集技术[J]. 都市快轨交通，2013，26（5）.
[109] 孙林祥，房坚. 城市轨道交通的列车定位技术[J]. 电子工程师，2002，28（7）.
[110] 宋颖华. 交通检测技术及其发展[J]. 公路，2000，（9）.
[111] 程鑫，曲直. 沈阳现代有轨电车通信系统整体设计方案分析[J]. 都市快轨交通，2013，26（6）.